Rolf Meier
Praxis Bildungscontrolling

Dr. Rolf Meier ist Geschäftsführer der Schulungs- und Beratungsfirma TRANSFER GmbH, die sich auf die Optimierung von Lehr- und Lernprozessen spezialisiert hat. Er berät Bildungseinrichtungen und Weiterbildungsabteilungen bei der Einführung von Qualitätssicherungssystemen und Controllinginstrumenten. Weitere Schwerpunkte seiner Arbeit sind die Qualifizierung von Bildungsverantwortlichen und Dozenten sowie der Einsatz von E-Learning.

Rolf Meier

Praxis Bildungscontrolling

Was Sie wirklich tun können,
um Ihre Aus- und Weiterbildung
qualitätsbewusst zu steuern

55 Vorschläge

Mit CD-ROM

Bibliografische Information der Deutschen Nationalbibliothek

Die Deutsche Nationalbibliothek verzeichnet diese Publikation
in der Deutschen Nationalbibliografie; detaillierte bibliografische
Daten sind im Internet über http://dnb.d-nb.de abrufbar.

ISBN 978-3-89749-740-5

Mitarbeit: Anna Seifert
Lektorat: Coaching & More Limited | www.coachingandmore.de
Umschlaggestaltung: Martin Zech, Bremen | www.martinzech.de
Umschlagfoto: Alexander Benz / zefa / Corbis
Satz und Layout: Das Herstellungsbüro, Hamburg | www.buch-herstellungsbuero.de
Druck und Bindung: Salzland Druck, Staßfurt

© 2008 by GABAL Verlag GmbH, Offenbach
Alle Rechte vorbehalten. Vervielfältigung, auch auszugsweise,
nur mit schriftlicher Genehmigung des Verlages.

www.gabal-verlag.de
Abonnieren Sie unseren Newsletter unter:
newsletter@gabal-verlag.de

Inhalt

Einleitung 9

Warum Bildungscontrolling? 13
Was ist Bildungscontrolling? 13
Ist Bildungserfolg messbar? 16

Erster Fokus: Ergebnis 37
Vorschlag 1:   Verbessern Sie Ihren Evaluierungsbogen 41
Vorschlag 2:   Kontrollieren Sie Einflussfaktoren 50
Vorschlag 3:   Beziehen Sie die Einschätzung des Trainers mit ein 53
Vorschlag 4:   Setzen Sie den Fokus auf den Lernerfolg 55
Vorschlag 5:   Ermitteln Sie die Lernprobleme 61
Vorschlag 6:   Arbeiten Sie mit differenzierten Evaluierungsbögen 63
Vorschlag 7:   Sichern Sie Ihre Ergebnisse mit einem diagnostischen Verfahren ab 71
Vorschlag 8:   Bereiten Sie die Ergebnisse auf 74
Vorschlag 9:   Holen Sie sich Rat bei Ihren Teilnehmern 77
Vorschlag 10: Arbeiten Sie mit Ihren Trainern an Verbesserungen 81

Korrespondenzfeld: Training 87
Vorschlag 11: Ermitteln Sie die Zufriedenheit und das Lernklima 87
Vorschlag 12: Sehen Sie sich die erste halbe Stunde der Schulung an 91
Vorschlag 13: Analysieren Sie den Unterrichtsverlauf 95
Vorschlag 14: Beobachten Sie die Kommunikation und Interaktion im Seminar 102

Zweiter Fokus: Erfolg 107
Vorschlag 15: Führen Sie Lernkontrollen durch 109
Vorschlag 16: Arbeiten Sie mit Simulationen und Spielen 118

Korrespondenzfeld: Lernziele 123
Vorschlag 17: Unterscheiden Sie verschiedene Lernzielkategorien 123
Vorschlag 18: Arbeiten Sie mit einer Lernzieltaxonomie 126
Vorschlag 19: Erstellen Sie kontrollierbare Lernziele 128

Dritter Fokus: Effekte 135
Vorschlag 20: Evaluieren Sie die Umsetzung 140
Vorschlag 21: Steuern Sie die Transferevaluation über Umsetzungspläne 150
Vorschlag 22: Ermitteln Sie die Umsetzungshemmnisse 155
Vorschlag 23: Evaluieren Sie den Nutzen von Fördermaßnahmen 160
Vorschlag 24: Binden Sie Vorgesetzte in die Transferevaluation ein 167

Korrespondenzfeld: Bedarf 171
Vorschlag 25: Überprüfen Sie den individuellen Bedarf 173
Vorschlag 26: Arbeiten Sie mit Anforderungsprofilen 183
Vorschlag 27: Führen Sie Zielgruppenbedarf auf den individuellen Bedarf zurück 188
Vorschlag 28: Berücksichtigen Sie den Teambedarf 191
Vorschlag 29: Überprüfen Sie die Passung der Maßnahmen 197
Vorschlag 30: Überprüfen Sie die Auswahl der Trainer 203
Vorschlag 31: Überprüfen Sie die Qualität der Schulungsmedien 209
Vorschlag 32: Achten Sie auf eine gute Vorinformation 211
Vorschlag 33: Überprüfen Sie den Nutzen der Qualifizierung 221

Vierter Fokus: Steigerung der Effektivität 225
Vorschlag 34: Definieren Sie die Leistungsziele 226
Vorschlag 35: Nehmen Sie Förderziele mit auf 228
Vorschlag 36: Machen Sie Ziele greifbar 234

Ergebnisfeld: Zielerreichung 239
  Vorschlag 37: Steuern Sie die Umsetzung über Ziele   239
  Vorschlag 38: Überprüfen Sie den Erfolg der Zielumsetzung   241

Fünfter Fokus: Steigerung der Effizienz 245
  Vorschlag 39: Beziehen Sie die Unternehmensstrategie mit ein   247
  Vorschlag 40: Bauen Sie eine Zielhierarchie auf   253
  Vorschlag 41: Schätzen Sie Nutzen und Risiken der
              Maßnahmen ab   256

Ergebnisfeld: Effizienz 259
  Vorschlag 42: Ermitteln Sie die Kosten der Qualifizierung   259
  Vorschlag 43: Ermitteln Sie die preisgünstigste Art der
              Qualifizierung   264
  Vorschlag 44: Ermitteln Sie den Nutzen der Qualifizierung   266
  Vorschlag 45: Ermitteln Sie die Relation von Aufwand und
              Nutzen   272
  Vorschlag 46: Berechnen Sie den Return on Investment   274
  Vorschlag 47: Berücksichtigen Sie auch nichtmonetären Nutzen   276

Sechster Fokus: Qualitätssicherung 279
  Vorschlag 48: Setzen Sie auf Qualität   280
  Vorschlag 49: Vergleichen Sie sich mit sich selbst   284
  Vorschlag 50: Vergleichen Sie sich mit anderen   286
  Vorschlag 51: Nehmen Sie Qualitätsprobleme ernst   293
  Vorschlag 52: Gehen Sie Probleme offensiv an   301
  Vorschlag 53: Verbessern Sie systematisch die Qualität   303
  Vorschlag 54: Bauen Sie ein Qualitätssicherungssystem auf   307
  Vorschlag 55: Stellen Sie Ihre Evaluation auf den Prüfstand   310

Literatur 313
Stichwortverzeichnis 314
Das bietet Ihnen diese CD 320

Einleitung

»Training ist sicherlich eine Investition, allerdings würden wir gerne wissen, was Seminare am Ende bringen.« – »Wo ist der konkrete Nutzen von Schulungen – oder dienen sie letztlich doch nur der Motivation?« – »Sind die Gelder, die wir in die Aus- und Weiterbildung stecken, wirklich gut angelegt?«

Spuken ähnliche Gedanken bisweilen auch in Ihrem Kopf herum? Vielleicht sehen Sie sich auch mit kritischen Fragen von Vorgesetzten, Fachabteilungen oder Unternehmensleitung konfrontiert.

Aus- und Weiterbildung kosten Geld und binden Ressourcen. Deshalb ist es natürlich angebracht zu fragen, ob das Geld gut investiert ist. Leider ist es nicht immer einfach, hierauf eine präzise Antwort zu geben. Das hängt damit zusammen, dass in der Bildung meist keine direkten Verbindungen zwischen Aufwand und Nutzen existieren. Eine Rechnung nach dem Prinzip: *Wenn ich x-tausend Euro investiere, bekomme ich x-tausend Euro an Einsparungen oder höherem Output heraus*, geht oft nicht auf. Zudem sind die Unterschiede zwischen verschiedenen Formen der Qualifizierung vielfach größer als die Gemeinsamkeiten: Ein IT-Kurs ist von den Zielen kaum vergleichbar mit einem Führungskräftetraining, ein Lernprogramm durchzuarbeiten ist methodisch etwas völlig anderes, als an einem Workshop teilzunehmen.

Dennoch sollte es nicht passieren, dass Weiterbildungsetats für überflüssige Schulungen verschwendet werden. Oder: Würden Sie Geld in eine Firma investieren, bei dem die Kunden zwar versichern, dass sie das Angebot gut finden, es aber völlig unklar ist, ob jemals ein Gewinn dabei herauskommt?

Schulungen müssen Nutzen schaffen – und der Nutzen sollte größer sein als der Aufwand, der mit der Schulung verbunden ist. Diesem Satz stimmen Sie sicher zu. Aber: Wie findet man heraus, ob Aufwand und Nutzen in einer ausgewogenen Relation stehen? Genau mit dieser Frage beschäftigen wir uns in diesem Buch.

Dieses Buch ist eher untypisch – und wir hoffen, dass darin für Sie der besondere Wert liegt. So haben wir bewusst auf die Darstellung theoretischer Ansätze verzichtet, sie nützen Ihnen bei der täglichen Schulungsarbeit ohnehin nur wenig. Hierüber können Sie sich in unzähligen Monographien informieren – eine Literaturauswahl finden Sie am Ende.

Wir möchten Ihnen vielfältige Anregungen geben, wie Sie mit wenig Aufwand die Prozesse und Ergebnisse von Qualifizierungsmaßnahmen besser kontrollieren, die Qualität von Schulungen erhöhen und so ganz konkrete Aussagen über den Nutzen und die Effizienz Ihrer Bildungsanstrengungen machen können.

Dazu haben wir 55 Vorschläge entwickelt – von kleinen Verbesserungen bis zu umfänglichen Steuerungssystemen. Suchen Sie sich die Tipps und Strategien heraus, die für Sie von besonderem Nutzen sind und in Ihre Firmenphilosophie passen.

Wenn man etwas bewerten will, muss man wissen, wie es funktioniert. Deshalb haben wir Wissensbausteine in den Text eingestreut – überall dort, wo Kenntnisse zur Steuerung der Aus- und Weiterbildung Voraussetzung für die Entwicklung einer passenden Strategie zum Bildungscontrolling sind.

Sie können dieses Buch in dreifacher Weise zur Verbesserung Ihres Bildungssystems nutzen:
1. Sie gehen Schritt für Schritt vor und überprüfen, welche Maßnahmen zu Ihren Zielen passen, welche für Sie interessant und leicht umsetzbar sind.
2. Sie suchen sich das Feld aus, an dem Sie arbeiten wollen, die Erfolgsmessung, die Ermittlung des Return on Investment, und lesen gezielt nach.
3. Sie nutzen das Buch als Nachschlagewerk und Ideenspeicher, wenn Sie konkrete Fragen haben oder Anregungen suchen, um ganz gezielte Verbesserungen vorzunehmen.

Um Ihnen die Arbeit mit diesem Buch zu erleichtern, haben wir wertvolle Arbeitshilfen, wichtige Merksätze und konkrete Fallbeispiele mit Symbolen gekennzeichnet:

Zudem finden Sie auf der beigefügten CD alle relevanten Trainingsbögen, Checklisten und Materialien in Sachen Bildungscontrolling. Selbstverständlich können Sie alle Vorlagen individuell auf Ihre Bedürfnisse anpassen.

Grundsätzlich gilt:
- Eine erfolgreich durchgeführte Maßnahme zum Bildungscontrolling bringt Ihnen mehr als eine Vielzahl von angedachten und angefangenen Aktionen.
- Um Veränderungen zu erreichen, müssen Sie nachhaltig arbeiten. Es gilt, sinnvolle, passende Maßnahmen einzuführen, zu pflegen, zu erhalten und immer wieder auf den Prüfstand zustellen. Und: Vielleicht bietet es sich auch an, hin und wieder einen alten Zopf abzuschneiden.

Alle Vorschläge in diesem Buch sind in Praxisprojekten mit Firmen, Verbänden und Verwaltungen entstanden. Deshalb möchte ich an dieser Stelle den vielen Aus- und Weiterbildnern danken, die bereit waren sich zu engagieren und Neues zu erproben. Ohne sie wäre dieses Buch nie zustande gekommen.

Danken möchte ich auch Otto Brandenburg, Udo Heyder, Elke Lieser, Romain Kieffer, Ernst Kabitzke und Hans Rieger für ihre wichtigen Anregungen und wertvolle Unterstützung. Aber: Mein ganz besonderer Dank geht an die Teilnehmer meiner Seminare.

Ich wünsche Ihnen viel Freude beim Lesen und interessante Erfahrungen beim Aufbau Ihres persönlichen Bildungscontrollings.

Dr. Rolf Meier

Warum Bildungscontrolling?

Aus- und Weiterbildung kosten nicht nur Zeit, sondern auch Geld. Es ist also logisch, dass man überprüfen möchte, ob die getätigten Investitionen sich auch gelohnt haben. Das ist die Aufgabe von Bildungscontrolling. Zunächst beginnen wir jedoch mit einer anderen Frage:

Was ist Bildungscontrolling?

Bildungscontrolling ist erst einmal der Versuch, das Prinzip und die Verfahren des Controllings auf Bildungsprozesse zu übertragen. Die Betonung liegt dabei auf dem Wort *Versuch*, denn die Besonderheiten von Bildungsprozessen erschweren dies merklich.

Auch wenn das englische Wort »Controlling« an das deutsche Wort »kontrollieren« erinnert, so hat Bildungscontrolling nur indirekt mit Kontrolle zu tun. Bildungscontrolling bezeichnet die Steuerung von Bildungsprozessen. Ziel hierbei ist, mit geeigneten Messgrößen und Kriterien zu überprüfen, ob die Bildungsarbeit methodisch effektiv und wirtschaftlich effizient vorgeht – von der Planung über die Durchführung bis zur Kontrolle der Ergebnisse.

Die Möglichkeiten von Bildungscontrolling sind durch vier *Funktionsfelder* beschrieben:

Vier Funktionsfelder

- *Information*
  Die Informationsfunktion betrifft die Erfassung, Aufbereitung und Analyse von Daten zur Messung von In- und Outputparametern,

etwa die Ziele der Seminarteilnehmer und die Ergebnisse von Feedbackbögen. Notwendig dazu sind geeignete Kennzahlen.

- *Planung*
  Bildungscontrolling unterstützt Sie bei der Planung, sowohl im betriebswirtschaftlichen als auch im pädagogischen Bereich. Dies umfasst die Kalkulation des zu erwartenden finanziellen Aufwands (Ausfall der Mitarbeiter, Schulungsräume, Verpflegung, Trainer) und die Formulierung von Zielvorgaben für Leistungen und Prozesse.

- *Kontrolle*
  Bildungscontrolling hilft, den Erfolg von Qualifizierungsmaßnahmen zu überprüfen. Aufgrund von Kennzahlen können Sie den Erfolg bewerten und bei Abweichungen die Ursachen ermitteln.

- *Steuerung*
  Bildungscontrolling ermöglicht es, Leistungsprozesse zu optimieren und die Qualität der Bildungsarbeit zu verbessern.

Bildungscontrolling hat die Aufgabe, Prozesse und Ergebnisse zielgerichtet zu steuern und korrigierend einzugreifen. Bildungscontrolling ist damit ein zyklischer Prozess, der immer wieder aus denselben drei Schritten besteht.

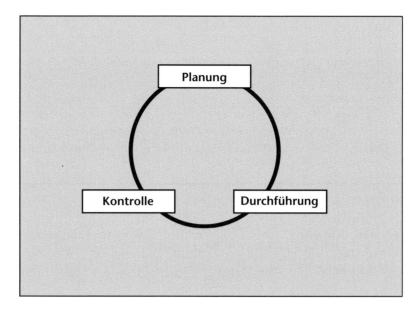

Eingebürgert hat sich die Unterscheidung zwischen

- *strategischem Controlling,* das sich mit der Frage beschäftigt: *Tun wir die richtigen Dinge?,* und
- *operationalem Controlling* mit der Frage: *Tun wir die Dinge richtig?*

Strategisches und operationales Controlling

Strategisches Controlling fragt nach den Zielen und damit nach der Effektivität. Beim operationalen Controlling geht es um Prozesse und Effizienz.

Was genau bedeutet das?

Strategisches Bildungscontrolling befasst sich mit der richtigen Ziel- und Schwerpunktsetzung bei Bildungsprozessen. Es bezieht sich auf die Umsetzung der Unternehmensziele und zeichnet sich durch eine langfristige Perspektive von fünf bis zehn Jahren aus. Strategisches Bildungscontrolling fragt auch, inwieweit die Bildungsarbeit sich noch im Rahmen der gesetzten Ziele bewegt und ob diese Ziele erreicht werden können.

Strategisches Bildungscontrolling wird durch operatives Bildungscontrolling ergänzt, wenn es um die wirtschaftliche Rechtfertigung einer Bildungsmaßnahme geht. Operatives Bildungscontrolling fragt nach der Effizienz, der Wirtschaftlichkeit von Bildungsmaßnahmen. Die durch Bildungsarbeit zu erreichenden Ziele sollen möglichst wirtschaftlich erreicht werden.

Bildungscontrolling lässt sich in drei verschiedene Bereiche gliedern:

Formen des Bildungscontrollings

- *Kostencontrolling*
  Bildungskosten müssen geplant, gesteuert und kontrolliert werden. Dazu gehören die Aufstellung eines Budgets, die Dokumentation von Art und Höhe der anfallenden Kosten und die Analyse von Kostenabweichungen. Kostencontrolling ist die häufigste Form von Bildungscontrolling in deutschen Unternehmen.

- *Effizienz- oder Wirtschaftlichkeitscontrolling*
  Dieser Controllingbereich analysiert und optimiert den Einsatz von Ressourcen im Bildungsprozess durch den Vergleich von kalkulierten Zahlen mit den tatsächlich entstandenen Kosten.

- *Effektivitäts- oder Erfolgscontrolling*
  Hier geht es um den Beitrag, den eine Bildungsmaßnahme für den Unternehmenserfolg beisteuert. Die Grundfrage ist, ob der Erfolg die Kosten einer Maßnahme rechtfertigt.

So weit zur Theorie.

Ist Bildungserfolg messbar?

Bildungscontrolling ist im Prinzip ganz einfach. Man nehme Evaluierungsinstrumente, die,
- an der richtigen Stelle eingesetzt,
- Ergebnisse produzieren,
- die wiederum aussagekräftig genug sind,
- um als Grundlage für eine gezielte Steuerung des Qualifizierungsprozesses zu dienen.

Und damit kann man die Frage: Sind Bildungserfolge messbar? mit *Ja* beantworten – allerdings mit einem *aber* dahinter. Denn: Es kommt auf die Fragestellung und die Instrumente an, die für das Controlling zur Verfügung stehen.

Die richtigen Fragen stellen

Relativ einfach lassen sich folgende Fragen beantworten:
- Wie zufrieden sind die Teilnehmer mit dem Verlauf und dem Ergebnis der Schulung?
- Wie gut war die Schulung auf den Bedarf und die Bedürfnisse der Teilnehmer abgestimmt?

Die nächsten Fragen sind schon etwas kniffliger:
- Wie viel nehmen die Teilnehmer aus der Schulung mit?
- Welche neuen Kompetenzen haben sie in der Schulung erlernt?
- Wie gut wurden die Qualifizierungsziele erreicht?

Je weitreichender die Fragestellung, desto aufwändiger die Ermittlung des Erfolgs:
- Wie hat sich die Einstellung der Teilnehmer verändert?
- Welches Verhalten hat sich geändert?
- Wie trägt dieses Verhalten zur Verbesserung der Produktivität des Mitarbeiters bei?

Noch schwieriger sind diese beiden Fragen zu beantworten:
- Unterstützen die Veränderungen das Erreichen der Organisationsziele?
- Hat sich die Investition in die Qualifizierung gelohnt?

Je weitreichender die Aussagen, je weiter die Wirkungen vom eigentlichen Lernprozess entfernt ermittelt werden sollen, desto aufwändiger werden die Analysen und desto schwieriger wird auch die Einschätzung der Auswirkungen. Denn die Faktoren, die das Ergebnis beeinflussen, sind problematischer zu kontrollieren, je mehr Zeit vergeht. Anderseits erhöht sich mit jeder Ebene der Wert der Ergebnisse. Die Ergebnisse auf der untersten Ebene lassen sich unmittelbar nach dem Training ermitteln, aber sie sind schon deshalb kritisch zu beäugen, weil der gesamte Umsetzungsprozess, also die Anwendung des Gelernten im Alltag, ausgeklammert wird.

Analyse und Wirkung

Um ernsthaft und erfolgreich Bildungscontrolling zu betreiben, müssen Sie verschiedene Voraussetzungen schaffen, ohne sie ist Bildungscontrolling bestenfalls Flickwerk.

Sie brauchen Ziele ...

Wenn Sie nicht wissen, was Sie steuern wollen, wissen Sie auch nicht, welche Evaluierungsinstrumente Sie einsetzen müssen und welche Kennwerte Sie benötigen. Hilfreich ist es, wenn Sie sich noch einmal die Hauptziele des Bildungscontrollings ansehen:

• Verbesserung der Kosten-Transparenz	... um präzise Aussagen über die Kosten verschiedener Qualifizierungsangebote zu ermöglichen	**Hauptziele von Bildungscontrolling**
• Möglichkeiten zur Verbesserung von Prozessen ermitteln	... um konkrete Aussagen über Abläufe, Struktur, Kosten und Rationalisierungsmöglichkeiten treffen zu können	
• Kosten-Nutzen-Analysen durchführen	... um genau angeben zu können, wann sich die Durchführung einer Qualifizierungsmaßnahme lohnt.	

Von der Qualität der Ziele hängt der Erfolg des weiteren Prozesses ab. Die richtigen Ziele zu finden ist allerdings manchmal eine Kunst.

Relativ einfach lassen sich *operative Ziele* setzen und umsetzen, beispielsweise:
- schnelle Bearbeitung von Bedarfsmeldungen
- schnelle Bereitstellung bedarfsorientierter Schulungsangebote
- präzise Auswahl geeigneter Referenzen.

Allerdings sollten Ziele, die die Personalentwicklung für die Aus- und Weiterbildung setzt, mit den Zielen der Organisation oder zumindest mit denen bestimmter Arbeitsbereiche korrespondieren. Solche *strategischen Ziele* können sich auf die Qualität der Leistungen, auf die Prozesse und auf die Ergebnisse beziehen. Denn: Eigentlich sind Ziele zur Aus- und Weiterbildung nur legitim, wenn sie die Organisation unterstützen, Kostenziele, Leistungsziele oder Qualitätsziele zu erreichen.

Hierzu ein Beispiel:

> [B] *Ihr strategisches Ziel ist die Erhöhung von selbstorganisiertem Lernen: Sie wollen, dass sich mehr Mitarbeiter um die eigene Qualifizierung kümmern und dabei Selbstlernmedien nutzen.*

Selbstlernen Warum hat die Organisation Interesse an einer *Erhöhung des selbstorganisierten Lernens*? Möglicherweise verstecken sich dahinter Kostenziele: Die Organisation will sparen und Weiterbildung soll dazu einen Beitrag leisten. Es wird also angenommen, dass durch verstärktes Selbstlernen sich tatsächlich die Kosten reduzieren und auf teure Schulungen verzichtet werden kann. Wobei sich dahinter zwei ungeprüfte Annahmen verbergen:
- Selbstlernen, meist ist damit E-Learning gemeint, ist kostengünstiger als Lernen im Seminar.
- Selbstlernen bringt ähnlich gute oder sogar bessere Lernergebnisse wie Präsenzlernen.

Diese Annahmen können im Einzelfall zutreffen, generell stimmen sie sicher nicht. Hier zeigen einschlägige Untersuchungen sehr unterschiedliche Ergebnisse.

Zudem verstecken sich hinter dem Ziel weitere Vorannahmen:
- Selbstlernen bringt im Vergleich zum Aufwand einen hohen Nutzen für die Lerner.
- Den Mitarbeitern werden lernwirksame Programme zur Verfügung gestellt.
- Die Mitarbeiter nutzen diese Programme effizient.

Es kann sein, dass diese Bedingungen erfüllt sind, aber vielleicht auch nicht. Falls die Vorannahmen nicht abgesichert sind, ist auch das Ziel fragwürdig.

Überprüfen wir drei weitere Ziele unter Kosten-, Leistungs- oder Qualitätsgesichtspunkten:
- Zunahme der Internationalisierung
- Erhöhung der Frauenanzahl unter den Seminarteilnehmern
- Steigerung der Zahl interner Referenten

Zumindest das dritte Ziel ist unproblematisch. Wenn es Ihnen gelingt, verstärkt eigene Mitarbeiter als Referenten zu gewinnen, können Sie (höchstwahrscheinlich) die Kosten für die Schulungen reduzieren. Allerdings muss hierfür Arbeitszeit geopfert werden. Zudem wird vorausgesetzt, dass diese Schulungen ähnlich gute Ergebnisse bringen wie die von externen Trainern.

Fazit: Es ist sehr wichtig, die richtigen Ziele zu finden und die Ziele kritisch zu hinterfragen.

Und ein Modell ...

Um Bildungscontrolling durchzuführen, benötigen Sie ein Modell, das Ihnen Ansatzpunkte für Ihre Evaluation gibt.

Das bekannteste Modell hat Donald Kirkpatrick 1959 in den USA entwickelt. Es liefert die Grundlage für zahlreiche neue Ansätze im Bereich Bildungscontrolling. Kirkpatrick unterscheidet vier Ebenen bei der Evaluation:

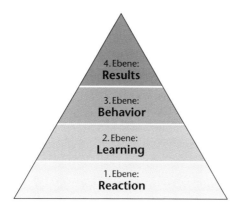

Evaluations-Modell Die vier Ebenen setzen unterschiedliche Akzente:

Reaction — *Wie zufrieden sind die Teilnehmer?*
Die erste Ebene beschäftigt sich mit der Reaktion der Teilnehmer auf die Weiterbildung: Waren sie mit der Schwerpunktsetzung und Art der Schulung einverstanden? Wurde die Weiterbildung von den Teilnehmenden akzeptiert? Diese Stufe wird meist anhand von Fragebögen oder Befragungen ermittelt.

Learning — *Wie hoch ist der Lernerfolg?*
Die Lernebene fragt nach dem Lernerfolg der Teilnehmer. Ziel ist es zu erfahren, ob der Vermittlungsprozess erfolgreich war. Um verlässliche Daten zu bekommen, ist es nötig, vor und nach der Schulung den Kenntnisstand zu ermitteln. Nur so lässt sich der Lernzuwachs beurteilen.

Behavior — *Wie wendet der Mitarbeiter das Wissen in der Praxis an?*
Effekte von Schulungen zeigen sich meist erst am Arbeitsplatz. Je höher der Umsetzungserfolg, desto wertvoller eine Schulung. Denn: Ohne positive Auswirkungen auf den Arbeitsplatz nützt auch das interessanteste Seminar wenig.

Results — *Welchen Nutzen hat das Unternehmen?*
Nicht nur der einzelne Mitarbeiter, auch das Unternehmen sollte von den Qualifizierungen profitieren. Denn es organisiert und finanziert das Ganze.
Diese Stufe lässt sich weiter unterteilen. Welche Effekte gibt es
- im Team,
- in der Arbeitseinheit, in der Abteilung,
- für das gesamte Unternehmen?

Auch hier existiert eine Stufung: So lassen sich Effekte auf das Team leichter nachweisen als Auswirkungen auf eine Abteilung oder gar auf das gesamte Unternehmen.

Frage des Nutzens Zu diesem Grundmodell gibt es eine Reihe von Varianten. Häufig findet sich eine fünfte Stufe, die sich mit der Frage des monetären Nutzens, dem *Return on Investment (ROI)* beschäftigt. Indikatoren sind zum Beispiel niedrigere Produktionskosten, gesteigerter Umsatz, Kundenzuwächse, höhere Produktivität der Mitarbeiter und sinkende Kundenreklamationen.

Lange Zeit hat man sich bei der Bewertung von Bildungsprozessen fast ausschließlich an quantitativen Instrumenten orientiert. Es ging vor allem um die Kontrolle der Weiterbildungskosten und um den wirtschaftlichen Erfolg von Weiterbildung. Im Mittelpunkt standen Fragen wie:
- Hat sich der finanzielle Aufwand für eine Weiterbildung gelohnt?
- Konnte durch die Weiterbildung der finanzielle Ertrag gesteigert werden?
- Bekomme ich die Investitionen, die ich getätigt habe, auch wieder heraus?

Meist lässt sich der Erfolg von Weiterbildung jedoch nicht direkt in Zahlen ausdrücken und ein negatives ROI bedeutet nicht unbedingt, dass sich Investitionen nicht gelohnt haben. Eventuell hat ein Seminar dazu beigetragen, das Betriebsklima zu verbessern, und es steigert somit mittelfristig auch die Leistungsbereitschaft der Mitarbeiter. Vielleicht verhindert es das Ausscheiden von Mitarbeitern. Möglicherweise haben Mitarbeiter durch eine Schulung gelernt, eigenständiger zu arbeiten und mehr Verantwortung zu übernehmen. Solche Erträge sind nicht sofort sichtbar. Wenn sich Veränderungen erst nach längerer Zeit zeigen, ist eine Ursache-Wirkung-Zuordnung oft nicht mehr möglich. Der passende Index für solche qualitativen Aspekte ist der sogenannte *Value of Investment (VOI)*.

Mit jeder Ebene wird der Aufwand höher, verlässliche Daten zur Evaluation zu erhalten.

Der Reiz von Kirkpatricks Modell liegt in der Einfachheit. Allerdings stößt es an Grenzen, wenn es die Grundlage für ein systematisches Bildungscontrolling abgeben soll. Denn das Modell ist outputorientiert. Kirkpatrick stellt Ergebnisse in den Mittelpunkt, nicht Prozesse. Der Akzent liegt auf der Evaluation.

Deshalb legen wir hier ein modifiziertes Modell zugrunde, das E^5-*Modell*. Es unterscheidet fünf Ergebnisfelder und fünf Korrespondenzfelder.

Das E^5-Modell

Beginnen wir mit den Wirkungen von Qualifizierungsmaßnahmen, den *Ergebnisfeldern*.

Als erste Möglichkeit zur Evaluation lässt sich das Ergebnis, die *Zufriedenheit der Teilnehmer*, mit dem Verlauf und dem Ergebnis der Schulung ermitteln. Zielsetzung ist, die Suche nach Möglichkeiten, Organisation, Didaktik und Methodik der Schulung zu verbessern.

Evaluationsstufe zwei soll die Frage beantworten, was die Teilnehmer im Seminar gelernt haben. Diese Frage ist wichtig, weil ein guter *Lernerfolg* die Voraussetzung für einen guten Umsetzungserfolg darstellt.

Evaluationsstufe drei beinhaltet die Überprüfung der *Effekte der Schulung* bei Anwendung in der Praxis. Ohne Effekte auf das Verhalten, ohne Verbesserungen bei Prozessen und Ergebnissen bleibt Lernen folgenlos.

Evaluationsstufe vier beschäftigt sich mit der Frage, ob die *Arbeitsplatzziele*, die mit der Qualifizierung verbunden sind, tatsächlich im Alltag umgesetzt werden konnten. Mit dieser Stufe erhält die Qualifizierung einen neuen Charakter: Sie dient als Mittel zum Zweck.

Evaluationsstufe fünf fragt nach *Aufwand und Nutzen*. Qualifizierungen kosten Geld. Deshalb sollte sich die Investition aus betriebswirtschaftlicher Sicht amortisieren.

Ist Bildungserfolg messbar?

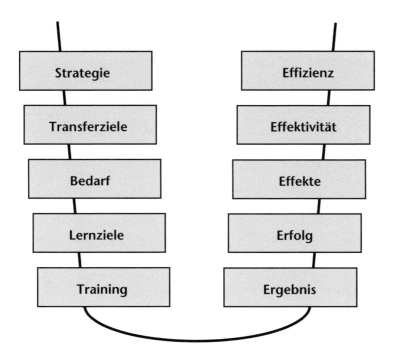

Bei den *Korrespondenzfeldern* verstecken sich die Stellschrauben, die die Ergebnisse der Qualifizierung mitbestimmen. Wenn Sie diese Stellschrauben kennen und gezielt auf sie Einfluss nehmen, können Sie Verbesserungen bei den fünf Ergebnisfeldern erzielen.

Korrespondenzfelder

Das *Training* selbst wirkt sich auf das Ergebnis, auf die Zufriedenheit der Teilnehmer aus.

Nur wenn *Lernziele* für die Schulung definiert sind, lässt sich der Lernerfolg ermitteln.

Am Arbeitsplatz wird ermittelt, welcher *Bedarf* an Qualifizierung besteht. Hier zeigt sich auch, ob die Schulung Auswirkungen auf die Produktivität des Mitarbeiters hat.

Die Effektivität der Schulung lässt sich nur beurteilen, wenn vorab Arbeitsplatzziele, also *Transferziele* definiert sind.

Letztlich müssen sich Qualifizierungen daran messen lassen, ob sie die *Strategie* des Unternehmens unterstützen.

Sieht man das Modell als Abfolge, beginnt der Prozess der Bildungssteuerung bei der *Strategie des Unternehmens*. Denn Qualifizierungen und die damit verbundenen Ziele haben keinen Wert an sich. Sie sollten in die Strategie eingebunden sein, Unternehmensziele zu erreichen.

Im Mittelpunkt der Mitarbeiter

Die Strategie des Unternehmens sollte sich in der Ausrichtung der Arbeit einzelner Fachbereiche niederschlagen, was sich wiederum auf einzelne Arbeitsplätze und damit auf die *Ziele einzelner Mitarbeiter* auswirkt.

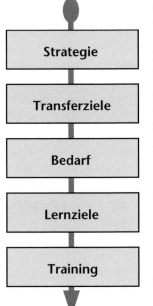

Damit rückt der Mitarbeiter ins Zentrum der Aufmerksamkeit. Die Leistungsfähigkeit eines Unternehmens ist die Summe der *Leistungsfähigkeit* aller Mitarbeiter. Leistungsfähig ist ein Mitarbeiter, wenn er sein Handwerk beherrscht und mit Engagement bei der Sache ist. Dies zu unterstützen, ist Aufgabe der Aus- und Weiterbildung.

Der Qualifizierungsbedarf und die damit verknüpften Qualifizierungsziele sollten die Grundlage bilden für die *Lernziele*. Sie sind Ausgangspunkt für die Gestaltung des Trainings.

Das Training selbst hat die Aufgabe, bei allen Teilnehmern einen möglichst hohen Lernerfolg zu erzielen und sie zu motivieren, das Gelernte auch umzusetzen.

Und Evaluierungsinstrumente ...

Um Bildungsprozesse zu steuern, brauchen Sie Daten. Diese Daten liefert die Evaluation, vorausgesetzt, Sie arbeiten mit den richtigen Evaluierungsinstrumenten.

Zwei Arten von Evaluation

Es lassen sich zwei Arten von Evaluation unterscheiden:
- *formative Evaluation*
  Sie ist eine begleitende Evaluation: Die Teilnehmer geben ihrem Trainer während der Schulungsmaßnahme ein Feedback, beispielsweise am Ende eines Seminartages. So hat der Trainer die Möglichkeit, noch auf die Wünsche der Teilnehmer einzugehen.

- *summative Evaluation*
  Hier erfolgt die Bewertung nach der Qualifizierung. Sie liefert die

Grundlage, um über Verbesserungen bei den nachfolgenden Durchgängen zu entscheiden.

Eine zweite wichtige Unterscheidung betrifft die Frage: Wer ist Gegenstand der Evaluation?

Die Selbstevaluation stützt sich auf die Teilnehmenden selbst. So wird zum Beispiel ermittelt, ob sie ihrer Meinung nach ein Lernziel erreicht haben und wie hoch der Lernerfolg war.

Bei der Fremdevaluation wird das Verhalten nach der Schulung durch Vorgesetzte, Kollegen, Mitarbeiter oder auch Kunden eingeschätzt.

> **Die Qualität der Evaluationsergebnisse ist abhängig von der Güte der eingesetzten Instrumente. Versuchen Sie unbedingt, Fehlerquellen, die die Ergebnisse verfälschen können, zu eliminieren und Daten methodisch gesichert zu erheben.**

Jede Evaluierungsstufe liefert andere Ergebnisse, beispielsweise

Unterschiedliche Ergebnisse

- beim Ergebnis   Zufriedenheit der Teilnehmer, Einschätzung des Lernerfolgs, Beurteilung der Rahmenbedingungen
- beim Erfolg   Wissen, Fähigkeiten, Kompetenzen
- bei den Effekten   Nutzung von Informationen, Häufigkeit der Nutzung von Strategien, Arbeitshilfen usw., Erfolg beim Einsatz neu erworbenen Wissens, Trittsteine und Hindernisse bei der Umsetzung
- bei der Effektivität   Umsetzung der Ziele, Hindernisse bei der Umsetzung
- bei der Effizienz   Ergebnisse, Produktivität, Qualität, Zeiteinsparungen, Kostenreduzierungen, Effektivität, Kundenzufriedenheit

Deshalb muss es auch für jedes Ergebnis- und Korrespondenzfeld spezifische Evaluierungsinstrumente geben. Drei Instrumente lassen sich fast universell einsetzen:
- Fragebögen
- Interviews
- Verhaltensbeobachtung.

Fragebögen *Fragebögen* bieten sich an, wenn Sie möglichst umfangreiche Daten von vielen Befragten erhalten wollen. Klassisches Beispiel ist der Feedbackbogen am Ende einer Schulung: 100 Teilnehmer einen Fragebogen ausfüllen zu lassen kostet wesentlich weniger Zeit, als 100 Interviews zu führen. Auch die Auswertung der Fragebögen geht deutlich schneller, selbst wenn sie nicht direkt online ausgefüllt werden.

Möchten Sie im Fragebogen auch Sozialvariablen wie Alter und Geschlecht oder die Arbeitseinheit abfragen, müssen Sie sicherstellen, dass bei anonymen Befragungen nicht auf einzelne Personen geschlossen werden kann.

Interview Der Vorteil von *Interviews* liegt darin, dass Sie qualitative Ergebnisse erhalten und bei Bedarf nachfragen und Aussagen klären können. Nachteilig ist neben dem Aufwand, dass die Interviewer meist für diese Aufgabe geschult werden müssen.

Interviews können auch per Telefon durchgeführt werden. Hier ist der Aufwand in der Regel geringer. Eine Sonderform sind *Fokus-Gruppen*. Bei dieser Methode handelt es sich um eine Art Gruppenbefragung. Fragen, die auch im Interview vorkommen könnten, werden mithilfe von Moderationstechniken thematisiert, um ein möglichst differenziertes Meinungsbild zu erfassen. Solche *Gruppeninterviews* sind eine ökonomische Variante des Einzelinterviews.

Interviews können Fragebogenaktionen ergänzen:
- Sie können vorab eingesetzt werden, um Aufschlüsse über passende Fragen zu gewinnen.
- Sie können im Nachhinein angewendet werden, um die Interpretation der Ergebnisse zu erleichtern.

Egal ob Interview oder Fragebogen: Überlegen Sie zunächst, welche Evaluationsziele Sie erreichen wollen, welche Themen Sie folglich anschneiden sollten und welche Fragen am besten dazu passen.

Verhaltens-beobachtung Bei der *Verhaltensbeobachtung* geht es darum, zu ermitteln, wie sich Personen in bestimmten Situationen zurechtfinden. Solche Situationen können Sie künstlich schaffen, mittels eines Planspiels oder Assessment Centers. Oder Sie beobachten ein Verhalten in »natürlicher« Umgebung, beispielsweise während der Schulung oder am Arbeitsplatz, wenn das Gelernte

	Vorteile	Nachteile
Fragebogen	– einfache Erfassung der Daten – Befragung großer Gruppen möglich – einheitliche Fragen – computergestützte Auswertung bei Ankreuzfragen – Durchführung von Befragungen in kurzer Zeit	– keine qualitativen Daten – Schwierigkeiten mit Rücklaufquote – Schwierigkeiten bei der Interpretation
Interviews	– differenzierte Ergebnisse – Möglichkeit zum Nachfragen – größere Verbindlichkeit	– höherer Aufwand bei der Durchführung – höherer Aufwand bei der Auswertung – Probleme bei der Kategorisierung und statistischen Aufbereitung
Beobachtung	– Erfassung von Verhalten – Überprüfung von Bildungserfolgen im Alltag	– hoher Aufwand – Schulung der Beobachter nötig – detaillierter Beobachtungsbogen notwendig

umgesetzt wird. Ein solches Verfahren ist aufwändig, kann aber wichtige Aufschlüsse über die Qualität von Schulungen oder Verhaltensänderungen geben. Voraussetzung für eine qualifizierte Verhaltensbeobachtung ist ein differenzierter Beobachtungsbogen und oft auch eine Schulung der Beobachter.

Bitte beachten Sie bei der Evaluation folgende Prinzipien:

Effizientes Controlling

- *Der Aufwand für die Evaluation sollte im Rahmen bleiben*
  Man kann sich sehr ausgeklügelte Bildungscontrolling-Systeme ausdenken und jede Menge Papier produzieren: Das ist jedoch selten sinnvoll. Denn das Effizient-Prinzip gilt natürlich auch für das Controlling selbst. Deshalb muss die Frage lauten: Wie können wir mit wenig Aufwand verlässliche Daten gewinnen, die die Grundlage für nachhaltige Verbesserung bilden und gleichzeitig helfen, deren Effekt zu kontrollieren?
  Idealerweise fallen Evaluierungsdaten nebenbei ab, etwa wenn die Teilnehmer im Rahmen der Schulung an einem Planspiel teilnehmen und die Ergebnisse für Zwecke der Auswertung genutzt werden können.

Wenn Ihnen verschiedene Datenquellen zu einem Ergebnisfeld zur Verfügung stehen, sollten Sie die Quelle auswählen, die verlässliche und aussagekräftige Daten liefert.

- *Evaluation muss vor der Schulung beginnen*
  Um Bildungsarbeit gezielt zu steuern, darf sich die Evaluation nicht nur auf die Ergebnisfelder beschränken. Richten Sie Ihr Augenmerk auch darauf, wodurch diese Ergebnisse beeinflusst werden. Evaluation im Korrespondenzfeld kann die Evaluation im Ergebnisfeld bisweilen sogar ersetzen. Das kann mehrere Vorteile haben:

- Die Subjektivität der Ergebnisse kann reduziert werden.

> **B** *Wenn Sie während einer Schulung systematisch den Unterricht beobachten, erhalten Sie präzisere Daten als durch die Feedbacks der Teilnehmer am Ende des Seminars.*

- Änderungen können schon im Prozess erfolgen.

> **B** *Wenn Sie noch in der Umsetzungsphase die Transferhemmnisse bestimmen, können Sie Maßnahmen ergreifen, um diese abzubauen.*

- *Evaluation muss Nutzen stiften*
  Feedbackbögen ausfüllen zu lassen oder aufwändige Kosten-Nutzen-Analysen vorzunehmen, ist nur dann sinnvoll, wenn sich daraus Rückschlüsse auf Qualität oder Kostenersparnisse ergeben und bei Bedarf tatsächlich Änderungen erfolgen.
  Deshalb sollten Sie bei jeder Evaluierungsmaßnahme überlegen, welche Ziele Sie damit verbinden und ob der Aufwand in Relation zum Nutzen steht. Erst über die Definition der Ziele können Sie die Stelle im Bildungsprozess ermitteln, an der Sie mit der Evaluation ansetzen sollten, und hierfür geeignete Methoden bestimmen.

> **B** *Wenn Sie den Erfolg Ihrer Schulungen ermitteln wollen, müssen Sie zunächst definieren, was Sie unter Erfolg verstehen. Hier einige Vorschläge:*
> *– Die Teilnehmer sind mit dem Seminar zufrieden.*
> *– Die Teilnehmer haben viel gelernt.*
> *– Die Teilnehmer haben viel gelernt, das sie in der Praxis umsetzen können.*
> *– Der Nutzen der Schulung ist wesentlich höher als die Kosten.*

- *Evaluation muss Teil des Bildungsprozesses sein*
  Vermeiden Sie aufgepfropfte Controllingroutinen, deren Sinn von den Beteiligten nicht nachvollziehbar ist. Ansonsten werden Sie nur

auf schwache Resonanz stoßen und kaum Unterstützung erfahren – selbst dann nicht, wenn Sie eine Menge Zeit in Überzeugungsarbeit investieren. Mangelndes Interesse führt sehr schnell zu geringer Beteiligung und damit zu wenig aussagekräftigen Evaluierungsergebnissen.

Und Kennwerte ...

Als Ergebnis der Evaluation erhalten Sie Kennwerte, beispielsweise:
- Einschätzungen der Teilnehmer, Ergebnisse von Einschätzungstests, Einschätzungen von Vorgesetzten, Kosten von Qualifizierungen
- Abwesenheit vom Arbeitsplatz, Zufriedenheit der Mitarbeiter, Kundenzufriedenheit, Produktivität, Qualität, Zeiteinsparungen, Effizienz, Kosten, Fehler, Reklamationen
- Konflikte, Ausmaß von Stress, Anzahl der Kündigungen, Beschwerden
- Neukunden, Verkäufe, Marktanteile, Patente, Image, Kundenbindung
- Unfälle, Ausfälle, Produktionszeit.

Kennwerte können sehr unterschiedlich sein. Es gibt jedoch einige Anforderungen, denen alle Kennwerte, mit denen Sie arbeiten, genügen müssen:

Kennwerte sollten aussagekräftig sein

Kennwerte sollten als Wert tatsächlich das abbilden, wofür sie stehen. Wollen Sie zum Beispiel ermitteln, wie hoch die Zufriedenheit mit einer Qualifizierungsmaßnahme ist, und nur 45 Prozent der Teilnehmer füllen den Fragebogen ist, kann man nicht von einem aussagekräftigen Ergebnis ausgehen. Denn Sie wissen nicht, wie die restlichen 55 Prozent entschieden hätten. Vielleicht fanden sie das Seminar so schlecht, dass es ihnen nicht der Mühe Wert war, ihre Meinung zu äußern. Vielleicht verhält es sich aber auch genau umgekehrt.

Darüber hinaus sollten Kennwerte reliabel sein. Das bedeutet, dass sie unbeeinflusst von anderen Faktoren sind und bei gleichen Bedingungen wieder gleiche Werte erzielen.

Probleme können sich ergeben, wenn Sie beispielsweise feststellen, dass Vorgesetzte nach einer Führungskräfteschulung tatsächlich ihr Verhalten ändern, allerdings erst nach etlichen Monaten. Dann ist es schwierig aufzuzeigen, dass dies (ausschließlich) Effekte der Schulung sind.

Kennwerte sollten das gesteckte Ziel abbilden

Achten Sie auf die Kongruenz zwischen Zielen und Kennwerten. Dass dies nicht selbstverständlich ist, zeigt das nachfolgende Beispiel:

🅱 Ziel	Kennwert
Verbesserte Kundenorientierung in der Weiterbildung	• Anzahl der gut besuchten Kurse im Bildungsprogramm • Anzahl auf bestimmte Zielgruppen zugeschnittener Kurse • Anzahl der Beschwerden

Die erste Kennzahl zur Kundenorientierung ist problematisch: Wenn Sie bevorzugt Kurse anbieten, die sich die Mitarbeiter wünschen, und das an Orten, die sehr attraktiv sind, werden Sie hier sicherlich einen guten Wert erreichen. Doch: Ein solches »Wünsch-Dir-was«-Programm hat wenig mit bedarfsorientierter Weiterbildung zu tun. Im Extremfall haben Sie viele Teilnehmer, aber die Kurse sind von geringem Nutzen.

Die zweite Kennzahl ist schon wesentlich interessanter: Passgenaue Schulungen sind immer besser als Kurse von der Stange.

Die Anzahl der Beschwerden bringt als Kennwert wenig: Denn es stellt sich die Frage, wer sich worüber beschwert. Wenn ein Nörgler sich regelmäßig über Belanglosigkeiten mokiert, ist dies sicherlich kein Qualitätsmanko der Weiterbildung.

Aussagekraft von Kennwerten

Das wohl größte Problem bei der Arbeit mit Kennwerten in der Aus- und Weiterbildung besteht darin, dass *quantitative Daten* oft nur unzureichende Aussagekraft besitzen und *weiche Faktoren* sich einer quantitativen Analyse entziehen. Damit sind die verfügbaren Daten möglicherweise:

- zu subjektiv
  - 🅱 *Einschätzung der Teilnehmer, des Umfeldes, der Vorgesetzten zum Seminarergebnis und zum Transferergebnis*

- objektiv, aber in der Aussage schwach
  - 🅱 *Statistische Daten wie Teilnehmertage, Schulungstage pro Teilnehmer*

- sehr aufwändig in der Ermittlung
- **B** *Arbeitsplatzanalysen, Experteneinschätzungen*

- von geringer Akzeptanz
- **B** *Testverfahren*

Nehmen wir zum besseren Verständnis das klassische Beispiel für Evaluation:
B *Bewertungen der Teilnehmer am Ende der Schulung*

Fragen wir uns, was nützt dieser Kennwert?
- Was sagen Feedbackbögen tatsächlich aus?
- Lässt sich der Lernerfolg messen und wäre dies ein wichtiges Kriterium?
- Ist nicht die Umsetzung des Gelernten am Arbeitsplatz das entscheidende Kriterium?
- Wie lässt sich dies einigermaßen objektiv ermitteln?

Im Beispiel wird deutlich, wo sich neue Unwägbarkeiten verstecken.
- Ersatzkennwerte erlauben nur ein partielles und meist indirektes Erfassen des qualitativen Moments.
- In die Kennwerte können nicht kontrollierbare Einflussfaktoren einfließen.

Beim Beispiel *Erfolg eines Seminars* müsste man weiter fragen, für wen das Seminar ein Erfolg sein soll:
- für die Teilnehmer, die viel lernen und eine Menge des Gelernten umsetzen
- für den Trainer, der gute Kritiken bekommt
- für das Personalreferat oder die Bildungseinrichtung, die sich zufriedene Teilnehmer und ein reibungslosen Ablauf der Veranstaltungen wünscht
- für das Unternehmen, das seinen Zielen ein kleines Stück näher gekommen ist.

Selbst zu der Frage, ob die Teilnehmer viel gelernt haben, lässt sich nicht ohne weiteres eine Kennzahl finden. Eigentlich müsste man alle Teilnehmer einem Test unterziehen. Und auch damit wäre nicht sehr viel gewonnen. Denn einerseits wird mit einem solchen Test das gute Gedächtnis einzelner Teilnehmer als intervenierender Faktor erfasst, andererseits zeigt sich der Erfolg eines Seminars erst in der Umsetzung des Gelernten. Und

31

hierfür Kennzahlen zu ermitteln und dabei sicherzustellen, dass diese Ergebnisse tatsächlich und ausschließlich auf die Schulung zurückzuführen sind, dürfte noch schwieriger sein.

Auf Indikatoren ausweichen

Besonders wenn es um die Qualität der Schulungen, um den Bildungserfolg geht, sind reliable und valide Kennwerte schwer zu finden. Da hier eine direkte Messung häufig nicht möglich ist, muss auf *Indikatoren* ausgewichen werden.

Entscheidend ist dabei die Aussagekraft und die Validität der Indikatoren – also, ob sie tatsächlich verlässliche Aussagen erlauben.

> B *Die Ermittlung der Mitarbeiterzufriedenheit wird über die Indikatoren »Anzahl der Krankentage« und »Anzahl der Kündigungen und Versetzungen« ermittelt.*
> *Der Transfererfolg einer IT-Qualifizierung wird über den Indikator »Anzahl der Anrufe bei der Hotline« ermittelt.*
> *Der Transfererfolg einer Qualifizierung zum Projektmanagement wird über die Indikatoren »Terminüberschreitungen vor der Qualifizierung« und »Terminüberschreitungen nach der Qualifizierung« ermittelt.*

Auf den ersten Blick mögen diese Indikatoren durchaus brauchbar erscheinen, bei genauerer Betrachtung zeigen sich jedoch deutliche Mängel. Vielleicht ist momentan die Konjunktur schlecht und die Mitarbeiter melden sich aus Angst um ihren Arbeitsplatz nicht krank. Daraus zu schließen, die Mitarbeiterzufriedenheit sei sehr hoch, zeigt, wie wackelig solche Interpretationen sein können.

Auch die anderen Indikatoren aus den Beispielen sind nur sehr eingeschränkt brauchbar. Vielleicht setzen die Teilnehmer ihre neue IT-Qualifizierung im Moment noch gar nicht intensiv ein oder sie bearbeiten erst einmal nur einfache Vorgänge? Und: Wie lange soll der Indikator überhaupt gemessen werden? Reichen zwei Wochen nach der Qualifizierung oder müssen die Daten sechs Monate erhoben werden?

Liegt die Termintreue bei den Projekten vielleicht einfach daran, dass direkt nach der Qualifizierung keine zeitlich engen Projekte durchgeführt wurden? Lassen sich die Projekte vor und nach der Qualifizierung überhaupt vergleichen?

Wirklich verlässlich wären diese Indikatoren nur, wenn die Teilnehmer dasselbe Projekt jeweils vor und nach der Qualifizierung durchführen würden. Allerdings stellt sich dann die Frage: Welche Lerneffekte sind durch die Wiederholung des Projekts und welche durch die Qualifizierung entstanden?

Ziel muss es also sein, beobachtbare Kriterien zu entwickeln, die einen möglichst hohen Aussagewert besitzen. Dies jedoch ist bisweilen schwierig und sehr aufwändig.

Kriterien mit hohem Aussagewert

> B *Um den Transfererfolg bei verhaltensorientierten Seminaren zu messen, müsste man sowohl den Mitarbeiter nach dem Seminar befragen als auch seinen Vorgesetzten, seine Kollegen, Mitarbeiter und ggf. seine Kunden.*
> *Diese Befragung müsste zudem regelmäßig wiederholt werden. Denn es nützt wenig, wenn der ehemalige Seminarteilnehmer einige Wochen lang sein Verhalten ändert, dann aber wieder in alte Verhaltensweisen zurückfällt.*
> *Selbst durch eine solche aufwändige Befragung lässt sich nur die subjektive Einschätzung ermitteln. Die einzig sinnvolle, aber in der Praxis kaum umsetzbare Möglichkeit wäre, den Mitarbeiter in verschiedenen Situationen über einen längeren Zeitraum durch geschulte Personen beobachten zu lassen (Multimomentaufnahme).*

Man kann sich behelfen, indem man Indikatoren setzt und den Berechnungen zugrunde legt. Dies kann aber nur für jeweils einen Seminartyp erfolgen.

Indikatoren setzen

> B *Man könnte den Transfererfolg eines IT- Seminars definieren über die sinkende Anzahl von Hotline-Anrufen der Seminarteilnehmer zu diesem Thema und den Transfererfolg eines Projektmanagementseminars in der gesunkenen Zahl von Terminüberschreitungen bei Projekten.*

Allerdings können bei Setzungen eine Reihe intervenierender Faktoren einfließen, die nicht kontrolliert werden. Zusätzlich muss man noch angeben, wie lange der Beobachtungszeitraum sein soll. Für das erste Beispiel muss festgelegt werden, wie viele Wochen oder Monate die Anrufe registriert werden sollen. Ein Prä-/Post-Vergleich ist natürlich nur dann möglich, wenn für die Zeit vor der Qualifizierung verlässliche Daten vorliegen.

Greifen wir noch einmal unser Ziel *Erhöhung des selbstorganisierten Lernens* auf. Hierfür entwickeln Sie einen Kennwert. Er lautet: Zahl der Mitarbeiter, die sich für Lernprogramme freischalten lassen.

Nun stellen Sie sich vor, in Ihrer Firma gibt es ein Gerücht, dass es für die Karriere nützlich ist, seine »Kompetenz zum Selbstlernen« zur Schau zu stellen. Dann hätten Sie vielleicht jede Menge Anmeldungen, doch keiner nutzt die Medien zum Lernen. Jetzt könnten Sie natürlich noch analysieren, wie lange die Standzeiten im Programm sind. Aber vielleicht hat sich auch das herumgesprochen und die Mitarbeiter lassen Lernprogramme im Hintergrund laufen, während sie sich mit anderen Dingen beschäftigen. Gut, dann erfassen Sie, wie häufig die Nutzer Eingaben im Programm machen und weiterklicken – Achtung: Spätestens jetzt werden Sie Probleme mit Ihrem Personalrat bekommen.

Unberücksichtigt bleibt hier auch, dass es nicht nur hausinterne Lernprogramme gibt. Vielleicht hat sich ein Mitarbeiter das Schulungsskript von einem Kollegen besorgt und arbeitet es mit Gewinn durch, vielleicht recherchiert ein anderer regelmäßig im Internet nach neuen Erkenntnissen zu seinem Sachgebiet – beides und anderes mehr gehört zum selbstorganisierten Lernen, ist aber mit der Kennzahl nicht erfasst.

Nun können Sie natürlich weitere Kennzahlen definieren, was das System aber immer aufwändiger macht.

So schwierig die Suche nach geeigneten Kennwerten im Einzelfall sein mag, es bleibt kaum eine Alternative. Man kann nicht eine Vielzahl von Qualifikationen durchführen, ohne sich darum zu kümmern, ob diese Maßnahmen überhaupt eine nachweisbare Wirkung haben. Denn: Man sollte keine Seminare anbieten, ohne Aussagen über deren Nutzen machen zu können.

Was Sie tun können:

Entwickeln Sie eine Matrix, um Kennzahlen aus Ihren Zielen abzuleiten

In der ersten Spalte stehen die Ziele, die der Mitarbeiter mit der Qualifizierung erreichen will. Dahinter werden das Wissen, die Fähigkeiten und Fertigkeiten aufgelistet, die der Mitarbeiter erwerben muss. Am Ende steht der Kennwert, das Resultat, an dem Sie den Erfolg (oder Misserfolg) ablesen können.

Ziel	Zu erwerbende Kompetenz	Kennwert zur Überprüfung

Ermitteln Sie die Werttreiber

Definieren Sie möglichst auch die *kritischen Aktivitäten*, sogenannte *Werttreiber*, die ausschlaggebend für den Erfolg sind. Die Frage lautet: Welche Werttreiber sind hauptsächlich dafür verantwortlich, dass das betreffende Ziel erreicht wird?

> *Ziel:* Kundenbindung erhöhen
> *Werttreiber:* Zufriedenheit mit Angebot, mit Leistung, mit Service

Versuchen Sie quantitative Werte so zu fassen, dass sie einen passablen Aussagewert haben

> *Vergleich der Ergebnisse von Feedbackbögen mit denen früherer Seminare, um Abweichungen zum Positiven oder zum Negativen zu ermitteln (Vorsicht bei der Interpretation!).*

Versuchen Sie qualitative Werte möglichst zu operationalisieren, also in beobachtbare Kennwerte zu fassen

> *Verbesserung der Zusammenarbeit als Ziel eines Seminars »Kooperation und Kommunikation«, ermittelt durch eine Transferbefragung mithilfe einer schriftlichen Abfrage.*

Arbeiten Sie mit einer Kontrollgruppe

Um die Aussagekraft von Ergebnissen abzusichern, wäre die Arbeit mit einer *Kontrollgruppe* sinnvoll. Dabei müssten entweder bei der Auswahl der Gruppe, die an der Qualifizierung teilnimmt, und der Gruppe, die keine Schulung erhält, die wichtigsten Einflussfaktoren wie Alter, Geschlecht, Erfahrungen, bisherige Schulungen kontrolliert werden oder die Auswahl müsste zufällig erfolgen. Die zweite Variante ist aber nur bei einer Gruppe von mehr als 80 Personen machbar.

Erster Fokus: Ergebnis

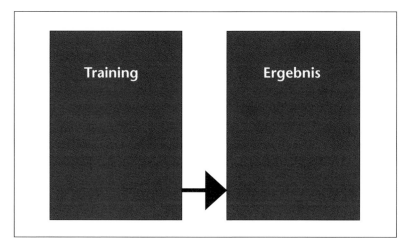

Das kennen Sie: Am Ende beurteilen die Teilnehmer das Seminar – meist mithilfe eines Feedbackbogens.

Teilnehmeräußerungen am Ende einer Qualifizierung sollten Sie jedoch nicht überbewerten.

Auf keinen Fall sollten Sie diese Meldungen zum alleinigen Maßstab für die Qualität einer Schulung machen. Denn mit dem Evaluierungsbogen ermitteln Sie vor allem die *Zufriedenheit der Teilnehmer*, nicht mehr und nicht weniger.

Seien Sie sich im Klaren, dass die Eindrücke der Teilnehmer sehr subjektiv sind und von einer ganzen Reihe von Faktoren beeinflusst werden.

Zufriedenheit der Teilnehmer

Die Zufriedenheit der Teilnehmer ist in überproportionaler Weise abhängig von der Person des Trainers. Je überzeugender das Auftreten des Trainers, je mehr die Teilnehmer von ihm eingenommen sind, desto besser ist die durchschnittliche Beurteilung.

Beliebte Trainer sind jedoch nicht automatisch die, die in ihren Seminaren gute Lern- und Umsetzungserfolge erzielen. Häufig ist sogar das Gegenteil der Fall.

Trainer, die eine Menge von den Teilnehmern fordern, die umfassendes Wissen didaktisch anspruchsvoll vermitteln, dabei jedoch auf attraktive, aber aus Sicht des Lernerfolgs wenig wirkungsvolle Übungen verzichten, erreichen möglicherweise eine gute Lernausbeute. Aber: Sie schaffen keine hohe Zufriedenheit.

Aus dem Blickwinkel der Qualitätssicherung ist eine Beschränkung der Evaluation auf Zufriedenheitswerte problematisch. Denn möglicherweise werden Trainer, die eine hohe Lernausbeute erreichen, aber bei den Teilnehmern nicht so gut ankommen, nach und nach durch Trainer ersetzt, die gute Zufriedenheitswerte erreichen, jedoch keine hohe Lernausbeute haben.

Das könnte zu folgendem, ungünstigem Kreislauf führen:

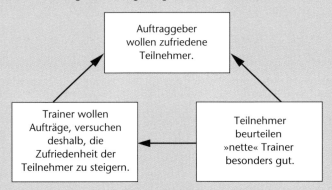

Es besteht die Gefahr, dass am Ende einer solchen Selektion hauptsächlich Trainer mit einem hohen Unterhaltungswert übrig bleiben.

Erster Fokus: Ergebnis

Die Aussagekraft der Evaluation am Ende einer Schulung ist auch begrenzt, weil die Teilnehmer ihren Lernerfolg schlecht einschätzen können. Untersuchungen zeigen, dass es keine ausreichende Korrelation zwischen Einschätzung des Lernerfolgs und tatsächlichem Lernerfolg gibt. Kurzum: Fragt man Teilnehmer nach ihrem Lernerfolg und testet sie gleichzeitig, zeigt sich kein erkennbarer Zusammenhang.

> **Es ist nicht möglich, aufgrund der Bewertungen am Ende der Schulung gesicherte Aussagen über den Erfolg einer Schulung zu treffen – lediglich über die Einschätzung des Erfolgs.**

All diese Unwägbarkeiten sollten Sie jedoch nicht dazu verleiten, ganz auf die Ergebnisevaluation zu verzichten. Denn sie ist das einfachste Instrument, das Ihnen bei der Evaluation zur Verfügung steht. Sie dürfen nur nicht davon ausgehen, dass dies eine verlässliche Grundlage für Ihr Bildungscontrolling abgeben könnte. Es ist bestenfalls ein Baustein.

> **Feedbackbögen sind keine verlässliche Grundlage für Seminarverbesserungen.**

Die Ermittlung der *Zufriedenheit einer Teilnehmergruppe* mit der Qualifizierung ist allerdings nicht nutzlos, wie bisweilen behauptet wird.

Denn schließlich sind die Teilnehmer Ihre Kunden, die ein informatives und attraktives Angebot erwarten können. Zudem sind sie Multiplikatoren, die anderen positiv oder negativ über Ihr Angebot berichten. Damit wirkt sich die Zufriedenheit auf die Akzeptanz, das Renommee und auf die Frequentierung der Kurse aus. Auch deshalb ist es interessant zu wissen, wie Kunden die Qualität der Schulung und der Organisation einschätzen. Schließlich haben die Teilnehmer den Unterricht beobachtet und können Verbesserungsanregungen zu Schulung und Rahmenbedingungen geben.

Allerdings sollten Sie die Wünsche der Teilnehmer immer auch kritisch hinterfragen. Denn natürlich gibt es bei Schulungen auch Auftraggeber, Vorgesetzte und die Leistungsspitze. Diese Kundengruppen können andere Prioritäten haben. Überspitzt ausgedrückt: Wenn sich manche Teilnehmer (nur) interessante Schulungen an attraktiven Seminarorten wünschen, die möglichst lange dauern, darf dies nicht der alleinige Maßstab für das Weiterbildungsangebot sein.

Evaluation der Ergebnisse

Mit der *Ergebnisevaluation* können Sie folgende Fragen klären:

- Wie hoch ist die Zufriedenheit der Teilnehmer mit dem Kurs?
- Entsprach der Kurs den Erwartungen der Teilnehmer? Wie beurteilen sie die Themenauswahl?
- Wie zufrieden sind sie mit dem Verlauf und dem Ergebnis des Kurses?
- Wie hoch schätzen sie den persönlichen Nutzen des Kurses ein?
- Wie beurteilen sie das Verhalten des Trainers?
- Was sagen sie zu Planung und Rahmenbedingungen?
- Wie lassen sich Verlauf und Ergebnis des Kurses verbessern?

Überlegen Sie, welche Fragen Sie klären wollen und welche Ziele Sie mit der Analyse der Ergebnisse verfolgen. Denn danach richtet sich die Auswahl der Evaluationsinstrumente. Es gibt zwei gängige Instrumente, den Evaluationsbogen und die Abschlussbesprechung. Diese können Sie durch weitere Instrumente, wie Interviews mit einzelnen Teilnehmern oder Focusgroups, ergänzen.

Die Evaluation der Ergebnisse ist kein Muss. Ob sie sinnvoll ist, hängt davon ab, welche Ziele Sie haben. Sie müssen entscheiden, ob die Zufriedenheit der Teilnehmer ein wichtiges Ergebnis ist und inwiefern Sie dieses Ergebnis zur Verbesserung Ihrer Dienstleitung oder Ihrer Kurse nutzen können oder wollen.

Ist das primäre Ziel, die Umsetzung des Gelernten zu vermitteln und zu verbessern, und haben Sie bisher Evaluationsbögen ausfüllen lassen, um sie dann abzuheften, können Sie auf die Ergebnisevaluation verzichten.

Welche Möglichkeiten gibt es, die Ergebnisevaluation zu verbessern? Wir beginnen mit dem Evaluierungsbogen: Nahezu jeder Weiterbildungsträger und jedes Personalreferat arbeitet mit einem eigenen Bewertungsbogen. Aber kaum einer ist wirklich zufrieden damit.

Vorschlag 1: Verbessern Sie Ihren Evaluierungsbogen

Der Feedbackbogen ist ein wichtiges Evaluierungsinstrument. Er ermöglicht Rückschlüsse auf die Qualität der Schulung (in der Wahrnehmung der Teilnehmer) und zumindest einen groben Vergleich unterschiedlicher Qualifizierungen. Natürlich müssen Sie die Ergebnisse mit Vorsicht interpretieren.

Was sollten Sie bei der Erstellung (oder Überprüfung) solcher Bögen beachten?

Länge

Evaluationsbögen sollten kurz abgefasst sein, denn Teilnehmer füllen die Bögen ohnehin meist nur ungern aus. Ein Standardbogen sollte etwa zwei Seiten umfassen.

Achten Sie darauf, dass der Bogen schnell auszufüllen ist und nicht zu viele Fragen umfasst. Sonst leidet die Motivation, und das kann sich negativ auf die Sorgfalt beim Ausfüllen auswirken.

Überschrift

Überlegen Sie, welche Überschrift Sie für den Bogen wählen. Die Begriffe Beurteilungsbogen und Bewertungsbogen können negative Assoziationen erzeugen. Besser geeignet sind Formulierungen wie *Ihre Meinung zum Seminar* oder *Ein Blick zurück auf das Seminar*.

Einleitung

Stellen Sie dem Bogen einen einleitenden, erklärenden Satz voran.
B *Ihre Meinung ist uns wichtig. Nur so können wir Ihnen die Seminare anbieten, die Sie sich wünschen.*

Verzichten Sie auf ausführliche Erläuterungen. Sie werden meist ohnehin nicht gelesen.

Kriterien/Fragen

Viele Bögen gleichen sich in Aufbau und Inhalt. Gefragt wird vor allem nach
- Zielorientierung
- Inhaltsauswahl und -aufbereitung
- methodischem Vorgehen
- Medieneinsatz
- Verständlichkeit der Darstellung
- Aktivierung und Beteiligung der Lerner
- Lernklima.

Denken Sie auch an die Zeit nach dem Seminar. Ein Seminar ist nur dann erfolgreich, wenn die Teilnehmer das Gelernte umsetzen. Überlegen Sie deshalb, ob Sie nicht auch Kriterien berücksichtigen wollen, wie
- Praxisbezug
- Motivation zur Umsetzung
- Umsetzbarkeit.

Alternativ können Sie *Fragen* stellen
B *Wurden Ihre Erwartungen an den Kurs erfüllt?*

oder *Statements* formulieren
B *Meine Erwartungen wurden ...*

Auch hier gilt: In der Kürze liegt die Würze. Zwingen Sie die Teilnehmer nicht, lange Textpassagen zu studieren.

Versuchen Sie mit maximal sechs Wörtern und einer Zeile auszukommen.
B *Die Themen entsprachen meinen Erwartungen.*

Sprechen Sie bei jedem Punkt nur ein Thema an.
Negatives Beispiel:
B *Die Themenauswahl und Vermittlung empfand ich als gelungen.*

Achten Sie auf konkrete Aussagen: Je konkreter die Aussagen, desto leichter lassen sich Verbesserungen planen.
B *Ich konnte mich aktiv einbringen.*
Besser:
B *Es gab genügend Raum für Erfahrungsaustausch.*

Achten Sie auf eine neutrale Sprache, vermeiden Sie Unterstellungen.
- [B] *Glauben Sie, dass das Seminar zu kurz war?*

Besser:
- [B] *Wie beurteilen Sie die Länge des Seminars?*
    - ☐ *zu kurz* ☐ *angemessen* ☐ *zu lang*

Wählen Sie einfache, verständliche und vor allem aussagekräftige Begriffe: Je weniger griffig der Ausdruck, desto aussageschwächer fallen die Antworten aus.

Negatives Beispiel:
- [B] *Wie gut schätzen Sie die Transfermöglichkeiten ein?*

Antwort eines Teilnehmers: *Ich bin mit dem Auto hier.*

Es kann sich im praktischen Einsatz zeigen, dass auf einzelne Fragen nie oder sehr selten geantwortet wird oder die Antworten nicht aussagekräftig sind.
- [B] *Welche Schwierigkeiten hatten Sie beim Lernen im Seminar?*

Auf solche oder auch auf unsinnige Fragen sollten Sie verzichten.
- [B] *Wie schätzen Sie die Qualität der Schulungsunterlagen ein?*

Diese Frage macht keinen Sinn, wenn die Unterlagen (teilweise) erst am Ende der Veranstaltung ausgegeben werden.

Vermeiden Sie Fragen, die sich so ähnlich sind, dass sich die Antworten kaum unterscheiden.
- [B] *Wie beurteilen Sie:*
    - *– Praxisrelevanz?*
    - *– Bezug zum Alltag?*

Diese Fragen kann man zusammenfassen oder auf eine verzichten. So wird Ihr Bewertungsbogen kürzer und damit übersichtlicher.

Nehmen Sie grundsätzlich nur Kriterien und Fragen auf,
- die Ihnen wichtige Aussagen über die Qualität des Unterrichts liefern
- die konkrete Hinweise für die Verbesserung der Seminare erbringen.

Fragen Sie keine Kriterien ab, die Sie nicht beeinflussen können. Damit schaffen Sie bestenfalls Erwartungen, die Sie nicht erfüllen können.

Ankreuzfragen und freie Antworten

Kombinieren Sie Fragen zum Ankreuzen mit freien Antwortmöglichkeiten. Aber: Beschränken Sie die Zahl der freien Antwortmöglichkeiten.

Achten Sie darauf, auch bei den freien Antwortmöglichkeiten aussagestarke Fragen zu kreieren. Sehr allgemeine Fragen liefern ungenaue Ergebnisse.

B *Was wollen Sie sonst noch anmerken?*

Fragen, die Ihnen für die Qualitätssicherung keine konkrete Hilfe darstellen, sollten Sie nicht aufnehmen.

B *Was möchten Sie Ihrem Trainer noch mit auf den Weg geben?*

Hier ein Beispiel für die Kombination von Ankreuzfragen mit freien Antwortmöglichkeiten:

B **Praxisbezug**

☐ sehr gut ☐ gut ☐ weniger gut ☐ schlecht

Anmerkung: _____

Skalen

Bei Ankreuzfragen ist die richtige Skala ganz besonders wichtig. Hierzu einige Regeln:

- *Zahl der Items begrenzen*
  Untersuchungen belegen, dass ein Durchschnittsmensch nicht mehr als sieben verschiedene Ausprägungsgrade unterscheiden kann – und selbst damit haben einige Teilnehmer schon Schwierigkeiten. Deshalb sollten die Einschätzungsskalen nicht zu breit gefächert sein.

- *möglichst einheitliche Skalenbeschriftung*
  Wechseln Sie nicht bei jeder Frage das System zum Ankreuzen – das verwirrt nur. Überlegen Sie, ob Sie grundsätzlich auf die Schulnoten zurückgreifen wollen. Diese Methode kennt jeder und sie passt eigentlich immer.

- *ausreichende Differenzierung im positiven Bereich*
  Die meisten Teilnehmer beurteilen Seminare mit gut bis sehr gut. Deshalb macht eine starke Differenzierung im negativen Bereich wenig Sinn, andererseits sollten Sie ausreichend viele Ankreuzmöglichkeiten bei den positiven Werten vorhalten.

- *Skalen mit positiven Werten beginnen*
  Beginnen Sie die Skala mit positiven Werten. Ansonsten kann es passieren, dass die Teilnehmer nicht genau hinsehen und falsch ankreuzen.

B Praxisbezug

☐ sehr gut ☐ gut ☐ befriedigend ☐ ausreichend ☐ mangelhaft

Die richtige Skala

Schwer zu entscheiden ist die Frage, ob gerade Skalen ohne Mittelwert oder ungerade Skalen mit Mittelwert sinnvoller sind. Für einen Mittelwert spricht die Aussagekraft der Skala, dagegen, dass es bei Bewertungen eine Tendenz zur Mitte gibt, die das Ergebnis beeinflussen könnte. Möchten Sie von den Teilnehmern ein eindeutiges positives oder negatives Urteil, sollten Sie überlegen, den Mittelwert, etwa *teils, teils* wegfallen zu lassen. Für Seminarbewertungen ist dieses Phänomen aber eher unwahrscheinlich, da dort ohnehin eine Tendenz zu positiven Bewertungen existiert. Außerdem können Sie ohne Mittelwert auch keine Mittelwerte berechnen. Die Aussage *durchschnittliche Bewertung 3,2* ist damit nicht mehr möglich. Sie können nur noch angeben *sehr gut 33%, gut 21%* ... Das erschwert die Auswertung.

Zusatzfragen

Zusatzfragen können die Organisation, die Unterbringung, die Verpflegung usw. betreffen. Sie können Ihren Bogen auch als Marketinginstrument nutzen, in dem Sie den Teilnehmer nach weiteren, gewünschten Seminarthemen fragen.

Ein gutes Stimmungsbild geben häufig allgemeine Fragen wieder:
- Würden Sie den Kurs weiterempfehlen?
- Würden Sie selbst an einem Aufbaukurs oder einem Umsetzungsworkshop zu diesem Thema teilnehmen?

Namensangabe

Bei vielen Bewertungsbögen wird nicht nach dem Namen gefragt, weil man sich durch die Anonymität ehrlichere Aussagen verspricht. Damit vergibt man aber gleichzeitig die Möglichkeit nachzufragen, wenn bestimmte Aussagen schwierig zu interpretieren sind. Und das wäre für die Qualitätssicherung sehr wichtig. Und zu einer Feedbackkultur gehört eigentlich, dass man seine Meinung frei äußert. Das erwarten die Teilnehmer ja auch vom Trainer.

Vielleicht können Sie das Thema im Seminar anschneiden und die Meinung der Teilnehmer einholen. Sie können die Angabe des Namens auch freiwillig machen und vergleichen, wie viele weiterhin auf Anonymität setzen und ob deren Bewertungen tatsächlich schlechter ausfallen.

Abschluss

Danken Sie dem Teilnehmer am Ende für seine Mühe.

Hier noch einige Hinweise, wie Sie die Aussagekraft Ihres Evaluationsbogens verbessern können:

Weitere Verbesserungsmöglichkeiten

- *Überlegen Sie, ob die Behandlung der Themen in den Bogen aufgenommen werden soll.*
  Jedes Seminarprogramm ist eine Verpflichtungserklärung. An die Verpflichtung, sich an die vorgegebenen Ziele zu halten und auch tatsächlich alle Inhalte durchzusprechen, ist der Trainer gebunden. Ob er dies tatsächlich tut, erfährt man, wenn man die Inhalte mit abfragt.

B Themenbehandlung

	zu kurz	gerade richtig	zu lang	nicht behandelt
Thema 1:	☐	☐	☐	☐
Thema 2:	☐	☐	☐	☐
Thema 3:	☐	☐	☐	☐
Thema 4:	☐	☐	☐	☐
Thema 5:	☐	☐	☐	☐

- *Achten Sie auch darauf, wie und wann Sie den Bogen ins Seminar einführen und ausfüllen lassen*
  1. Erläutern Sie den Teilnehmern die Bedeutung des Bogens für Ihre Qualitätssicherung.
  2. Verteilen Sie Evaluationsbögen immer zur selben Zeit und mit denselben Hinweisen zum Ausfüllen. Ansonsten sind die Ergebnisse nicht mehr vergleichbar.
  3. Geben Sie den Teilnehmern genügend Zeit zum Ausfüllen und wählen Sie einen Zeitpunkt, an dem sie dazu noch Muße haben.

4. Sie können den Bogen auch zur wiederholten Evaluation einsetzen. Jeden Abend bewerten etwa die Teilnehmer den Seminartag.
5. Wenn Sie die Bögen vor der letzten Kaffeepause ausfüllen lassen, können Sie sich die Ergebnisse noch vor der Abschlussbesprechung ansehen und gezielt nachfragen. Weitere Vorteile: Die Abschlussbesprechung verkürzt sich und Sie können entscheiden, ob Sie die Besprechung mit oder ohne den Trainer durchführen wollen.

- *Lassen Sie die Bögen nach der Schulung ausfüllen*
  Der Eindruck einer Schulung verblasst schnell. Deshalb bekommt man Tage oder Wochen nach der Schulung deutlich kritischere Ergebnisse. Das liegt zum einen daran, dass die Teilnehmer nicht mehr von der Stimmung am Ende der Schulung beeinflusst sind und vielleicht schon erste Umsetzungserfahrungen machen konnten.
  Allerdings muss man die objektiveren Ergebnisse oft mit einem recht geringen Rücklauf erkaufen. Zudem sollten Sie kontrollieren, wann der Bogen ausgefüllt wird. Ob Tage oder Wochen nach der Schulung macht einen deutlichen Unterschied. Vielleicht können Sie den Teilnehmern den Bogen per Mail zuschicken und danach erst die Teilnahmebescheinigungen versenden.

Zum Abschluss zwei Beispielbögen, die Ihnen als Orientierung dienen können. Überprüfen Sie, was Sie ändern müssen, um den für Ihre Organisation passenden Bogen zu entwickeln.

Im ersten Bogen werden die Vorschläge aufgegriffen, die auf den vorhergehenden Seiten angesprochen wurden. Die Musterbögen finden Sie auf der Begleit-CD.

Ihre Meinung zum Seminar

Kein Seminar ist so gut, dass man es nicht noch verbessern könnte. Bitte helfen Sie uns dabei mit Ihrer Kritik und Ihren Verbesserungsvorschlägen.

Seminar: Nummer   Titel
                       vom ...... bis ......

1. Qualität des Seminars

Bitte kreuzen Sie an:	sehr gut	gut	zufriedenstellend	ausreichend	unzureichend
Informationsgehalt	☐	☐	☐	☐	☐
Präsentation des Stoffs/Lehrmethoden	☐	☐	☐	☐	☐
Arbeitsunterlagen	☐	☐	☐	☐	☐
Möglichkeiten zur Mitarbeit	☐	☐	☐	☐	☐
Nutzen für die Praxis	☐	☐	☐	☐	☐
Möglichkeit zur Umsetzung	☐	☐	☐	☐	☐
Arbeitsklima	☐	☐	☐	☐	☐

2. Qualität der Tagungsstätte

Bitte kreuzen Sie an:	sehr gut	gut	zufriedenstellend	ausreichend	unzureichend
Semirarräume	☐	☐	☐	☐	☐
Unterkunft	☐	☐	☐	☐	☐
Verpflegung	☐	☐	☐	☐	☐

3. Einzelhinweise

Was war besonders positiv?   Was sollte verbessert werden?

4. Wünsche und Anregungen

Welche Seminarthemen wären für Sie außerdem wichtig?   Wie ließe sich die Organisation der Weiterbildung noch verbessern?

Name: Orga-Einheit:

Vielen Dank für Ihre Mithilfe.

Der zweite Bogen ist auf die allernötigsten Informationen beschränkt, so lässt er sich sehr schnell ausfüllen.

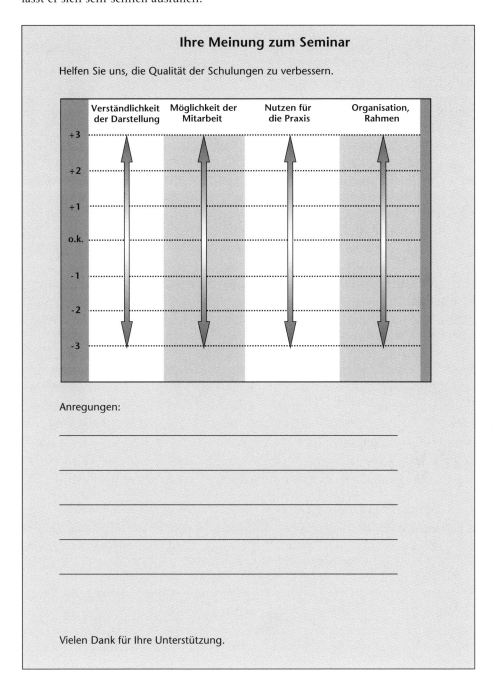

Vorschlag 2: Kontrollieren Sie Einflussfaktoren

Trainer Wie Sie wissen, hängt die Zufriedenheit der Teilnehmer sehr stark von der Person des Trainers ab. Je überzeugender das Auftreten des Trainers, je mehr die Teilnehmer von ihm eingenommen sind, desto besser die durchschnittliche Beurteilung. Im Wesentlichen entscheidet also die Chemie zwischen Trainer und Teilnehmern über die Zufriedenheit – nach Untersuchungen sind es über 90 Prozent.

Ein weiterer, wichtiger Einflussfaktor bei der Beurteilung ist die *Motivation* der Teilnehmer. Das zeigt eindrucksvoll eine Befragung von etwa 2000 ehemaligen Seminarteilnehmern.

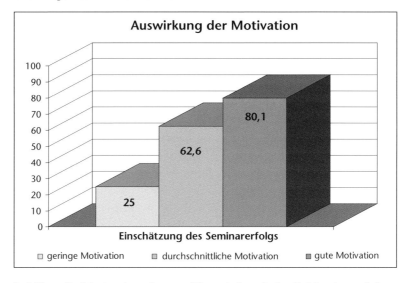

Je höher die Motivation, desto größer wird auch der Erfolg eingeschätzt, desto positiver ist die Beurteilung. Wenn Sie Erfahrungen mit unfreiwilligen Teilnehmern haben, werden Sie die Bedeutung von Motivation kennen. *Es war ja doch ganz interessant:* Diese Äußerung kommt dann schon einem großen Lob gleich.

Motivation und Vorwissen Zwischen Motivation und *Vorwissen* besteht ein direkter Zusammenhang. Wer sich für ein Seminarthema interessiert, wer Kenntnisse und Erkenntnisse für den Arbeitsalltag braucht, beschäftigt sich meist schon vor dem Seminar mit der Thematik. Deshalb wird er mehr vom Seminar haben und im Ganzen zufriedener sein. Außerdem ist er besonders motiviert, das Gelernte umzusetzen, und häufig erreicht er tatsächlich einen überdurchschnittlichen Umsetzungsgrad.

Auch das *Thema der Qualifizierung* spielt bei der Einschätzung durch die Teilnehmer eine wichtige Rolle. Verhaltensorientierte Schulungen mit Inhalten, die über den Arbeitsalltag hinaus von Nutzen sind, etwa Rhetorik und Stressbewältigung, haben in der Regel eine hohe Nachfrage und erreichen auch die besten Bewertungen. Fachlich orientierte Themen schneiden durchschnittlich schlechter ab. Hier dürfte die Motivation der Teilnehmer wieder eine Rolle spielen.

Thema der Qualifizierung

Zusätzlich fließen noch andere Faktoren bei Beurteilung von Präsenzveranstaltungen mit ein, zum Beispiel:

Zusätzliche Einflussfaktoren

- *Attraktivität des Veranstaltungsortes*
  Ein attraktiver Veranstaltungsort führt nach Erfahrungswerten zu 10 bis 20 Prozent besseren Beurteilungen.

- *Arbeitsklima*
  Je besser das Arbeitsklima, desto zurückhaltender sind die Teilnehmer mit negativen Bewertungen.

- *Dauer der Schulung*
  Bei längeren Schulungen kommen häufig gruppendynamische Prozesse zum Tragen, die sich (meist) positiv auf den Zusammenhalt der Gruppe und auf das Lernklima auswirken.

- *Zusammensetzung der Teilnehmergruppe*
  Eine gute Zusammensetzung der Teilnehmergruppe wirkt sich ebenfalls positiv auf das Arbeitsklima aus.

Sicherlich existieren noch weitere Einflussfaktoren, deren Auswirkungen von Fall zu Fall variieren.

Manchmal dürfen Schulungen eigentlich gar nicht (zu) gut beurteilt werden. Bei der Qualifizierung von Trainern lautet ein wichtiges Ziel, die Teilnehmer für Unterrichtsprozesse zu sensibilisieren. Dann müssten den Teilnehmern aber auch mehr Fehler ihres Trainers auffallen.

Besondere Beurteilungen

Unter dem Strich können die Ergebnisse so verfälscht werden, dass Vergleiche zwischen verschiedenen Qualifizierungen kaum mehr möglich sind. Die logische Konsequenz: Entweder Sie unterlassen Vergleiche zwischen unterschiedlichen Schulungen oder Sie versuchen solche Einflussfaktoren zu kontrollieren.

Im ersten Fall dürften Sie nicht die Ergebnisse
- kurzer und längerer Qualifizierungen
- von Inhouseseminaren und Qualifizierungen in Bildungsstätten / Seminarhotels
- unterschiedlicher Themenbereiche, etwa IT-Schulungen und Kommunikationsseminare,

miteinander vergleichen.

Selbst der Vergleich zwischen verschiedenen Trainern ist problematisch. Vielleicht hat ein Teilnehmer eine Qualifizierung nur deshalb sehr negativ beurteilt, weil der Trainer ihm unsympathisch war. Oder ein Trainer bekommt schlechtere Bewertungen, weil er weniger Wert auf »Showeffekte« legt und einen grundsoliden, aber recht anstrengenden Unterricht macht.

Sie können überlegen, ob Sie die wichtigsten Einflussfaktoren in Ihren Bewertungsbogen aufnehmen möchten – als *Kontrollvariable*.

Dies betrifft die Faktoren Motivation, Freiwilligkeit, Zusammensetzung der Teilnehmergruppe, Einschätzung des Trainers, ggf. noch Vorkenntnisse zum Thema.

Wenn Sie nach dem Arbeitsklima fragen, können Sie gleichzeitig die Zufriedenheit mit der Zusammensetzung ermitteln.

B Arbeitsklima

☐ sehr gut ☐ gut ☐ weniger gut ☐ schlecht

Anmerkung: _____

Die Daten zum Thema der Qualifizierung, zur Attraktivität des Veranstaltungsortes und zur Dauer der Schulung oder zum Rahmen der Veranstaltung liegen Ihnen vor: Diese müssen nicht über Abfragen ermittelt werden. Um deren Bedeutung als Einflussfaktoren zu bestimmen, können Sie Mittelwerte für die einzelnen Einflussfaktoren, etwa die durchschnittliche Seminarbewertung von Inhousekursen und Kursen im Seminarhotel, und den Satz einrechnen, um wie viel Prozent der Wert abweicht. Voraussetzung hierfür sind große Fallzahlen, mindestens mehrere hundert Bögen, die Sie der Auswertung zugrunde legen können.

Bereiten Sie die Ergebnisse der Ergebnisevaluation mit EXCEL oder einem speziellean Statistikprogramm auf. Dann können Sie Häufigkeiten einfach ermitteln und Einflussfaktoren berechnen.

Wenn Sie sehr präzise arbeiten möchten, sollten Sie auch die Sozialvariablen Alter, Geschlecht und Ausbildung berücksichtigen. Hier zeigen sich in den Bewertungen deutliche Unterschiede.

Vorschlag 3: Beziehen Sie die Einschätzung des Trainers mit ein

Häufig sind Beurteilungen von Teilnehmern nicht ohne weiteres zu interpretieren, nicht selten spielen bei der Beurteilung aber auch Rahmenbedingungen oder die Lerngruppe selbst eine Rolle. Deshalb ist es sinnvoll, den Trainer um seine Einzuschätzung zu bitten und so die Angaben der Teilnehmer zu ergänzen.

Lob oder Tadel: Viele Äußerungen lassen sich nur exakt beurteilen, wenn man nähere Informationen zum Ablauf des Seminars, zum Arbeitsklima oder auch zu einzelnen Teilnehmern hat. Diese Informationen kann am besten der Trainer liefern.

Der *Trainerfragebogen* dient in erster Linie als Interpretationshilfe für die Einschätzungen und kritischen Anmerkungen der Teilnehmer. Er ergänzt oder ersetzt die Ergebnisse zu den Einflussvariablen im Teilnehmerbogen. Diese Ergänzung ist sinnvoll, denn die Einschätzung des Trainers, etwa zu Motivation oder Arbeitsklima, kann sich von den Einschätzungen der Teilnehmer stark unterscheiden. Zudem liefert Ihnen der Fragebogen konkrete Angaben, wie gut ein Trainer diese Faktoren einzuschätzen vermag. Auch das ist ein interessanter Hinweis zur Qualität der Trainer.

Trainer-fragebogen

Nach jedem Seminar erhalten die Trainer einen Evaluationsbogen, um eine Selbsteinschätzung des Seminarverlaufs und der Teilnehmergruppe zu geben. Im Mittelpunkt steht die *Homogenität der Teilnehmergruppe*. In Seminargruppen, die hinsichtlich der Voraussetzungen große Unterschiede aufweisen, ist es schwer, ein Ergebnis zu erreichen, das alle Teilnehmer in gleichem Maße zufriedenstellt und den gewünschten Lernerfolg zeigt. Anders ausgedrückt: Wenn jeder Teilnehmer etwas anderes will, hat ein

B	**Fragebogen für Trainer**				

Wir sind dauernd bemüht, unsere Seminare zu verbessern. Dabei sind wir auf Ihre Hilfe angewiesen. Bitte beantworten Sie die folgenden Fragen:

Seminar: Nummer   Titel
                       vom ...... bis ......

1. Homogenität der Teilnehmergruppe

Bitte kreuzen Sie an:	sehr homogen	eher homogen	teils, teils	eher heterogen	sehr heterogen
Vorkenntnisse/Vorerfahrungen	☐	☐	☐	☐	☐
Motivation	☐	☐	☐	☐	☐
Interessen	☐	☐	☐	☐	☐
Erwartungen	☐	☐	☐	☐	☐

Anmerkungen:
_____
_____

2. Themenvorgabe

Bitte kreuzen Sie an:	zu kurz	gerade richtig	zu lang	nicht behandelt
Thema 1	☐	☐	☐	☐
Thema 2	☐	☐	☐	☐
Thema 3	☐	☐	☐	☐
Thema 4	☐	☐	☐	☐

3. Qualität der Tagungsstätte

Bitte kreuzen Sie an:	sehr gut	gut	zufriedenstellend	ausreichend	unzureichend
Seminarräume	☐	☐	☐	☐	☐
Unterkunft	☐	☐	☐	☐	☐
Verpflegung	☐	☐	☐	☐	☐
Seminartechnik	☐	☐	☐	☐	☐

Anmerkungen:
_____
_____

4. Einzelhinweise

Was war besonders positiv?   Was sollte verbessert werden?

Trainer Schwierigkeiten, alles unter einen Hut zu bekommen. Die Zufriedenheit bei allen Beteiligten sinkt.

Neben den Kriterien *Vorkenntnisse/Vorerfahrungen* und *Motivation/Interessen* kommen die *Erwartungen* hinzu. Im Beispielfragebogen links sind wieder die einzelnen Themen abgefragt, die im Seminarprogramm zu finden sind.

Vorschlag 4: Setzen Sie den Fokus auf den Lernerfolg

Sie wissen, dass es einen Unterschied zwischen Zufriedenheit der Teilnehmer und Lernerfolg gibt. Den Lernerfolg können Sie über einen Evaluierungsbogen nicht korrekt erfassen, aber: Sie können bei den Kriterien, die Sie im Bogen abfragen, Faktoren einschätzen lassen, die den Lernerfolg begünstigen.

Wenn Sie im Bogen überwiegend Faktoren abfragen, die allein auf die Ermittlung der Zufriedenheit zielen, wie *Arbeitsklima* und *Einschätzung des Trainers*, haben Sie wenig Handhabe zur Verbesserung der Qualität Ihrer Schulungen – außer vielleicht der Information, dass ein Trainer bei den Teilnehmern nicht gut ankommt.

Günstige Faktoren für Lernerfolg

Doch: Welche Faktoren unterstützen den Lernerfolg? Nach Untersuchungen spielen die folgenden didaktisch-methodischen Hilfen eine besondere Rolle:

Motivierung

Die Teilnehmer an Schulungen möchten wissen, warum sie das lernen sollen, was der Trainer ihnen vermitteln will. Die Frage *Warum?* taucht fast automatisch in den Köpfen auf, wenn der Trainer ein neues Thema anspricht.
- *Warum ist dieses Thema für mich wichtig?*
- *Was habe ich davon, wenn ich mich hier und jetzt damit beschäftige?*

Diese Fragen muss ein Trainer beantworten. Es reicht nicht, dass er ein neues Thema mit den Worten einführt: *Meine Damen und Herren, das nächste Thema ist für Sie sehr interessant.* Er sollte aufzeigen, warum das Thema tatsächlich für den einzelnen Teilnehmer von Interesse ist. Und zwar nicht nur zu Beginn, sondern immer wieder.

Motivation erzeugt Interesse – Interesse ist die Grundlage für Aufmerksamkeit – Aufmerksamkeit führt zu einer bewussten Auseinandersetzung mit dem Thema, und dies wiederum begünstigt den Lernerfolg. Zu viel Motivation ist kaum möglich, ist sie jedoch zu gering, kommt sehr schnell Langeweile auf.

Emotionalisierung

Die Teilnehmer haben größere Freude am Unterricht und in ihrem Gedächtnis bleibt mehr haften, wenn Trainer die Gefühle ansprechen. Sehr viel von dem, was Teilnehmer in einer Schulung lernen, geht im Laufe von Wochen und Monaten verloren. In Erinnerung bleiben hingegen Inhalte, die Gefühle geweckt haben – eine nette Anekdote, unfreiwillige Komik, ein witziger Begriff, eine unerwartete Begebenheit. Der Grund hierfür ist ganz einfach: Es gibt Gehirnregionen, die sich auf die Speicherung emotionaler Inhalte spezialisiert haben. Damit wird neues Wissen zusätzlich verankert.

Diesen besonderen Lerneffekt können Trainer nutzen, indem sie bei den Teilnehmern ganz bewusst Emotionen ansprechen und
- witzige Assoziationen schaffen
- mit leicht skurrilen Bezügen arbeiten
- mit ungewöhnlichen Beispielen veranschaulichen
- Humor in den Unterricht bringen.

Emotionalisierung schafft nicht nur Lernerfolge, sondern trägt auch zu einem guten Lernklima bei.

Allerdings ist dieses Gestaltungsmittel nicht ganz unproblematisch. Denn: Es kann sowohl zum Lernerfolg beitragen als ihn auch behindern. Letzteres geschieht, wenn die Emotionalisierung mit eher unwichtigen Lerninhalten verknüpft wird und der Trainer zum bloßen Showmaster avanciert, der mit Gags kostbare Unterrichtszeit vertut.

Lernzeit

In jeder Schulung finden sich Lernzeiten und Leerzeiten. Mit Leerzeiten sind nicht Kaffee- und Erholungspausen gemeint, soweit sie nicht über

Gebühr ausgedehnt werden. Leerzeiten sind Zeiten, in denen der Lernfortschritt gering ist. Zum Beispiel

- sehr lange Einstiege ins Seminar mit mehr oder weniger sinnvollen Kennenlern-Spielen
- langwierige Übungen, die kaum Erkenntniswert besitzen
- Spiele, Simulationen mit künstlichem Charakter und geringem Transferbezug.

Dazu zählen auch Zeiten, in denen der Trainer irrelevantes Wissen vermittelt, weitschweifig und ohne Praxisbezug referiert. Auch die Bewältigung von vermeidbaren Schwierigkeiten mit der Teilnehmergruppe fällt unter Leerzeiten.

Strukturierung

In vielen Untersuchungen hat sich gezeigt, wie wichtig eine klare Struktur für einen lernwirksamen Unterricht ist. Der rote Faden sollte sich durch den gesamten Unterricht ziehen, damit die Teilnehmer immer wissen, wo sie gerade stehen und in welchem Zusammenhang das Thema mit dem Ziel der Schulung steht.

Trainer haben verschiedene Möglichkeiten, dies sicherzustellen:

- *1. Vorschau*
  Sie geben einen Überblick über das folgende Thema. Sie erläutern Ziele, Inhalte und Vorgehensweise. Dies tun sie zu Beginn der Schulung, vor jedem Seminartag und am Anfang einer neuen Unterrichtseinheit.

- *2. Zusammenhang*
  Sie erläutern, in welchem Zusammenhang die einzelnen Themen und Inhalte stehen. Zusätzlich schaffen sie Bezüge zu den Alltagserfahrungen der Teilnehmer und verknüpfen neues Wissen mit den vorhandenen Erfahrungen und Vorkenntnissen.

- *3. Rückblick*
  Am Ende eines Lernabschnitts, nach längeren Vorträgen, nach Gesprächen und am Ende einer Übung geben sie eine kurze Zusammenfassung und wiederholen die wichtigsten Punkte. Dabei beziehen sie die Teilnehmer mit ein. Wiederholungen sollten auch am Ende eines Tages und am Ende der Schulung vorgesehen werden.

Veranschaulichung

Die Veranschaulichung steht mit der Strukturierung in einem engen Zusammenhang. Bei abstrakten Inhalten muss der Lerner versuchen, sich die Inhalte durch Beispiele und Vergleiche, durch Bilder, Grafiken oder Übersichten zu veranschaulichen. Ein Trainer sollte dies so weit wie möglich unterstützen. Ein Modell, das von Hand zu Hand geht, ist in diesem Zusammenhang wertvoller als eine Grafik, eine Demonstration ist wirksamer als ein reiner Vortrag.

Der Veranschaulichung dienen alle Möglichkeiten der *Visualisierung*. Dies ist eine unabdingbare Notwendigkeit bei allen trainerorientierten Lehrformen, vor allem beim Vortragen.

Wenig anschaulich ist es, wenn man unerfahrene Lerner mit einer Fülle abstrakter Fachbegriffe überfordert. Fachreferenten vergessen leicht, dass ein scheinbar geläufiger Ausdruck für Anfänger unverständlich sein kann. Bitte bedenken Sie: Es gibt wichtige und unwichtige Fachbegriffe; es gibt Fremdwörter, die man vermeiden kann, weil es hierfür brauchbare deutsche Bezeichnungen gibt.

Lernen wird vereinfacht, wenn man neue Inhalte mit Bekanntem verknüpft. Grundsätzlich sollte ein Trainer immer versuchen, Beispiele und Vergleiche aus dem Erfahrungsbereich der Teilnehmer zu finden, um ungewohnte oder komplexe Zusammenhänge besser zu verdeutlichen.

Aktivierung

Je aktiver die Teilnehmer sich am Unterricht beteiligen, desto besser. Die selbständige Bearbeitung von Problemen, die Übertragung von Aufgaben, der Einsatz von *teilnehmerorientierten Methoden* wie Gruppenarbeit, Partnerarbeit und Einzelarbeit, die Möglichkeit zu diskutieren: All das sind Mittel, Teilnehmer aktiv am Unterrichtsprozess zu beteiligen. Lernen heißt: auf unterschiedliche Art aktiv und tätig zu werden. Deshalb ist mehr als nur Denken gefordert. Kopf, Herz und Hand, Denken, Fühlen und Handeln sollen angesprochen werden. Je selbständiger sich ein Lerner den Lernstoff und mögliche Lösungen erarbeitet, desto nachhaltiger bleibt der Stoff in seinem Gedächtnis haften.

Wer selbständig arbeiten soll, braucht dazu Zeit – Zeit zum Überlegen, zum Ausprobieren und zum Meinungsaustausch mit anderen.

Üben und Wiederholen

Es ist eine Illusion zu glauben, dass man Lernstoff durch einmaliges Hören nachhaltig im Gedächtnis verankern kann. Lernen braucht verschiedene Anläufe, ohne Üben und Wiederholen geht es meist nicht. Obwohl viele Trainer dies wissen, vernachlässigen sie es in ihrem Unterricht. Das führt bei Teilnehmern häufig zu Unsicherheit, weil sie nicht einschätzen können, ob und was sie gelernt haben. Hinzu gesellt sich dann noch Frust, wenn sie das Gelernte nach dem Seminar nicht umsetzen können, weil sie das Meiste schon wieder vergessen haben.

Üben und Wiederholen hat noch einen wichtigen Nebeneffekt: Die Teilnehmer können selbst überprüfen, was sie verstanden haben und was nicht. Und das bildet die Grundlage für zusätzliche, gezielte Wiederholungen.

Praxis- und Transferorientierung

Aus der Praxis, für die Praxis: Dieses Motto gilt für viele Schulungen. Die meisten Teilnehmer wünschen sich Praxislösungen.

Um den Teilnehmern dies bieten zu können, muss der Trainer die Arbeitsplätze, die Arbeitsbedingungen und die Probleme der Teilnehmer kennen. Und er muss bereit sein, diese Probleme in den Mittelpunkt seines Unterrichts zu stellen. Zusätzlich gilt: Stützen Sie sich auch auf das Wissen und die Erfahrungen Ihrer Teilnehmer. Denn vielfach finden diese die besten Lösungen, spätestens wenn ihnen der Trainer einen Impuls gibt. Der Vorteil einer solchen Lösung ist, dass sich die Teilnehmer damit identifizieren und eher bereit sind, sie auch tatsächlich umzusetzen.

Praxiswissen einbeziehen

Erwachsene interessieren sich vor allem für Inhalte, die alltagstauglich sind, die ihnen nützen und sich kurzfristig umsetzen lassen. Allerdings muss immer genügend Zeit sein, solche praxistauglichen Anwendungen selbst auszuprobieren und einzuüben.

Das sind die wichtigsten Prinzipien, die sich auf den Lernerfolg auswirken. Um zu ermitteln, ob der Trainer die Prinzipien in ausreichendem Maße berücksichtigt, können Sie entsprechende Fragen in den Evaluierungsbogen aufnehmen.

Wie schätzen Sie die Qualität des Unterrichts ein?						
Diese Aussage trifft zu:						
	nicht erkennbar	vollständig	weitgehend	weder noch	kaum	gar nicht
Erklärt verständlich	☐	☐	☐	☐	☐	☐
Weckt Interesse	☐	☐	☐	☐	☐	☐
Vermittelt anschaulich	☐	☐	☐	☐	☐	☐
Geht strukturiert vor	☐	☐	☐	☐	☐	☐
Wiederholt, fasst zusammen	☐	☐	☐	☐	☐	☐
Ermöglicht die Anwendung des Gelernten	☐	☐	☐	☐	☐	☐
Stellt den Praxisbezug her	☐	☐	☐	☐	☐	☐
Setzt gezielt Medien ein	☐	☐	☐	☐	☐	☐
Vermeidet Über- und Unterforderung	☐	☐	☐	☐	☐	☐
Fördert den Erfahrungsaustausch	☐	☐	☐	☐	☐	☐
Aktiviert die Teilnehmer	☐	☐	☐	☐	☐	☐
Nutzt die Lernzeit ökonomisch	☐	☐	☐	☐	☐	☐

Möglicherweise wird der Evaluierungsbogen zu umfangreich; wenn Sie alle Fragen aufnehmen, dann sollten Sie Schwerpunkte setzen oder die Fragen variieren.

Vorschlag 5: Ermitteln Sie die Lernprobleme

Neben den *Lernförderern* können Sie natürlich auch die Lernprobleme der Teilnehmer abfragen.

Wir gehen meist davon aus, dass Teilnehmer gut und erfolgreich in Schulungen lernen. Viele Kursteilnehmer sind es jedoch nicht mehr gewohnt, in Form von Unterricht zu lernen, zuzuhören, sich zu melden, Ergebnisse in Gruppen systematisch zu erarbeiten und diese zu präsentieren. Ihre Erfahrungen mit systematischem Lernen liegen oft Jahre zurück – und sind selten uneingeschränkt positiv. Das Problem dabei: Viele Teilnehmer versuchen, ihre in der Ausbildung eingeübten Lernstrategien zu übertragen. Und genau das kann zu Schwierigkeiten führen, etwa weil das Kurzzeitgedächtnis schlechter geworden ist, dafür aber der Erfahrungsschatz größer. Mit altgedienten Strategien wie *alles mitschreiben* und *sich alles merken* kommt man da nicht sehr weit.

Lernen – ein vielschichtiger Vorgang

Lernen ist ein komplizierter Vorgang. Eigenständiges Lernen kann mühevoll sein. Manchmal sind mehrere Anläufe nötig, um zu einer Lösung zu gelangen. Der Trainer sollte sich als Lernhelfer verstehen, der bei Lernproblemen Unterstützung gibt. Leider ist das nicht selbstverständlich.

Häufig haben Teilnehmer Angst, nicht mehr mithalten zu können oder sich zu blamieren. Deshalb ist es auch nicht erstaunlich, dass nach Untersuchungen knapp die Hälfte aller Teilnehmer Schwierigkeiten mit dem Lernen im Seminar bejaht. Nach dem Motto: *Ich bin wohl zu alt,* suchen vor allem ältere Teilnehmer die Ursachen hierfür bei sich selbst. Und häufig mündet das in Resignation. Nicht aus Zufall nehmen ältere Mitarbeiter nur selten an Schulungen teil.

Furcht vor Misserfolg führt zu Passivität. Der Teilnehmer fragt bei Unklarheiten nicht nach. Denn er ist es ja, der zu »doof« ist, um alles zu verstehen. Weitere Folgen sind die Weigerung, Verantwortung zu übernehmen, und die Flucht in die Gruppenanonymität.

Nach Untersuchungen geben knapp die Hälfte aller Teilnehmer an, dass sie Schwierigkeiten mit der Lernsituation und dem Lernen selbst hatten. Besonders häufig wird als Schwierigkeit genannt,
- sich am Unterricht zu beteiligen
- den vermittelten Lernstoff zu behalten
- theoretisches Wissen zu verstehen

Lernprobleme

- die richtige Lerntechnik zu finden
- dem Unterrichtstempo zu folgen
- die eigenen Vorkenntnisse mit dem neuen Lernstoff zu verknüpfen
- den Praxisnutzen des Lernstoffs zu erkennen
- Wichtiges von Unwichtigem zu trennen
- sich mit Fragen an den Trainer zu wenden.

Diese Schwierigkeiten behindern den Lernerfolg. In hochwertigen Schulungen sollten sie nicht oder nur in geringem Maße zum Tragen kommen – also nur von wenigen Teilnehmern als Problem aufgeführt werden.

Folglich sind auch Lernprobleme, genauer gesagt das Fehlen von Lernproblemen, ein guter Indikator für einen erfolgreichen Unterricht.

 Die Analyse von Lernproblemen ist ein Qualitätskriterium bei der Auswahl von Trainern.

Überlegen Sie, ob Sie standardmäßig oder gelegentlich Fragen zu Lernproblemen in die Evaluation aufnehmen.

Wie schätzen Sie Ihren Lernerfolg ein?						
	Diese Aussage trifft zu:					
	nicht erkennbar	vollständig	weitgehend	weder noch	kaum	gar nicht
Ich habe mich aktiv in den Unterricht eingebracht.	☐	☐	☐	☐	☐	☐
Ich hatte keine Schwierigkeiten, dem Unterrichtstempo zu folgen.	☐	☐	☐	☐	☐	☐
Theoretische Inhalte habe ich gut verstanden.	☐	☐	☐	☐	☐	☐
Das Lernen fiel mir leicht.	☐	☐	☐	☐	☐	☐
Ich konnte meine Erfahrungen und Vorkenntnisse einbringen.	☐	☐	☐	☐	☐	☐
Der Praxisnutzen war für mich deutlich erkennbar.	☐	☐	☐	☐	☐	☐
Ich hatte keine Schwierigkeiten, Wichtiges von Unwichtigem zu trennen.	☐	☐	☐	☐	☐	☐
Bei Fragen habe ich mich an den Trainer gewandt.	☐	☐	☐	☐	☐	☐

Vorschlag 6: Arbeiten Sie mit differenzierten Evaluierungsbögen

Sie arbeiten bei der Ergebnisevaluation mit einem *Standardbogen*. Das ist sinnvoll, weil Sie die Qualität verschiedener Kurse vergleichen wollen.

Allerdings gibt es Schulungen, wo ein Standardbogen nicht so recht passt. Deshalb sollten Sie bei unterschiedlichen Schulungen und Situationen über unterschiedliche Bögen nachdenken.

1. Unterscheiden Sie zwischen verschiedenen Qualifizierungsformen

Neben Seminaren arbeiten Sie mit anderen Formen der Qualifizierung, beispielsweise Workshops, Open Space Veranstaltungen, Einzel- oder Kleingruppenschulungen oder auch Coaching.

Passgenaue Evaluierungsbögen

Deshalb benötigen Sie auch unterschiedliche Fragen, um aussagekräftige Ergebnisse zu erzielen. Bei Workshops zum Beispiel sind Fragen nach der Verständlichkeit des Vortrags wenig sinnvoll, weil (längere) Vorträge in Workshops eigentlich keinen Platz haben. Auch Fragen nach der Aktivierung der Teilnehmer machen wenig Sinn, denn ein Workshop ohne starke Einbeziehung der Teilnehmer ist kein Workshop. Bei Einzelschulungen oder Schulungen mit zwei, drei Teilnehmern sind die methodischen Möglichkeiten eingeschränkt.

Überlegen Sie daher,
- welche Sonderformen der Schulungen Sie anbieten
- was das Besondere an diesen Sonderformen ist
- welche Fragen Sie stellen wollen, um die Qualität der Schulungen zu ermitteln.

Ein Bogen für einen Workshop könnte folgenden Aufbau haben:

Ihre Meinung zum Workshop

Qualität ist uns wichtig. Bitte helfen Sie uns mit Ihrer Kritik und Ihren Verbesserungsvorschlägen.

Workshop: Nummer   Titel
                     vom ...... bis ......

1. Qualität des Workshops

Bitte kreuzen Sie an:	vollständig	weitgehend	weder noch	kaum	gar nicht
Der Wokshop entsprach meinen Erwartungen.	☐	☐	☐	☐	☐
Die Wünsche und Interessen der Teilnehmer wurden berücksichtigt.	☐	☐	☐	☐	☐
Der Erfahrungsaustausch hat mir neue Impulse gebracht.	☐	☐	☐	☐	☐
Ich habe neue Erkenntnisse für die Praxis gewonnen.	☐	☐	☐	☐	☐
Die Workshop-Unterlagen waren umfassend und gut aufbereitet.	☐	☐	☐	☐	☐
Das Arbeitsklima war produktiv.	☐	☐	☐	☐	☐

2. Qualität der Tagungsstätte

Bitte kreuzen Sie an:	sehr gut	gut	zufriedenstellend	ausreichend	unzureichend
Workshopräume	☐	☐	☐	☐	☐
Unterkunft	☐	☐	☐	☐	☐
Verpflegung	☐	☐	☐	☐	☐

3. Einzelhinweise

Was war besonders positiv?   Was sollte verbessert werden?

2. Unterscheiden Sie zwischen verschiedenen Schulungstypen

Es gibt unterschiedliche Schulungstypen, die sich kaum vergleichen lassen. IT-Schulungen, Sprachkurse, Fachseminare und verhaltensorientierte Kurse unterscheiden sich deutlich in der Methodik. Überlegen Sie, ob Sie die Besonderheiten dieser Schulungstypen bei der Evaluation berücksichtigen wollen. So ist ein typisches Problem bei IT-Schulungen, die notwendige Vermittlung von umfangreichem, abstraktem Wissen – hier wäre eine ergänzende Frage sicher sinnvoll.

B *Bitte kreuzen Sie an:* Stimmt	vollständig	weitgehend	weder noch	kaum	gar nicht
Der Trainer konnte gut erklären.	☐	☐	☐	☐	☐

Eine besondere Lernanforderung betrifft das umfangreiche Detailwissen.

B *Bitte kreuzen Sie an:* Stimmt	vollständig	weitgehend	weder noch	kaum	gar nicht
Mit dem Umfang des Lernstoffs bin ich gut zurechtgekommen.	☐	☐	☐	☐	☐

Methodisch steht bei IT-Schulungen die Unterweisung und Unterstützung am Gerät im Mittelpunkt. Auch dies lässt sich durch Fragen näher beleuchten.

B *Bitte kreuzen Sie an:* Stimmt	vollständig	weitgehend	weder noch	kaum	gar nicht
Der Trainer hat mich bei Problemen gut unterstützt.	☐	☐	☐	☐	☐

Bei Fachkursen muss häufig eine Menge theoretisches Wissen vermittelt und dann (hoffentlich) durch Praxisübungen ergänzt werden. Deshalb können hier ähnliche Fragen wie bei IT-Schulungen angesetzt werden.

Bei Sprachkursen kann man gut inhaltlich differenzieren und gezielt nach der Qualität
- der Wortschatzarbeit/-übungen
- des Aussprachetrainings
- der Grammatikübungen
- der Konversationstrainings fragen.

Bei verhaltensorientierten Schulungen spielen der Erfahrungsaustausch, die Lösung von Alltagsproblemen, die Simulation von Praxissituationen eine wichtige Rolle. Auch zu diesen Komponenten lassen sich spezielle Fragen entwickeln.

3. Unterscheiden Sie zwischen verschiedenen Lernwegen

Für das organisierte Lernen gibt es neben Schulungen eine Reihe alternativer Lernwege. Im Mittelpunkt steht hier das Selbstlernen.

Computergestütztes Lernen

Wir unterscheiden vier Möglichkeiten des computergestützten Lernens:
- Lernprogramme (CBT)
  computergestützte Vermittlung und Festigung von Lerninhalten
- Lern- und Informationssysteme
  Kombination von Lerneinheiten mit einem Informationsangebot
- Planspiele
  zur computergestützten Simulation komplexer Zusammenhänge
- internetgestütztes Lernen
  zum Abruf von Lernsequenzen.

Traditionelle Lernmedien

Natürlich gibt es auch traditionelle Lernmedien, die weniger modern sind. Diese haben aber zumindest den Vorteil, dass sie keine nennenswerten Anforderungen an die technische Ausstattung der Arbeitsplätze stellen. Hierzu zählen:
- Selbstlernkurse
  schriftliche, didaktisch aufbereitete Lerneinheiten
- Fernstudienkurse
  Selbstlernmaterialien mit Einsendeaufgaben und Betreuung durch einen Studienleiter
- Audiokurse
  Hörkassetten für das Lernen unterwegs und zuhause
- Lehrfilme
  Videokassetten mit didaktisch aufbereiteten Spielhandlungen.

Vorschlag 6: Arbeiten Sie mit differenzierten Evaluierungsbögen

Evaluierungsbögen sollten nicht nur nach verschiedenen Schulungen aufgebaut sein, sondern auch verschiedene Lernwege berücksichtigen.

Lernwege berücksichtigen

Im ersten Schritt können Sie für alle Formen des Selbstlernens einen Basisbogen erstellen und den Bogen je nach Lernmedium variieren. Analog zum Präsenztraining werden Fragen zum Lernprozess und Lernergebnis aufgenommen.

Lernerfolg

Wie beurteilen Sie ...	sehr hoch	hoch	ziemlich hoch	eher niedrig	ganz gering
Ihre Zufriedenheit mit dem Angebot	☐	☐	☐	☐	☐
Ihren Lernerfolg	☐	☐	☐	☐	☐
Ihre Motivation, das Gelernte umzusetzen	☐	☐	☐	☐	☐
die Möglichkeit zur Umsetzung	☐	☐	☐	☐	☐

Hinzu kommen die Qualität der Medien und die Einschätzung der Lernform.

Qualität der Medien

Wie beurteilen Sie ...	sehr positiv	positiv	ziemlich positiv	eher negativ	ganz negativ
die Auswahl und den Umfang des Stoffs	☐	☐	☐	☐	☐
die Verständlichkeit der Darstellung	☐	☐	☐	☐	☐
die Übersichtlichkeit und Struktur	☐	☐	☐	☐	☐
die Anschaulichkeit	☐	☐	☐	☐	☐
den Praxisbezug	☐	☐	☐	☐	☐

Einschätzung der Lernform

Wie schätzen Sie die Art des Lernens ein?

☐ sehr positiv ☐ positiv ☐ ziemlich positiv ☐ eher negativ ☐ ganz negativ

Wie beurteilen Sie die Art des Lernens hinsichtlich der Möglichkeit …

	sehr positiv	positiv	ziemlich positiv	eher negativ	ganz negativ
das Lerntempo selbst zu bestimmen	☐	☐	☐	☐	☐
zu üben und zu wiederholen	☐	☐	☐	☐	☐
den Lernerfolg zu kontrollieren	☐	☐	☐	☐	☐

Würden Sie diese Art des Lernens als Alternative oder Ergänzung zu Seminaren befürworten?

	sehr befürworten	befürworten	eher ablehnen	strikt ablehnen
als Alternative zu Seminaren	☐	☐	☐	☐
als Ergänzung zu Seminaren	☐	☐	☐	☐

Werden die Teilnehmer während der Selbstlernphase und während der Umsetzung betreut, sollten auch hierzu Fragen aufgenommen werden.

Betreuung und Unterstützung

Ergänzend zum Selbstlernen halte ich

	unbedingt erforderlich	sinnvoll	weniger sinnvoll	unnötig
Einführungsveranstaltungen für	☐	☐	☐	☐
Erfahrungsgruppen für	☐	☐	☐	☐
Umsetzungsworkshops für	☐	☐	☐	☐
Beratung der Teilnehmer für	☐	☐	☐	☐
Betreuung der Teilnehmer für	☐	☐	☐	☐

Wo haben Sie gelernt?

☐ am Arbeitsplatz ☐ Schulungsraum, Lerninsel ☐ unterwegs ☐ zu Hause ☐ teils, teils

Wurden Sie beim Lernen unterstützt?

	ja	teilweise	nein
… von Ihrem Vorgesetzten	☐	☐	☐
… vom Personalreferat	☐	☐	☐

Je nach Selbstlernmedium können zusätzliche Fragen zur Handhabung aufgenommen werden, beispielsweise zum Umgang mit einem Lernprogramm.

	o.k.	zu verbessern
Installation		
Konnten Sie das Programm problemlos installieren und starten?	☐	_____
Sind die Erklärungen ausreichend?	☐	_____
Navigation		
Kamen Sie auf Anhieb mit der Handhabung des Programms zurecht?	☐	_____
Fanden Sie auf Anhieb alle Funktionen?	☐	_____
Sind die Symbole und Hinweise unmissverständlich?	☐	_____
Kann der Nutzer das Programm jederzeit verlassen?	☐	_____
Ist die Hilfefunktion einfach zu nutzen, ist sie verständlich?	☐	_____
Sind die Anweisungen klar?	☐	_____
Darstellung		
Passen die Übungen zu den Zielen und Inhalten der Lektionen?	☐	_____
Sind sie ausreichend schwer, aber nicht zu schwer?	☐	_____
Ist der Ton laut genug?	☐	_____
Sind die Videos gut zu sehen?	☐	_____

4. Unterscheiden Sie verschiedene Evaluierungserfordernisse

Es gibt Schulungen, die ganz besonders sind. Zum Bespiel:
- Schulungen für wichtige Zielgruppen
- Schulungen für schwierige Zielgruppen
- Schulungen für neue Zielgruppen

aber auch
- Schulungen neuer Trainer
- Schulungen, bei denen es in vorherigen Durchläufen Probleme gegeben hat.

Bei besonderen Anlässen und Seminaren ist eine detaillierte Auswertung sinnvoll, um schnell und präzise auf (mögliche) Qualitätsmängel reagieren zu können.

Dabei ist es meist nicht erforderlich, komplett neue Fragen und Bögen zu entwickeln.

Versuchen Sie für alle Sonderformen und Schulungstypen einige Grundfragen zu definieren, die in allen Bögen gleich gehalten sind.

So können Sie bei Trainern, deren Schulungen bei der Frage nach der Praxis-Umsetzung unzureichende Ergebnisse aufzeigen, mit Zusatzfragen ermitteln, woran dies im Einzelnen liegt.

B *Bitte kreuzen Sie an:* Stimmt	vollständig	weitgehend	weder noch	kaum	gar nicht
Im Unterricht wurde auf meine Praxissituation eingegangen.	☐	☐	☐	☐	☐
Meine spezifischen Probleme konnte ich einbringen.	☐	☐	☐	☐	☐
Fragen der Umsetzung wurden besprochen.	☐	☐	☐	☐	☐
Der Erfahrungsaustausch war ein wichtiger Punkt im Unterricht.	☐	☐	☐	☐	☐
Die Übungen waren praxisgerecht.	☐	☐	☐	☐	☐

So entsteht ein präzises Bild, anhand dessen Qualitätsmaßnahmen gezielt erfolgen können.

Vorschlag 7: Sichern Sie Ihre Ergebnisse mit einem diagnostischen Verfahren ab

Die Aussagekraft von Evaluationsbögen ist recht gering und der Nutzen zur Verbesserung von Seminaren oder als Feedback für Trainer ebenfalls fraglich. Deshalb ist es nahe liegend, die bisherigen Überlegungen zusammenzufassen und ein Evaluierungsinstrument einzusetzen, das
- eine differenzierte Diagnose der Faktoren erlaubt, die die Qualität eines Seminars ausmachen
- wichtige intervenierende Faktoren einbezieht
- nicht nur die Zufriedenheit der Teilnehmer als Richtschnur für den Erfolg eines Seminars betrachtet.

Der Aufwand bei der Diagnose ist zwar größer, der Aussagewert jedoch ebenfalls. Ein solches *diagnostisches Frageinventar* soll hier kurz vorgestellt werden. Es gliedert sich in drei Bereiche: **Diagnostisches Frageinventar**

Bei den *Ergebnisfeldern* werden neben der Zufriedenheit der Teilnehmer auch der tatsächliche Lernerfolg und die Motivation der Teilnehmer, das Gelernte in der Praxis umzusetzen, erfasst.

Alle drei Ergebnisfelder werden differenziert abgefragt.

B Welche Faktoren könnten die Umsetzung des Gelernten am Arbeitsplatz behindern?					
	sehr stark	stark	teilweise	kaum	gar nicht
fehlende Zeit	☐	☐	☐	☐	☐
mangelnde Gelegenheit	☐	☐	☐	☐	☐
Widerstände im Umfeld	☐	☐	☐	☐	☐

Als *Entscheidungsfelder* werden die Faktoren erfasst, die für das Ergebnis und den Erfolg eines Seminars hauptsächlich verantwortlich sind. Dies sind
- die Eigenschaften des Trainers
- das Verhalten des Trainers
- die Vermittlungskompetenz des Trainers.

Alle drei Felder werden differenziert über eine Reihe von Items abgefragt.

Korrekturvariable
Als drittes Element werden *Korrekturvariablen* erfasst. Das sind Faktoren, die Einfluss auf die Ergebnisse des Seminars nehmen können, wie:
- Lernvoraussetzungen
- Gruppenklima
- Sozialvariable
- Lernschwierigkeiten.

Ein Beispiel zu den Lernvoraussetzungen:

B	sehr hoch	hoch	mittel	gering	sehr gering
Interesse am Thema	☐	☐	☐	☐	☐

Mit diesem differenzialdiagnostischen Ansatz lässt sich der Einfluss der drei Entscheidungsfelder auf die drei Ergebnisfelder unter Berücksichtigung wichtiger Korrekturvariablen ermitteln.

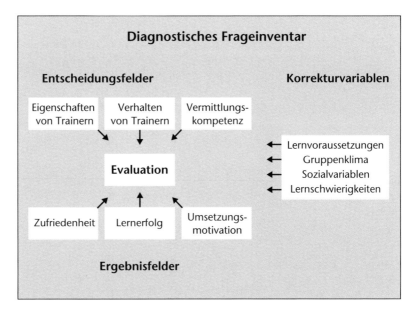

Vorschlag 7: Sichern Sie Ihre Ergebnisse mit einem diagnostischen Verfahren ab

Der Einsatz des Frageinventars erfolgt in drei Schritten: **Frageinventar**
- Die Teilnehmer füllen den Fragebogen aus.
- Mithilfe einer Eingabemaske werden die Werte in den Computer übertragen. Es ist auch möglich, dass die Teilnehmer die Bögen direkt am Computer ausfüllen.
- Die Ergebnisfelder werden ermittelt. Der Einfluss der Entscheidungsfelder auf die drei Ergebnisvariablen wird errechnet und die Korrekturvariablen als intervenierender Faktor herausgerechnet. Alle Ergebnisse werden numerisch und grafisch dargestellt.

Als Grundlage des Feedbacks für den Trainer dient eine Analyse der Items, die sich positiv oder negativ auf die Ergebnisfelder ausgewirkt haben. Damit hat man präzise Ansatzpunkte für Verbesserungen. Vergleichswerte aus früheren Seminaren des Trainers oder anderer Trainer zu diesem Seminartyp können ebenfalls herangezogen werden.

B — Vermittlungskompetenz

	vollständig	weitgehend	weder noch	kaum	gar nicht
Erklärt verständlich	X				
Weckt Interesse		X			
Vermittelt anschaulich		X			
Geht strukturiert vor			X		
Wiederholt, fasst zusammen		X			
Sorgt für die Anwendung des Gelernten	X				
Unterstützt den Lernprozess			X		
Stellt den Praxisbezug her				X	
Sorgt für Abwechslung			X		
Setzt gezielt Medien ein			X		
Vermeidet Über- und Unterforderung		X			
Fördert den Erfahrungsaustausch		X			
Aktiviert die Teilnehmer				X	
Hält sich an Zeitvorgaben		X			
Gibt präzise Arbeitsanweisungen		X			

Das Programm stellt die Möglichkeiten zur Verbesserung des Resultats dar – differenziert nach den drei Ergebnisfeldern Zufriedenheit, Lernerfolg und Umsetzungsmotivation.

Schließlich können aus der Analyse auch Informationen gewonnen werden, welche Eigenschaften, welches Verhalten und welche Vermittlungskompetenz ein idealer Trainer für einen bestimmten Seminartyp benötigt. Dies kann hilfreich sein bei der Suche nach geeigneten Trainern. Das Diagnosetool finden Sie auf der Begleit-CD.

Vorschlag 8: Bereiten Sie die Ergebnisse auf

Ergebnisse, die Sie bei der Ergebnisevaluation ermitteln, sollten Sie aufbereiten und sowohl mit den Trainern als auch mit Ihrem Team besprechen. So können Sie gemeinsam nach Verbesserungsmöglichkeiten fahnden.

Der Dreischritt
- präzise Analyse
- systematische Aufbereitung
- gezielte Verbesserungen

ist Voraussetzung für eine Qualitätssicherung. Daten um der Daten willen zu erheben, ist unnütz.

Vergleichswerte aufführen

Ideal ist es, wenn Sie Vergleichswerte mit aufführen, um die Ergebnisse besser interpretieren zu können.

In dieser Tabelle liegt den Kennzahlen eine Skala von 1 bis 5 zugrunde – umgerechnet in Prozentwerte. Das schlechteste Ergebnis wären 0 Prozent, damit hätten alle Teilnehmer den Wert *ungenügend* angekreuzt, das beste Ergebnis wären 100 Prozent, damit hätten alle *sehr gut* gewählt.

Vorschlag 8: Bereiten Sie die Ergebnisse auf

Thema	Kennwerte						Mittel
	Infogehalt	Lehr-methoden	Arbeits-unterlagen	Möglich-keit zur Mitarbeit	Praxis-nutzen	Möglich-keit der Um-setzung	
Zeitmanagement	80	82	**68**	78	81	76	**77,5**
Stressbewältigung	**78**	89	91	**78**	**76**	88	83,3
Arbeitsorganisation	**77**	76	79	82	81	83	**79,6**
Beruf und Familie	81	75	79	81	82	83	80,1

Übersicht der Ergebnisse von Schulungen zur Selbstkompetenz

In der Tabelle können Sie direkt markieren, wenn bestimmte Richtwerte zur Qualität unterschritten werden.

Bereiten Sie die Ergebnisse der Ergebnisevaluation mit EXCEL oder einem speziellen Statistikprogramm auf. Dann können Sie Häufigkeiten einfach ermitteln und Einflussfaktoren berechnen.
Darüber hinaus können Sie feststellen, welche Fragen Ihres Evaluationsbogens überflüssig sind, weil sie
– im Ergebnis immer identisch sind mit anderen Fragen
– so stark von bestimmten Einflussfaktoren abhängen, dass die Aussagekraft gering ist.

Sie können zusätzlich Werte aufnehmen, die Ihnen die Interpretation erleichtern, etwa statistische Werte, um die Datenbasis zu kontrollieren, oder Werte zu den Einflussfaktoren.

Übersicht der Ergebnisse von Schulungen zur Selbstkompetenz

Thema	Statistik			Einflussfaktoren		
	Dauer	Zahl Teilnehmer	Bögen, gesamt	Motivation	Lernschwie-rigkeiten	Lernklima
Zeitmanagement	3T	213	202	80	82	81
Stressbewältigung	3T	343	301	78	76	83
Arbeitsorganisation	2T	274	271	68	75	92
Beruf und Familie	2T	102	88	69	73	74

Schließlich können Sie auch Vergleichswerte aus früheren Seminaren des Trainers und Ergebnisse zum Seminartyp aufführen, unabhängig vom jeweiligen Trainer.

Übersicht der Ergebnisse von Schulungen zur Selbstkompetenz							
Thema	Kennwerte						Mittel
	Infogehalt	Lehrmethoden	Arbeitsunterlagen	Möglichkeit zur Mitarbeit	Praxisnutzen	Möglichkeit der Umsetzung	
aktuelles Seminar	80	82	68	78	81	76	77,5
Durchschnitt der letzten 10 Seminare zum Thema	78	89	91	78	76	88	83,3
Durchschnitt der letzten 10 Seminare des Trainers	77	76	79	82	81	83	79,6

Auch hier können Sie wieder Richtwerte setzen und überprüfen, ob sich die Einschätzungen verändert haben.

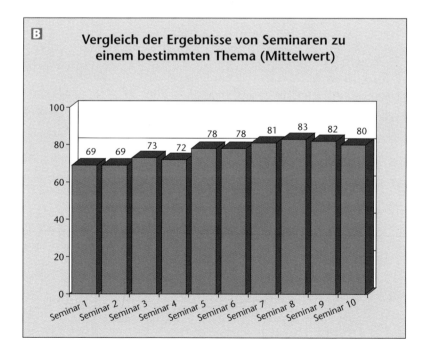

Interessant kann es sein, nicht nur Mittelwerte zu analysieren, sondern als weitere statistische Werte die Streubreite und Standardabweichung zu ermitteln.

Die *Streubreite* zeigt Ihnen, wie weit die Einschätzungen auseinanderliegen. Bei einer Skala von *sehr gut* (1) bis *ungenügend* (5) wäre die Streubreite hoch, wenn Teilnehmer von 1 bis 5 alle Werte angekreuzt hätten. Es gibt auch das Ergebnis, dass Trainer polarisieren, d.h., eine Gruppe bewertet sie gut, eine andere schlecht.

Streubreite ermitteln

Die *Standardabweichung* gibt an, in welchem Bereich Zweidrittel aller Bewertungen um den Mittelpunkt herum liegen. Sind alle Teilnehmer ähnlicher Meinung, ist die Abweichung gering.

Denken Sie immer daran, die Ergebnisse der Evaluation Ihren Trainern mitzuteilen und ggf. die Ergebnisse mit ihnen zu besprechen. Es nützt wenig, wenn Evaluierungsbögen mit hohem Aufwand ausgefüllt, eingesammelt, analysiert und interpretiert werden, ohne dass der Trainer hierzu eine Rückmeldung erhält. Den Sinn und die Möglichkeiten von inhaltlichen und didaktisch-methodischen Änderungen kann meist der Trainer selbst am besten beurteilen. Aber: Dazu muss er auch die Gelegenheit haben.

Vorschlag 9: Holen Sie sich Rat bei Ihren Teilnehmern

Der Evaluationsbogen ist nur *ein* Evaluierungsinstrument, das Sie am Ende einer Schulung einsetzen können. Als Alternative bietet sich an, die Teilnehmer selbst zu befragen. Dieses Verfahren ist aufwändig. Vorteil ist jedoch: Sie erhalten ein differenziertes Bild der Stärken und Schwächen einer Qualifizierung und Sie können Verbesserungsmöglichkeiten direkt mit den Teilnehmern besprechen.

Deshalb bietet sich eine solche Detailauswertung besonders bei neuen Trainern und neuen Seminaren, schwierigen und wichtigen Zielgruppen an oder wenn es zu früheren Seminaren Beschwerden gibt.

Das bedeutet auch, dass nicht jedes Seminar jedes Mal ausführlich ausgewertet werden muss. Dies gilt für alle erprobten Seminare, an deren Ende immer wieder ähnlich positive Ergebnisse stehen.

Ihnen stehen für Detailauswertungen verschiedene *situative Verfahren* zur Verfügung. Voraussetzung ist, dass Sie am Ende einer Schulung für die Auswertung genügend Zeit reservieren, mindestens eine halbe Stunde.

Zuruf-Frage   Bei der *Zuruf-Frage* nehmen die Teilnehmer mündlich Stellung. Jeder kann seine Meinung abgeben, muss es aber nicht. Sie notieren alle Äußerungen auf einem Flipchart, ohne sie zu kommentieren. Es handelt sich also um eine Art *Brainstorming*.

Vorteile dieser Methode: Man erhält sofort Anhaltspunkte, was sich verbessern ließe, die Abfrage benötigt wenig Zeit. Nachteil: Die Abfrage ist nicht anonym.

Karten-Frage   Bei der *Karten-Frage* notieren Sie eine Überschrift auf die Stellwand und lassen die Teilnehmer dazu Karten schreiben. Dann sammeln Sie die Karten ein und hängen sie an die Stellwand. Sie können die Teilnehmer auch zu mehreren Punkten Stellung nehmen lassen.

B	Das fand ich gut	Das würde ich ändern

Vorteil dieser Methode ist die Anonymität. Außerdem erfahren Sie nicht nur, was den Teilnehmern positiv oder negativ aufgefallen ist, sondern auch, wie viele Teilnehmer ähnlicher Meinung sind.

Punkt-Abfrage   Bei der *Punkt-Frage* nehmen die Teilnehmer eine pauschale Wertung zu einem ganz bestimmten Bereich vor.

Hier können Sie auch gezielt hinterfragen, warum Änderungen in der Einschätzung erfolgt sind.

Die Vorteile dieses Verfahrens: Die Abfrage ist anonym, jeder Teilnehmer gibt seine eigene Wertung ab. Nachteil: Man erhält nur ein pauschales Bild über die Stimmung.

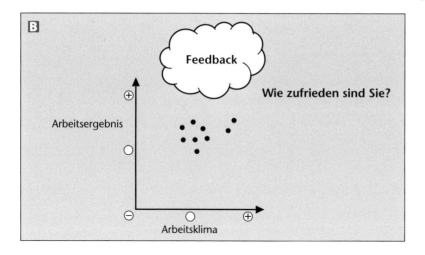

Als Ergänzung kann die *Themenanalyse* dienen. Sie verschafft Ihnen Informationen über die Einschätzung einzelner Seminarthemen. Dazu schreiben Sie die Hauptthemen Ihres Seminars untereinander und vervollständigen die Matrix durch wichtige Analysekriterien. Versehen Sie die einzelnen Kriterien mit einer drei- bis fünfstufigen Skala.

Themenanalyse

	Informationsgehalt			Möglichkeit zur Mitarbeit			Praxisnutzen		
	☺	😐	☹	☺	😐	☹	☺	😐	☹
Thema 1	☐	☐	☐	☐	☐	☐	☐	☐	☐
Thema 2	☐	☐	☐	☐	☐	☐	☐	☐	☐
Thema 3	☐	☐	☐	☐	☐	☐	☐	☐	☐
Thema 4	☐	☐	☐	☐	☐	☐	☐	☐	☐
Thema 5	☐	☐	☐	☐	☐	☐	☐	☐	☐

Wenn Sie Schulungen mit mehreren Trainern durchführen, können Sie statt Themen natürlich auch Trainer abfragen.

Sie sehen die Parallelen zum Evaluierungsbogen. Letztlich ist dies die Übertragung der Einschätzungsskalen des Feedbackbogens auf eine Stellwand.

Der Vorteil ist, dass das Gesamtergebnis für alle sichtbar ist. Eine gute Voraussetzung, um über die Ergebnisse zu diskutieren.

Wenn Sie Karten- und Punkt-Frage kombinieren, erhalten Sie ähnliche Ergebnisse wie mit einem Evaluierungsbogen, der Fragen zum Ankreuzen oder Ausfüllen enthält.

Egal, für welches Verfahren Sie sich entscheiden, im Anschluss können Sie die Teilnehmer befragen,
- worin der Eindruck begründet ist
- wie die anderen Teilnehmer darüber denken
- welche Möglichkeiten es zur Verbesserung gibt.

> **Am Ende eines Seminars haben die meisten Teilnehmer keine Lust, sich in langwierige Diskussionen über die Seminarqualität verstricken zu lassen. Außerdem ist die Gruppe zusammengewachsen: Man will dem Trainer meist zum Schluss nicht noch »an die Karre fahren«. Wenn die Teilnehmer dennoch in der Abschlussbesprechung Kritik äußern, sollten Sie dies besonders ernst nehmen.**

Bei der Auswertung beachten

Als Seminarleiter sollten bei der Auswertung unbedingt folgende Punkte beachten:
- Hören Sie sich ruhig an, was Ihnen die Teilnehmer zu sagen haben.
- Halten Sie alle Äußerungen fest.
- Verteidigen Sie weder sich noch den Trainer.
- Vermeiden Sie Äußerungen, dass an bestimmten Rahmenbedingungen nichts zu ändern ist. Denn: Das frustriert Teilnehmer und führt die Auswertung ad absurdum.
- Fragen Sie nach, wenn Ihnen etwas unklar ist.
- Bitten Sie die Teilnehmer, Verbesserungsvorschläge zu machen: Teilnehmer haben oft sehr gute Ideen.

Die Auswertungsphase kann für Sie als Seminarleiter schwierig sein – und zwar bei zwei gegenpoligen Situationen:
- *Das Seminar ist schlecht gelaufen: Dann müssen Sie in der Schlussaussprache mit den Aggressionen der Teilnehmer umgehen und (vielleicht) das Seminar doch noch zu einem einigermaßen zufriedenstellenden Ende führen.*
Überlegen Sie in diesem Fall, ob der Trainer bei der Abschluss-

> besprechung dabei sein soll. Falls Sie unsicher sind: Fragen
> Sie die Teilnehmer.
> – Das Seminar ist ausgesprochen gut gelaufen: Dann kann
> es sein, dass Sie von den Teilnehmern als »Eindringling«
> empfunden werden. Thematisieren Sie in diesem Fall die
> Situation mit einigen Worten.

Vorschlag 10: Arbeiten Sie mit Ihren Trainern an Verbesserungen

Bei der Auswertung von Schulungen gibt es zwei Hauptfehler. Fehler Nummer eins: Es wird kein Wert auf die Auswertung gelegt. Fehler Nummer zwei: Aus der Auswertung werden keine Konsequenzen gezogen.

Die Seminarauswertung bietet eine ideale Möglichkeit, zu erfahren, was sich noch verbessern lässt. Diese Chance sollte man unbedingt nutzen, selbst wenn man auch mal etwas Unangenehmes zu hören bekommt.

Die erste Regel: Schreiben Sie alle Kritikpunkte und Verbesserungsmöglichkeiten auf. Erst dann überlegen Sie, was Sie ändern können und wollen. Nutzen Sie dazu die folgende Checkliste:

Prinzip: Schriftlichkeit

Haben Sie Einfluss auf die kritisierten Punkte?		
ja	☐	nächste Frage
nein	☐	Kritik an Verantwortliche weitergeben
Ist die Kritik berechtigt?		
ja	☐	nächste Frage
nein	☐	Punkt fallen lassen
Ist eine Änderung leicht möglich, ohne andere Probleme zu erzeugen?		
ja	☐	Punkt ändern
nein	☐	andere Lösung suchen
Ist eine Änderung möglich, aber kompliziert?		
ja	☐	Lösung schrittweise angehen

Keinesfalls sollten Sie überstürzt bewährte Strukturen und Vorgehensweisen ändern. Bisweilen ist es besser, ein weiteres Seminar abzuwarten und die Teilnehmer dieses Seminars nach ihrer Einschätzung zu fragen.

Lassen Sie sich nicht abhalten, Änderungen vorzunehmen und ein wenig zu experimentieren, auch nicht von Einwänden wie:
Das haben wir schon immer so gemacht.

Konzentrieren Sie sich auf wenige, wichtige Änderungen. Meist ist dann ein Gespräch mit dem Trainer, ein sogenanntes Feedbackgespräch, notwendig.

Feedback-gespräche

Ein solches *Feedbackgespräch* mit Trainern ist nicht immer einfach, vor allem wenn der Trainer schlecht mit Kritik umgehen kann.

Achten Sie deshalb besonders auf folgende Punkte:
- erst eine gute Gesprächsatmosphäre schaffen
- Aufmerksamkeit und Interesse zeigen, hauptsächlich zuhören
- auch das Positive erwähnen
- sachlich und freundlich bleiben
- Kritikpunkte genau benennen
- gemeinsam mit dem Trainer überlegen, was man wie verbessern könnte
- konkrete Vereinbarungen treffen
- dem Gespräch einen positiven Ausklang geben.

Bei allen Feedbackgesprächen ist der Aufbau vergleichbar. Diese Gespräche bestehen aus einer Rückschau mit einer Beschreibung und Bewertung und einer Vorschau mit einer gemeinsamen Beratung und einem gemeinsamen Beschluss.

Gliedert man ein Problemgespräch noch weiter auf, kommt man auf insgesamt sieben Phasen.

Aufbau von Feedbackgesprächen

1. Gesprächsbeginn	Gesprächsanlass und Gesprächsziel nennen Positive Aspekte herausheben
2. Beschreibung	Mängel als Frage formulieren und beschreiben, um Stellungnahme bitten
3. Diskussion	Informationen zusammentragen, Fakten von Meinungen trennen Informationen strukturieren, unwichtige Aspekte ausklammern Informationslücken suchen und schließen Teilergebnisse festhalten
4. Lösungssuche	Lösungsansätze entwickeln, abschätzen, bewerten Konsequenzen durchspielen
5. Entscheidungsfindung	Gemeinsam die beste Lösung auswählen Akzeptanz bei Trainer erfragen Maßnahmen abstimmen
6. Umsetzung	Überprüfen: • Was gibt es zu bedenken? • Wer ist betroffen/zu beteiligen? • Wer ist zu informieren? • Wie wird die Durchführung kontrolliert?
7. Gesprächsabschluss	Ergebnis zusammenfassen und festhalten Freundlichen Abschluss finden

Wie unangenehm ein Feedbackgespräch im Einzelfall auch sein mag, mit der richtigen Gesprächstechnik und ein wenig Übung ist es gar nicht so schwer.

Übrigens: Nehmen Sie sich auch Zeit für ein solches Gespräch, wenn Sie mit einem Trainer nicht mehr zusammenarbeiten wollen. Er hat ein Recht, die Gründe dafür zu erfahren.

Wenn Sie im Gespräch feststellen, dass der Trainer wiederholt nach Erklärungen sucht, die von seiner Verantwortung für den Verlauf und die Ergebnisse der Kurse ablenken, wenn er keine Kritikfähigkeit zeigt, dann sollten Sie sich möglichst von ihm trennen.

Bei der Entscheidung, ob sich eine Ermittlung der Zufriedenheit der Teilnehmer überhaupt für Sie lohnt, können Ihnen die folgenden Fragen helfen:

Überprüfung des Seminarergebnisses	ja	nein
1. Suchen Sie nach Möglichkeiten, Ihr Programmangebot zu verbessern?	☐	☐
2. Benötigen Sie dazu Aussagen über bestimmte Zielgruppen?	☐	☐
3. Ist die Zufriedenheit der Teilnehmer für Sie ein wichtiger Index zur Verbesserung der Qualität Ihrer Schulungen?	☐	☐
4. Benötigen Sie die Werte, um Ihren Trainern ein Feedback zu den Schulungen zu geben?	☐	☐
5. Sehen Sie Möglichkeiten, aufgrund der gewonnenen Daten Veränderungen an den Schulungen selbst und an den Rahmenbedingungen vorzunehmen?	☐	☐
6. Haben Sie neue Angebote im Programm, sprechen Sie mit Ihren Schulungen neue Zielgruppen an, sodass eine Evaluation Ihnen erste wichtige Erkenntnisse bringt?	☐	☐
7. Gab es in der Vergangenheit bei diesem Seminartyp Klagen, waren die Teilnehmer unzufrieden?	☐	☐
8. Liefern die Evaluationsbögen Daten, deren Aussagekraft ausreicht, um daraus Rückschlüsse zu ziehen?	☐	☐

Wenn Sie die Daten nicht ernsthaft für Verbesserung nutzen (können), sollten Sie sich den Aufwand ersparen und dieses Instrument nur noch bei besonderen Gelegenheiten, wie neuen Seminarangeboten oder neuen Zielgruppen, einsetzen.

Vorschlag 10: Arbeiten Sie mit Ihren Trainern an Verbesserungen

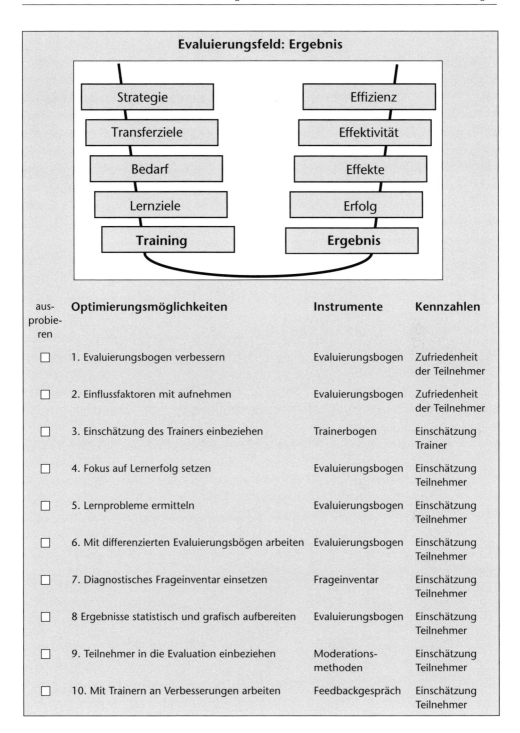

ausprobieren	Optimierungsmöglichkeiten	Instrumente	Kennzahlen
☐	1. Evaluierungsbogen verbessern	Evaluierungsbogen	Zufriedenheit der Teilnehmer
☐	2. Einflussfaktoren mit aufnehmen	Evaluierungsbogen	Zufriedenheit der Teilnehmer
☐	3. Einschätzung des Trainers einbeziehen	Trainerbogen	Einschätzung Trainer
☐	4. Fokus auf Lernerfolg setzen	Evaluierungsbogen	Einschätzung Teilnehmer
☐	5. Lernprobleme ermitteln	Evaluierungsbogen	Einschätzung Teilnehmer
☐	6. Mit differenzierten Evaluierungsbögen arbeiten	Evaluierungsbogen	Einschätzung Teilnehmer
☐	7. Diagnostisches Frageinventar einsetzen	Frageinventar	Einschätzung Teilnehmer
☐	8 Ergebnisse statistisch und grafisch aufbereiten	Evaluierungsbogen	Einschätzung Teilnehmer
☐	9. Teilnehmer in die Evaluation einbeziehen	Moderationsmethoden	Einschätzung Teilnehmer
☐	10. Mit Trainern an Verbesserungen arbeiten	Feedbackgespräch	Einschätzung Teilnehmer

Korrespondenzfeld: Training

Das Korrespondenzfeld zu den Ergebnissen der Schulung ist die Schulung selbst. Hier entscheidet sich, ob die Teilnehmer mit dem Verlauf und dem Ergebnis zufrieden sind, ob das Training ihren Wünschen, Anforderungen und Vorstellungen entspricht. Wenn Sie Verbesserungen bei den Ergebnissen erreichen wollen, sollten Sie einen genaueren Blick auf die Schulung selbst werfen, Daten sammeln und Veränderungen vornehmen, die sich dann in den Ergebnissen am Ende der Schulung niederschlagen.

Die *Prozessevaluation* überprüft den Lernprozess, während er abläuft. Sie liefert Entscheidungshilfen zur Bewertung laufender und zur Neuorientierung zukünftiger Schulungen. Außerdem können Korrekturmaßnahmen bereits während der Qualifizierung eingeleitet werden.

Für die Prozessevaluation stehen zwei verschiedene Verfahren zur Verfügung: *situative Verfahren* und teilnehmende *Beobachtung*.

Vorschlag 11: Ermitteln Sie die Zufriedenheit und das Lernklima

Manchmal ist es wünschenswert, sich ein Bild über das Lernklima zu verschaffen, manchmal ist es auch notwendig. Dann sollten Sie als Seminarleiter überlegen, in das Seminar zu gehen und mit den Teilnehmern deren aktuelle Sicht zu besprechen.

Situative Verfahren haben eine dreifache Funktion:
- Sie können Aufschluss über Verbesserungsmöglichkeiten geben. Im Idealfall sind solche Änderungen während des Seminars möglich.

- Die Methoden können als Grundlage für eine Zwischenbilanz, etwa bei längeren Seminaren, genutzt werden.
- Sollten Schwierigkeiten im Seminar auftauchen, Kritik am Trainer und seiner Vorgehensweise geäußert werden, können diese Methoden auch als Basis für eine *Krisenintervention* herhalten.

 Um eine systematische Prozessevaluation zu gewährleisten, können Sie mit Ihren Trainern abstimmen, dass bestimmte Evaluierungsmethoden standardmäßig zum Einsatz kommen.

Ihnen stehen verschiedene Methoden zur Auswahl:

Meckerecke

Die Meckerecke erlaubt eine kontinuierliche Rückmeldung.

Zu Beginn des Seminars werden zwei Plakate aufgehängt, auf denen die Teilnehmer während der Pausen oder am Abend den Seminarverlauf kommentieren können. Ein Plakat trägt die Überschrift ›Das finde ich gut‹, das andere ›Das stört mich‹. Ziel ist es, Probleme in der Lerngruppe möglichst früh zu erkennen, schnell darauf zu reagieren und diese Probleme bei der Analyse des Seminars einzubeziehen.

Die Meckerecke bietet den Vorteil, dass Teilnehmer sich aus der Situation heraus äußern können. Damit ist allerdings auch verbunden, dass die Meckerecke kein repräsentatives Bild abgibt. Zufriedene Teilnehmer werden sich erfahrungsgemäß seltener äußern als unzufriedene.

Will man den aktuellen Stand der Befindlichkeiten analysieren, etwa weil Kritik über das Seminar laut geworden ist, stehen vier weitere Verfahren zur Verfügung.

Punkt-Frage

Sie schreiben eine Frage an die Wand und malen darunter eine Skala auf. Die Frage könnte lauten: *Wie zufrieden sind Sie derzeit mit dem Seminarverlauf?*

Die Teilnehmer kleben einen Punkt auf die Skala und geben damit eine Wertung ab. Diese Abfrage erfolgt oft in Form eines Stimmungsbarometers.

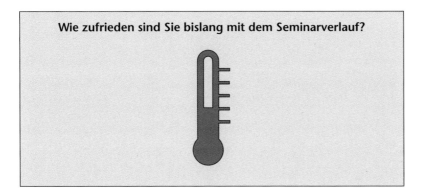

Auch eine solche Abfrage können Sie regelmäßig, etwa am Tagesende, durchführen oder durchführen lassen. So erhält man einen Verlauf für das Gesamtseminar.

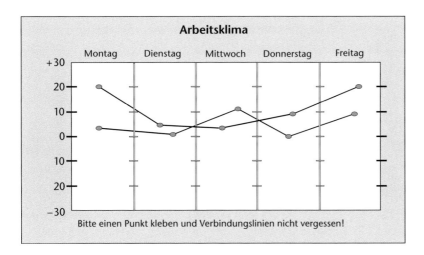

Blitzlicht

Jeder Teilnehmer gibt reihum kurz seine derzeitige Einschätzung ab. Auch hier darf nicht kommentiert oder gar kritisiert werden.

Außerdem können Sie auch die *Karten-Frage* und die *Zuruf-Frage* nutzen. Beide Methoden kennen Sie bereits aus der Ergebnisevaluation.

Kontinuierliche schriftliche Evaluation   Sie können auch eine schriftliche Evaluation im Seminar mitlaufen lassen. Bitten Sie die Teilnehmer, jeden Abend zwei, drei Fragen zu beantworten.

B Arbeitsklima

☐ sehr zufrieden   ☐ zufrieden   ☐ weniger zufrieden   ☐ unzufrieden

Besonders wichtig war für mich: _____

Als Anregung hätte ich: _____

Auch hier wieder der Vorteil: Änderungen können bereits während der Schulung wirksam werden.

Anonym oder individuell?   Die grundsätzliche Frage bei der Wahl des Verfahrens lautet: Ist die Situation so geschaffen, dass eine anonyme Abfrage sinnvoller ist oder ein individuelles Feedback?

Bei anonymen Abfragen stehen die Meckerecke, das Stimmungsbarometer und die Kartenabfrage zur Auswahl. Beim individuellen Feedback kommen das Blitzlicht und die Zuruf-Frage in Betracht. Bei allen Verfahren, bei denen die Anonymität gewahrt ist, sollte die Abfrage als Einstieg in ein Gespräch verstanden werden. Dabei sollte auf keinen Fall nachgefragt werden, wer einzelne Wertungen vorgenommen hat.

Abfragen während des Seminars werden selten durchgeführt – eigentlich zu Unrecht. Durch eigene Anschauung, durch die Möglichkeit, gemeinsam mit den Teilnehmern nach Verbesserungsmöglichkeiten zu suchen und diese direkt umzusetzen, besitzt die Abfrage während des Seminars eindeutige Vorteile gegenüber der landläufig praktizierten Abfrage zum Ende.

Am Ende des Seminars lassen sich Änderungen zwar besprechen, aber nicht mehr direkt im Seminar umsetzen. Und auch über die Wirkungen von Änderungen können zum Schluss zwar Vermutungen angestellt werden, aber es ist nicht möglich, diese noch zu erproben.

Die folgenden beiden Vorschläge nutzen die Methode der *teilnehmenden Beobachtung*. Hier begleiten Sie den Unterricht und analysieren die Lern- und Vermittlungsprozesse. Ziel ist es, ein fundiertes und differenziertes Urteil über den Ablauf der Qualifizierung zu gewinnen und damit gleichzeitig Ansatzpunkte zur Verbesserung zu finden.

Teilnehmende Beobachtung

Eine teilnehmende Begleitung des Unterrichts ist aufwändig. Allerdings zeigt die Erfahrung, dass es meist ausreicht, eine überschaubare Zeit des Unterrichts zu beobachten, um daraus valide Schlüsse auf das Gesamtgeschehen im Seminar ziehen zu können.

Vorschlag 12: Sehen Sie sich die erste halbe Stunde der Schulung an

Die ersten Minuten im Seminar sind von besonderer Bedeutung, für Trainer und Teilnehmer. Hier entscheidet sich, ob die Weichen zu einem erfolgreichen Seminar gestellt werden oder eben nicht. Der erste Eindruck hallt oft lange nach. Wenn Sie sich einen Eindruck von einer Schulung verschaffen wollen, eignen sich deshalb die ersten Minuten besonders gut. Ein weiterer Vorteil: Sie wirken weniger als Kontrolleur, wenn Sie nach der Begrüßung der Teilnehmer noch einige Zeit sitzen bleiben.

Zum Einstieg in ein Seminar können folgende Phasen gehören:

Vorstellung des Trainers

Wichtigstes Kriterium: Die Begrüßung sollte natürlich und zwanglos vonstatten gehen. Persönliche Angaben verringern die Distanz zwischen Trainer und Teilnehmern. Das bedeutet jedoch nicht, dass der Trainer sein ganzes Leben erzählen muss.

Vorstellung der Teilnehmer

Die Vorstellung der Teilnehmer hat gleich zwei Funktionen: Das Kennenlernen zu erleichtern und weitere Angaben über die Teilnehmer, ihren Arbeitsplatz und ihr Interesse am Seminar zu erheben. Auch Fragen nach

Erwartungen, Vorkenntnissen und Vorerfahrungen können einbezogen werden.

Dabei sollten immer Vorgaben gemacht werden, wozu die Teilnehmer sich äußern sollen. Nur so wird sichergestellt, dass der Trainer ein strukturiertes und lückenloses Bild erhält. Je nach Thema des Seminars ist es sinnvoll, nach weiteren Details zu fragen:
- Hat der Teilnehmer schon einmal an thematisch verwandten Seminaren teilgenommen?
- Hat er bereits Erfahrungen zum Thema?
- Wie sehen diese Erfahrungen aus?

Wichtig ist, alle Erfahrungen abzufragen, die notwendig sind, um das Seminar speziell auf die Belange der Teilnehmer auszurichten.

Verdeutlichung der Ziele und Inhalte

Der Trainer sollte einen Abriss über die Bedeutung des Themas und zu den Zielen des Seminars geben. Er sollte dabei wichtige Aussagen visualisieren.

Zu den *Zielen* genügen meist einige Hinweise. Auf keinen Fall sollte der Trainer einen langen Zielkanon herunterbeten, die Teilnehmer können ihn sich ohnehin nicht merken.

Die *Themen* des Seminars sollten hingegen ausführlich erläutert werden. Für die Teilnehmer ist es wichtig zu wissen, was im Seminar in welcher Reihenfolge besprochen wird und warum die Themen ausgewählt wurden. Die Seminarthemen sollten während der gesamten Schulung als Orientierungshilfe für die Teilnehmer sichtbar bleiben.

Zwischen den Einzelthemen sollten ein inhaltlicher Zusammenhang und eine logische Abfolge bestehen. Auch das ist für die Teilnehmer wichtig zu erfahren.

Abfrage der Erwartungen

Als Nächstes folgt die Abfrage der Erwartungen. Der Vorteil: Der Trainer kann das Seminar besser auf die Wünsche und Erwartungen der Teilnehmer abstimmen. Der Nachteil: Er ist verpflichtet, diese Themen zumindest kurz anzusprechen. Dieser Schritt ist nicht immer erforderlich.

Abfrage der Erwartungen

Sind die Inhalte des Seminars durch Lehrpläne oder Prüfungsordnungen exakt vorgegeben?	Ja, dann kann auf eine Erwartungsabfrage verzichtet werden.
Dauert das Seminar länger als zwei Tage?	Ja, dann sollte der Trainer über eine Erwartungsabfrage nachdenken.
Ist zu vermuten, dass die Teilnehmer unterschiedliche Erwartungen an das Seminar haben?	Ja, dann ist eine Erwartungsabfrage sinnvoll.
Besteht die Möglichkeit, vom Zeitansatz her auf Teilnehmerwünsche einzugehen?	Ja, dann ist eine Erwartungsabfrage sinnvoll.

Klären von Organisationsfragen

An das Ende dieses Teils gehören organisatorische Hinweise, wie:
- Wann sind welche Pausen vorgesehen?
- Wann beginnt das Seminar morgens, wann endet es nachmittags?
- Wann und wo gibt es Essen?
- Welche Freizeitmöglichkeiten gibt es im Haus (Fernsehraum, Tischtennis, Kegeln, Gaststätte, Schwimmbad, Sauna)?

Teilnehmer wünschen sich zu Beginn eine gute Orientierung, dazu gehört auch der Rahmen.

Einführung von Seminarregeln

Es kann sinnvoll sein, Hinweise zur Methodik und zum Umgang miteinander zu geben. Ein Beispiel:

> [B] *Ein Trainer beobachtet in seinen Seminaren immer wieder, dass bestimmte Unterrichtsarten – Gruppenarbeit und ausgeprägter Erfahrungsaustausch – bei einigen Teilnehmern auf Verwunderung stoßen, weil sie das so nicht kennen. Er erläutert deshalb in der Einstiegsphase kurz seine Art des Unterrichts und begründet sie.*

Hierhin gehören auch Hinweise, wie der Trainer methodisch vorgehen will:

> **B** *Lediglich kurze Impulsreferate, dafür aber viel Erarbeitung in Gruppen, Rollenspiel vor der Videokamera, jeder Teilnehmer wird gefilmt.*

Welche Erwartungen an die Teilnehmer gestellt werden:

> **B** *– Melden, wenn sie etwas nicht verstehen.*
> *– Zu erkennen geben, wenn die Konzentration oder die Motivation nachlässt.*
> *– Darauf hinweisen, wenn der Bezug zur Praxis fehlt.*

Regeln im Umgang miteinander:

> **B** *Alles, was in diesem Seminar gesagt wird, bleibt in diesem Raum.*

Kennenlernen und Orientierung

Hauptziele der ersten Minuten sind das gegenseitige Kennenlernen, um von Beginn an ein gutes Seminarklima aufzubauen, und eine erste Orientierung, um den Teilnehmern Sicherheit zu geben. Dies sollte in einem überschaubaren Zeitrahmen geschehen. Wird die Einstiegsphase über Gebühr ausgedehnt, geht kostbare Zeit für die Vermittlung der Seminarinhalte verloren.

Mit dem folgenden Fragebogen können Sie eine Analyse der ersten Minuten durchführen. Entscheiden Sie, ob der Trainer die jeweilige Anforderung erfüllt. Sie können sich zusätzlich Notizen machen.

Analyse der Einstiegsphase

Vorstellung	Stellt sich der Trainer als Erster und ausführlich genug vor?	☐ ja	☐ nein
	_____		
	Achtet der Trainer auf eine angemessene Vorstellung der Teilnehmer?	☐ ja	☐ nein
	_____		
	Nutzt der Trainer die Vorstellung, um von den Teilnehmern wichtige Informationen für seinen Unterricht zu erhalten?	☐ ja	☐ nein
	_____		
Erläuterung der Ziele	Informiert der Trainer die Teilnehmer über die Ziele des Seminars?	☐ ja	☐ nein
	_____		

Erwartungen	Erfasst der Trainer die Erwartungen der Teilnehmer? Hält er diese Erwartungen fest?	☐ ja	☐ nein
Inhalts-abstimmung	Stimmt der Trainer die Inhalte des Seminars mit den Teilnehmern ab?	☐ ja	☐ nein
Arbeitszeiten	Spricht der Trainer die Arbeitszeiten mit den Teilnehmern ab?	☐ ja	☐ nein
Teilnehmer-unterlagen	Erläutert der Trainer Aufbau und Handhabung der Teilnehmerunterlagen?	☐ ja	☐ nein

Vorschlag 13: Analysieren Sie den Unterrichtsverlauf

Alternativ oder auch zusätzlich können Sie den weiteren Unterrichtsverlauf beobachten. Achten Sie als Erstes auf einen klaren Aufbau, auf die Grobgliederung des Unterrichts.

Ausgangspunkt für die Unterrichtsgestaltung sind die *Themen,* die im Seminarprogramm aufgeführt sind, ggf. ergänzt um Themen, die zu Beginn des Seminars mit den Teilnehmern vereinbart werden. Jedes Thema entspricht einer *Unterrichtseinheit.* Diese sollte zwischen 45 und 90 Minuten dauern: Bei theoretischen, vortragsorientierten Themen eher 45 Minuten, bei Themen mit längeren Arbeitsphasen, etwa Übungen in Gruppenarbeit, eher 90 Minuten. Damit können pro Seminartag maximal 8 Themen vermittelt werden. Mehr sollten folglich in das Seminarprogramm auch nicht aufgenommen werden. Nach jeder Unterrichtseinheit erfolgt eine Pause. Der Grund für diese zeitliche Begrenzung: Bereits nach 10 Minuten sinkt die Konzentration, nach einer Stunde ist sie größtenteils verloren gegangen. Ein Trainer sollte deshalb die Pausenzeiten unbedingt beachten.

Themen als Ausgangspunkt

Ziel einer Unterrichtseinheit ist es, zu dem Thema der Lerneinheit den Lernstoff (Inhalte) so effektiv wie möglich zu vermitteln. Dazu ist es unabdingbar, sich am Lernprozess der Teilnehmer zu orientieren. Zu einer thematischen Unterrichtseinheit sollten deshalb drei Phasen mit insgesamt sieben Schritten gehören.

Thematische Unterrichts-einheit

Einstieg ins Thema

- Motivation zum Thema
- Orientierung/Übersicht zum Thema

Vermittlung

- Vermittlung oder Erarbeitung des Lernstoffs
- Zusammenfassung

Festigung des Gelernten

- Übung des Gelernten
- Wiederholung
- Kontrolle des Lernerfolgs

Eine solche lernintensive Vermittlung kostet Zeit, garantiert dafür aber auch, dass der Lernstoff tatsächlich verstanden und behalten wird. Vergisst der Trainer nur eine dieser Phasen, ist ein optimaler Lernprozess nicht mehr sichergestellt.

Motivation zum Thema

Teilnehmer lernen nur gut, wenn sie am Thema interessiert sind. Deshalb gilt es, sie gleich zu Seminarbeginn für das neue Thema aufzuschließen.

Bei der Auswahl einer geeigneten Motivationsmethode helfen zwei Fragen:

Kann man davon ausgehen, dass alle Teilnehmer an dem Thema Interesse haben?	☐ ja	☐ nein
Ist den Teilnehmern die Bedeutung des Themas für ihren Berufsalltag klar?	☐ ja	☐ nein
	Bedeutung kurz ansprechen	Motivieren

Lautet die Antwort auf beide Fragen NEIN, sind zusätzliche Möglichkeiten zur Verstärkung der Motivation sinnvoll.

Orientierung / Übersicht zum Thema

Wenn die Teilnehmer wissen, was thematisch auf sie zukommt, können sie das neue Wissen gezielt einordnen und lernen besser.

Die wichtigste Form der Orientierung ist die *Vorschau*. Hier gibt es drei verschiedene Ansätze.

Orientierung über die Inhalte	Überblick über die Inhalte, die in dieser Unterrichtseinheit vermittelt werden
Orientierung über die Ziele	Überblick über die Ziele, am besten visualisiert
Orientierung über das Vorgehen	Erläutern des methodischen Vorgehens

Natürlich können diese Formen auch miteinander kombiniert werden.

Die Vorschau kann ergänzt werden durch einen *Rückblick*, die Einordnung der aktuellen Lerneinheit in das Gesamtseminar und den *Bezug zur Praxis*, zum Berufsalltag der Teilnehmer.

Vermittlung des Lernstoffs

Für die Vermittlung des Lernstoffs gibt es zwei Grundmethoden: Vortrag und Gespräch, mit einer ganzen Reihe methodischer Varianten.

Zur Auswahl wieder zwei Fragen:

Haben die Teilnehmer Vorkenntnisse oder Erfahrungen zum Thema?	☐ ja	☐ nein
Ist ausreichend Zeit für eine Erarbeitung im Gespräch vorhanden?	☐ ja	☐ nein
	Gespräch	Vortrag

Bei zweimal JA sollte der Lernstoff mit den Teilnehmern gemeinsam im Gespräch erarbeitet werden. Ansonsten muss der Stoff in Form eines Vortrags vermittelt werden.

Vortrag Für den *Vortrag* gelten folgende Merkposten:
- zeitlich beschränken
- guter Einstieg
- verständliche Vortragsweise
- Anschaulichkeit
- Visualisierung
- klar gegliederter Aufbau
- richtige Sprechtechnik
- angemessene Mimik und Gestik
- Einbezug der Teilnehmer.

Unterrichts-gespräch Für die *Durchführung von Unterrichtsgesprächen* gilt:
- in das Thema einführen durch eine Frage, einen Impuls
- das Thema problematisieren
- unterschiedliche Argumente sammeln
- zum Sprechen ermuntern
- dafür sorgen, dass die Teilnehmer einander ausreden lassen
- abschweifende Teilnehmer zum Thema zurückführen
- wesentliche Punkte herausstellen und Teilergebnisse zusammenfassen
- das Ergebnis des gesamten Gesprächs zusammenfassen.

Es gibt neben diesen beiden Grundmethoden verschiedene Methodenkombinationen.

B *– eine Diskussion nach einem Vortrag*
   – eine Partner- oder Gruppenarbeit als Vorbereitung eines Unterrichtsgesprächs

Visualisierung und Medien Bei der Vermittlung sollte Wert auf eine gute *Visualisierung* gelegt werden. *Medien* können Informationen veranschaulichen und strukturieren, sie können die Teilnehmer motivieren und aktivieren. Allerdings haben sie bei der Vermittlung von Lerninhalten nur unterstützende Funktion. Dementsprechend sollten sie zielgerichtet, d.h. auf den jeweiligen Inhalt abgestimmt, eingesetzt werden. Medienliebhaber neigen dazu, Medien zum Selbstzweck zu machen und die Teilnehmer damit zu überfordern.

Folgende Medien sind für die Unterstützung der Stoffvermittlung besonders wichtig:
- Flipchart
- Beamer

- Overhead-Projektor
- Stellwände mit Plakaten oder Karten
- Tafel.

Die Auswahl der Lehrmedien richtet sich in erster Linie nach der Methode, mit der der Lernstoff vermittelt wird:

Vermittlungsmethode Vortrag	Medium
Die Visualisierung muss vorbereitet werden.	Overhead/Beamer
Die Visualisierung soll (für Wiederholungen) dauerhaft zur Verfügung stehen.	Flipchart
Keine der beiden Bedingungen trifft zu.	Tafel

Vermittlungsmethode Gespräch	Medium
Die Visualisierung muss vorbereitet werden.	Overhead/Beamer
Die Visualisierung soll (für Wiederholungen) dauerhaft zur Verfügung stehen.	Flipchart
Die Visualisierung soll gemeinsam mit den Teilnehmern erarbeitet werden.	Stellwand
Dem Gespräch ist eine Partner- oder Gruppenarbeit vorgeschaltet.	Stellwand
Keine der Bedingungen trifft zu.	Tafel

Übung

Kein Lernen, kein Unterricht ohne Übung und Anwendung des Gelernten.
Zur Auswahl der richtigen Methode drei Fragen:

Ist es notwendig, von jedem Teilnehmer und jeder Teilnehmerin ein eigenständiges Ergebnis zu bekommen?	☐ ja ☐ nein Einzelarbeit	
Handelt es sich um eine einfache Aufgabenstellung und ist die Zeit begrenzt?	☐ ja ☐ nein Partnerarbeit	
Soll Verhalten eingeübt werden?	☐ ja ☐ nein Rollenspiel	

Trifft keine der Bedingungen zu, bietet sich für die Festigung die *Gruppenarbeit* an.

Kontrolle des Lernerfolgs

Jede Übung ist auch gleichzeitig eine Kontrolle. Deshalb überlegen Sie bitte als Erstes, ob überhaupt eine separate Kontrolle benötigt wird. Dies ist nur der Fall, wenn eine der folgenden drei Fragen mit Ja beantwortet werden kann:

Ist es wichtig, dass jeder Teilnehmer für sich eine Rückmeldung über seinen Leistungsstand erhält?	Kontrolle durchführen, dann jedoch den Teilnehmern eine Musterlösung geben. So können sie selbst oder zu zweit das Ergebnis kontrollieren.
Ist der Lernstoff prüfungsrelevant oder muss der Trainer aus einem anderen Grund Noten vergeben?	Damit bleibt Ihnen nur die klassische Form der Leistungskontrolle.
Will der Trainer sich einen Überblick über die Qualität des Unterrichts verschaffen?	Hier müsste eine Kontrolle ohne Angabe der Namen reichen. Denn der Trainer will ja nur wissen, wie gut oder wie schlecht die Teilnehmergruppe gelernt hat.

Um zu überprüfen, ob der Unterrichtsverlauf lernwirksam ist, können Sie den folgenden Beobachtungsbogen nutzen:

Analyse einer Unterrichtseinheit

Motivation	Weckt der Trainer zu Beginn das Interesse der Teilnehmer in ausreichendem Maße?	☐ ja	☐ nein
	_____		
	Stellt er die Bedeutung des Themas für den (Berufs-)Alltag der Teilnehmer heraus?	☐ ja	☐ nein
	_____		
Orientierung	Informiert der Trainer die Teilnehmer zu Beginn über die Ziele und Inhalte der Unterrichtseinheit, erläutert er sein Vorgehen?	☐ ja	☐ nein
	_____		
Vermittlung/ Erarbeitung	Bezieht der Trainer die Teilnehmer bei der Vermittlung/ Erarbeitung des Lernstoffs mit ein?	☐ ja	☐ nein
	_____		

Vorschlag 13: Analysieren Sie den Unterrichtsverlauf

	Stellt er den Lernstoff anschaulich dar, nutzt er Beispiele und Vergleiche, führt er Fälle an?	☐ ja ☐ nein
	Visualisiert er wichtige Punkte und Ergebnisse?	☐ ja ☐ nein
Übung	Sieht der Trainer ausreichend Zeit für Übungen und Anwendung des Gelernten vor?	☐ ja ☐ nein
	Werden die Übungen gemeinsam ausgewertet?	☐ ja ☐ nein
Ergebnis-sicherung	Gibt der Trainer am Ende eine Zusammenfassung? Wiederholt er wichtige Ergebnisse?	☐ ja ☐ nein

Sie können mit Ihren Analysen noch mehr ins Detail gehen und auch den ganzen Unterrichtsverlauf analysieren. Passende Beobachtungsbögen finden Sie auf der Begleit-CD.

Ein Unterricht lässt sich wie eine Zwiebel Schale um Schale herausbrechen und analysieren. Zur *Grobanalyse* stehen drei Beobachtungsbögen zu Verfügung, zwei davon sind Ihnen schon vertraut:
- Einstieg in ein Seminar
- Unterrichtseinheiten
- Abschluss eines Seminars

Grobanalyse

Drei Bögen ergänzen diese Grobanalyse. Sie werden am Ende eines Seminartages ausgefüllt *(Tagesanalyse)*. Dabei sollen zurückblickend drei wichtige Fragen geklärt werden:
- Sind die Voraussetzungen, die Vorkenntnisse, die Motivation, die Arbeitsplatzsituation der Teilnehmer ausreichend berücksichtigt worden *(Teilnehmerbezug)*?

- Sind die Inhalte lernwirksam vermittelt worden? Wurden wichtige Möglichkeiten genutzt, um dem einzelnen Teilnehmer das Lernen zu erleichtern *(Lernbezug)*?
- Hat der Unterricht dazu beigetragen, dass das Gelernte einfach und schnell in die Praxis umgesetzt werden kann *(Transferbezug)*?

Detailanalyse Die dritte Ebene, die Hilfen zur Detailanalyse, umfasst die meisten Beobachtungsbögen. Zu jeder wichtigen und häufigen Unterrichtssituation steht Ihnen für Ihre Analysen ein eigener Beobachtungsbogen zur Verfügung.

Sie bestimmen die Tiefe der Analyse selbst: Mit den Bögen zu den Themen Einstieg in ein Seminar, Unterrichtseinheiten und Abschluss eines Seminars können Sie mit wenig Aufwand eine Grobanalyse vornehmen. Zusätzlich lassen sich die drei Analysebögen auch in die Tagesanalyse (Teilnehmerbezug, Lernbezug, Transferbezug) einbeziehen.

Mit den Bögen zur Analyse der verschiedenen Unterrichtssituationen können Sie eine Detailanalyse vornehmen. Dies kann entweder stichprobenartig geschehen oder während des gesamten Seminarverlaufs.

Vorschlag 14: Beobachten Sie die Kommunikation und Interaktion im Seminar

Lernprozesse im Seminar sind immer auch Kommunikationsprozesse. Wie gut die Kommunikation ist, wie frei sich die Teilnehmer äußern, wie stark sie sich am Unterricht beteiligen und wie ausgewogen die Kommunikationsanteile einzelner Teilnehmer sind, all das sind wichtige Indices für einen erfolgreichen Unterricht.

Die Interaktion können Sie leicht erfassen. Halten Sie in dem Schema fest, wie häufig sich einzelne Teilnehmer beteiligen (⇨) und wie oft sie direkt vom Trainer angesprochen werden (⇦). Zusätzlich können Sie erfassen:
- Wann geht die Initiative zum Dialog vom Trainer aus?
  Wann wenden sich Teilnehmer mit Fragen oder Statements an den Trainer?
- Wie hoch sind die Redeanteile von Trainer, einzelnen Teilnehmern und – zusammen betrachtet – von der gesamten Teilnehmergruppe?

Vorschlag 14: Beobachten Sie die Kommunikation und Interaktion im Seminar

Interaktionsanalyse

Interaktionen Trainer

Interaktionen Teilnehmer

Interaktionen Teilnehmer

So kann man den Umgang mit den Teilnehmern analysieren.

	Trainerverhalten gegenüber Teilnehmern		
Interesse	Zeigt der Trainer sein Interesse für die Wünsche und Anliegen der Teilnehmer?	☐ ja	☐ nein
	✎ _____		
	Mischt er sich auch in den Pausen unter die Teilnehmer, sucht er das Gespräch?	☐ ja	☐ nein
	✎ _____		
Entgegen-kommen	Ist der Trainer gegenüber den Teilnehmern hilfsbereit und aufmerksam?	☐ ja	☐ nein
	✎ _____		
	Wirkt er freundlich und zeigt Humor?	☐ ja	☐ nein
	✎ _____		
Offenheit	Äußert er seine Wünsche und Interessen offen? Bezieht er klar Stellung? Gibt er Fehler zu?	☐ ja	☐ nein
	✎ _____		
	Spricht er Probleme und Konflikte offen an? Regelt er Anliegen und Probleme partnerschaftlich?	☐ ja	☐ nein
	✎ _____		
Anerkennung	Erkennt der Trainer Leistungen anderer an? Stellt er positive Punkte heraus?	☐ ja	☐ nein
	✎ _____		
Selbstkritik	Kann er sich selbst und seinen Unterricht in Frage stellen (lassen)? Kann er mit Kritik umgehen?	☐ ja	☐ nein
	✎ _____		
Toleranz	Lässt er andere Meinungen gleichberechtigt neben seiner eigenen gelten? Räumt er den Teilnehmern ein Recht auf Fehler ein?	☐ ja	☐ nein
	✎ _____		

Vorschlag 14: Beobachten Sie die Kommunikation und Interaktion im Seminar

Besonders wichtig ist ein vorbildliches Verhalten bei Problemen mit der Lerngruppe.

Umgang mit Problemen im Seminar

Reaktion	Reagiert der Trainer angemessen auf Störungen, lässt er Teilnehmern Zeit, von sich aus störendes Verhalten abzustellen?	☐ ja	☐ nein
	Setzt der Trainer Grenzen, macht er deutlich, was er im Unterricht akzeptiert und was nicht?	☐ ja	☐ nein
	Nimmt der Trainer Störungen und Probleme im Unterricht als (gemeinsame) Lernsituationen wahr?	☐ ja	☐ nein
	Nimmt der Trainer Störungen und Probleme nicht persönlich, reagiert er sachlich darauf?	☐ ja	☐ nein
Umgang	Übergeht er Probleme nicht einfach, sondern fragt nach und hört zu, zeigt er Verständnis?	☐ ja	☐ nein
	Sucht er bei Problemen im Unterricht das Gespräch mit den Beteiligten?	☐ ja	☐ nein
	Ist er um eine einvernehmliche Lösung bemüht, achtet er die Meinung und die Position der anderen?	☐ ja	☐ nein
	Gelingt es dem Trainer, nach Lösung des Problems vorurteilsfrei seinen Unterricht fortzusetzen?	☐ ja	☐ nein

Die Prozessevaluation wird häufig vernachlässigt, dabei finden sich hier viele interessante Möglichkeiten, Schulungen nachhaltig zu verbessern.

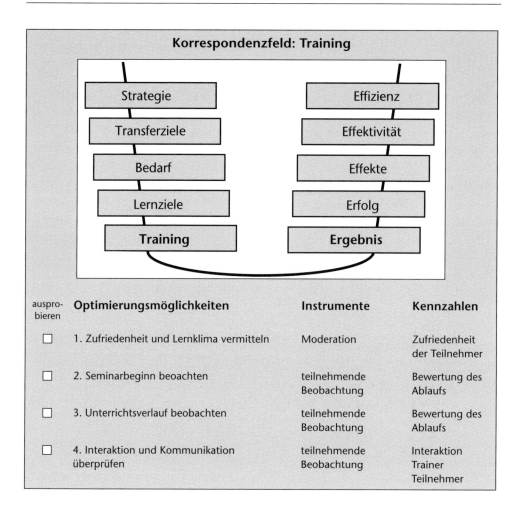

Zweiter Fokus: Erfolg

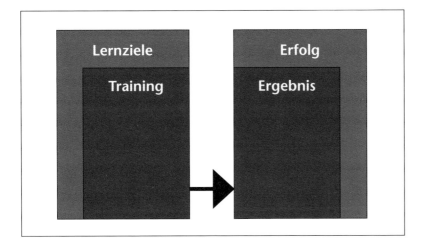

Jedem Unterricht liegen Ziele zugrunde, auch wenn sie nicht ausformuliert sind. In jedem halbwegs guten Schulungsprogramm sind die Lernziele aufgelistet, die die Teilnehmer mit der Schulung erreichen sollen. Diese Ziele beinhalten eine Art Verpflichtungserklärung für den Trainer. Auftraggeber, aber auch die Teilnehmer haben ein Recht darauf, dass die Ziele erreicht werden. Der ganze Unterricht, die Methodik, der Medieneinsatz richtet sich nach den Zielen. Die Ziele wiederum sind Basis für *Lernkontrollen*.

Wie Sie den Erfolg ermitteln, hängt davon ab, welche Ziele im Mittelpunkt der Schulung stehen:

Erfolg und Zielsetzung

- Aneignung von *Kenntnissen*
  Kenntnisse lassen sich relativ leicht ermitteln. Je einfacher strukturiert das Wissen ist, desto unproblematischer ist auch die Ermittlung.

- Veränderung von *Einstellungen*
  Einstellungen lassen sich nur über die subjektive Einschätzung ermitteln oder indirekt über ein bestimmtes Verhalten.

- Veränderung von *Verhalten*
  Verhalten lässt sich beobachten – im Seminar jedoch bestenfalls in simulierter Form. Zum Tragen kommt das Verhalten erst bei der Umsetzung im Alltag.

Entwicklung von Kompetenzen

Das Zusammenwirken von Kenntnissen, Einstellungen und Verhalten lässt sich als *Kompetenz* definieren.

B *Um die Kompetenz zu erwerben, Reklamationsgespräche kundenorientiert führen zu können, muss man*
  – wissen, worauf man in solchen Gesprächen achten sollte,
  – die Einstellung erwerben, dass Reklamationsgespräche auch positive Seiten haben und eine gute Gelegenheit sind, frustrierte Kunden von der Leistungsfähigkeit der eigenen Firma zu überzeugen,
  – die erlernten Techniken auch tatsächlich im Alltag umsetzen.

Trainings können nur wirkungsvoll sein, wenn sie die Entwicklung von Kompetenzen in den Mittelpunkt stellen. Es nützt wenig, lediglich zu vermitteln, die Einstellung zu ändern, ohne eine konkrete Anleitung zu geben, wie man sich am besten verhält.

Überprüfung des Lernerfolgs

Die Auswahl der Instrumente richtet sich nach den Zielen. Hinzu kommt beim Bereich *Aneignung von Kenntnissen* noch die Unterscheidung zwischen Reproduktion von Wissen und Anwendung des Wissens.

Instrumente zur Überprüfung des Lernerfolgs		
	Kenntnisse	**Einstellung, Verhalten**
Reproduktion des Wissens	Fragebögen	
Anwendung des Wissens	Praxistest	Rollenspiel
	Simulation	Simulation
	Fallstudie	Fallstudie
		Assessment

Die Fähigkeit, Gelerntes wiederzugeben, ist recht einfach zu überprüfen. Allerdings sagt dies wenig darüber, wie das Wissen im Alltag zu nutzen ist. Zudem ist das Gedächtnis und damit indirekt das Alter ein intervenierender Faktor, der schlecht zu kontrollieren ist.

Auch hier gilt: Je realistischer die Verfahren und je praxisnäher die Überprüfung, desto aufwändiger die Ermittlung.

Eine Überprüfung des Lernerfolges macht vor allem dann Sinn, wenn
- bei Pilotveranstaltungen der Erfolg von Schulungen überprüft werden soll,
- den Teilnehmern die Möglichkeit eröffnet werden soll, ihren eigenen Lernerfolg zu überprüfen, um ggf. entscheiden zu können, welche Inhalte in welcher Tiefe wiederholt werden sollten.

Vorschlag 15: Führen Sie Lernkontrollen durch

Eigentlich ist es nicht schwer, den Lernerfolg der Teilnehmer zu ermitteln: Lassen Sie die Teilnehmer am Ende der Schulung einen Test machen. Am besten eignen sich Multiple-Choice-Aufgaben: vier Antwortalternativen, eine richtige Lösung, das lässt sich leicht auswerten.

Drei Gründe sprechen auf den ersten Blick dagegen:
- Diese Methode ist bei Teilnehmern unbeliebt.
- Stressanfällige Teilnehmer schneiden meist schlechter ab, damit ist das Ergebnis verfälscht.
- Aus Personalvertretungssicht handelt es sich um eine Leistungskontrolle, die mitbestimmungspflichtig ist und gerne abgelehnt wird.

Andererseits: Nur über *Lernkontrollen* lässt sich ermitteln, was die Teilnehmer tatsächlich gelernt haben. Nur so können Sie überprüfen, ob die Teilnehmer die *Lernziele* erreicht haben, ob sie alles richtig verstanden und verinnerlicht haben und ob der Unterricht dem Anspruch genügt, der mit den Zielen und der Inhaltsauswahl gesetzt wurde.

Bei Zertifizierungskursen und vielen Ausbildungsgängen sind Abschlussprüfungen durchaus üblich und akzeptiert.

Die Kontrolle kann erfolgen:
- durch Fragen oder durch Aufgaben
- in mündlicher oder schriftlicher Form.

> **!** **Stellen Sie bei Lernkontrollen nicht den Prüfungsaspekt in den Vordergrund. Das weckt bei vielen Teilnehmern unangenehme Erinnerungen an die Schulzeit. Lernkontrollen sollen dem Teilnehmer eine Einschätzung seines Wissens ermöglichen und ihm eventuell vorhandene Lücken aufzeigen.**

Entwicklung von Kontrollfragen

Die klassische Vorgehensweise bei der *Entwicklung von Kontrollfragen* und *Kontrollaufgaben* umfasst drei Schritte und beginnt bei den Lernzielen.

Schritt 1: Die Lernziele werden herangezogen.
B *Beispiel: Textverarbeitung mit WORD*
Lernziel: Die Teilnehmer sollen eine Seitenzahl einfügen können.

Schritt 2: Die Lernziele werden als beobachtbares Verhalten definiert.
B *Beobachtbares Verhalten:*
Die Teilnehmer sollen im Menü EINFÜGEN den Befehl SEITEN-ZAHLEN aufrufen und die Eingabe mit OK bestätigen können.

Schritt 3: Hieraus werden nun Fragen und Aufgaben abgeleitet.
B *Kontrollaufgabe: Bitte fügen Sie in Ihren Text eine Seitenzahl unten rechts auf der Seite ein.*

Bei der Aufgabenkonstruktion kann man auf folgende Möglichkeiten zurückgreifen:

Entscheidungsfrage

B Das Gespräch ist eine Unterrichtsmethode. Diese Aussage
☐ stimmt ☐ stimmt nicht

Entscheidungsfragen haben den Nachteil, dass die Ratewahrscheinlichkeit bei nur zwei Alternativen hoch ist. Deshalb sollten Sie bei der Auswertung zwei Aufgaben zusammenfassen. Sind beide Teilaufgaben richtig, liegt die Ratewahrscheinlichkeit bei 25 Prozent.

Multiple-Choice-Frage

[B] Welche der folgenden Begriffe gehören zu den Methoden des Unterrichts?

☐ Vortrag ☐ Planspiel

☐ Flipchart ☐ Partnerarbeit

Zuordnungsfragen

[B] Ordnen Sie die folgenden Begriffe den Methoden und Medien zu:
Stellwand, Overhead, Gruppenarbeit, Vortrag, Tafel, Beamer

Methoden	Medien

Umordnungsfragen

[B] Bringen Sie die Phasen einer Unterrichtseinheit in die richtige Reihenfolge:

1. Kontrolle 2. Wiederholung

3. Orientierung 4. Vermittlung

5. Übung 6. Motivation

Freie Kurzantwort

[B] Nennen Sie vier Präsentationsmedien: _____

_____

_____

Ergänzungsantwort

[B] Die beiden wichtigste Methoden der Wissensvermittlung im Unterricht sind: _____

_____

Lückentext

[B] Jede Unterrichtseinheit sollte als Einstieg mit einer ....
und einer .... beginnen. Daran schließt sich die
.... Phase an. Die beiden Hauptmethoden sind hier
.... und ....

Korrekturaufgabe

[B] Bitte korrigieren Sie die folgende Reihenfolge der Phasen einer Unterrichtseinheit:
1. Orientierung
2. Motivation
3. Übung
4. Kontrolle
5. Vermittlung
6. Wiederholung.

Problemstellungsaufgabe

[B] Bitte erarbeiten Sie für ein frei zu wählendes Unterrichtsthema die vollständige Beschreibung einer Unterrichtseinheit.

Die Anforderungen an die Teilnehmer nehmen bei den vorgestellten Aufgabentypen langsam zu. Allerdings: Auch die Auswertung wird immer aufwändiger, eine eindeutige Richtig-/Falsch-Zuordnung ist spätestens bei der Problemstellungsaufgabe nicht mehr möglich.

Keyword-Methode   Werden Kurzantworten abgefragt, können Sie zur Auswertung die sogenannte *Keyword-Methode* nutzen. Bei dieser Methode definieren Sie vorab, welche Begriffe Sie in der Antwort von dem Teilnehmer erwarten.

[B] Frage: Wie lässt sich der Bereich der Software unterteilen?

Keywords: Betriebssystem, Anwenderprogramme, Programmiersprachen

Sie können durchzählen, welche Begriffe (oder Synonyme) genannt und welche vergessen wurden.

Aussagekraft von Frageformen   Die verschiedenen Frageformen unterscheiden sich auch hinsichtlich der Schnelligkeit des Ausfüllens und Auswertens sowie der Aussagekraft der Antwort.

Vorschlag 15: Führen Sie Lernkontrollen durch

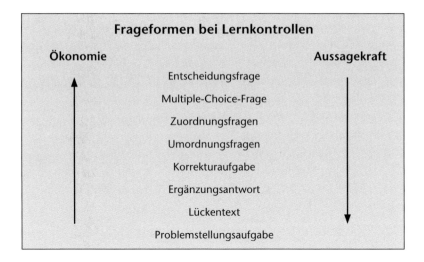

Achten Sie bei der Entwicklung von Testfragen auf folgende Punkte:
- Die Fragen sollten sich ausschließlich auf den Lernstoff beziehen.
- Die Fragen sollten die Lernziele widerspiegeln.
- Die Fragen sollten das gesamte vermittelte Wissen repräsentativ abdecken. Zu jedem Einzelthema der Schulung sollte es eine gleiche Anzahl an Items geben.
- Die Fragen sollten sich nicht nur auf das reine Wissen beziehen, sondern auch überprüfen, ob die Teilnehmer Zusammenhänge verstanden haben und Wissen anwenden können.
- Die Fragen sollten einen steigenden Schwierigkeitsgrad haben. Einfache Fragen gehören an den Anfang.
- Die Fragen sollen sich auf Themen beziehen, die praxisrelevant sind.

 Es gibt mittlerweile eine Reihe guter Tools, mit denen Sie Online-Tests einfach selbst erstellen können. Diese umfassen teilweise bereits umfängliche Fragebatterien.

Bei Multiple-Choice-Aufgaben sollten Sie besonderen Wert auf die Wahl der falschen Antworten legen, im Fachjargon *Distraktoren* genannt.

Standardisierung von Tests

Die Qualität von Tests lässt sich durch Standardisierung erhöhen. Dazu müssen Sie die Tests an einer ausreichend großen Teilnehmerzahl erproben und die Ergebnisse statistisch auswerten. Als Erstes berechnen Sie den *Schwierigkeitsgrad:* Sie ermitteln, wie häufig Aufgaben richtig gelöst wurden. Aufgaben, die von allen Teilnehmern richtig angekreuzt oder ausgefüllt wurden, sollten Sie aus dem Testpool entfernen. Sie haben keinen

Aussagewert. Das gilt auch für Aufgaben, die nie richtig gelöst werden. Die restlichen Fragen sollten Sie nach Schwierigkeitsgrad sortieren.

Trennschärfe von Aufgaben Berechnen können Sie darüber hinaus die *Trennschärfe von Aufgaben*. Die Trennschärfe ist ein Index, der beschreibt, inwiefern leistungsstarke Teilnehmer eine Aufgabe lösen können und leistungsschwache nicht können. Bilden Sie zwei Gruppen: 50 Prozent der Teilnehmer mit den besseren Ergebnissen und 50 Prozent mit den schlechteren Ergebnissen. Überprüfen Sie nun für alle Aufgaben, ob die »Besseren« bei einer bestimmten Aufgabe tatsächlich mehr Punkte erreicht haben. Denn: Es gibt Aufgaben, die so leicht erscheinen, dass leistungsstarke Teilnehmer nach einer komplizierten Lösung suchen, weil sie nicht glauben können, dass sie wirklich ganz einfach ist. Auch solche Aufgaben sind für Sie ohne Wert und sollten aus dem Fragepool entfernt werden.

Denken Sie nicht nur an Papier- und Bleistift-Tests. So haben computergestützte Tests den Vorteil, dass die Auswertung automatisiert ist und interaktive Videos als Instrument eine hohe Praxisnähe erlauben.
Viele computergestützte Lernprogramme verfügen über integrierte Testkomponenten, die Sie auch zur Ermittlung des Lernerfolgs bei Schulungen nutzen können.

Lernerfolgs-kontrollen Lernkontrollen sollten Sie möglichst als *Lernerfolgskontrollen* konzipieren. Lernerfolg lässt sich nur dann präzise ermitteln, wenn man den *Lernzuwachs* ermittelt. Denn: Auch wenn jemand am Ende der Schulung alles weiß, bedeutet das nicht automatisch, dass er viel gelernt hat. Vielleicht wusste er das Meiste schon vor der Schulung. Nur wenn Sie vor der Schulung ermittelt haben, welchen Kenntnisstand der einzelne Teilnehmer hat, können Sie nach der Schulung herausfinden, wie sich das Seminar auf den Lernstand ausgewirkt hat.

Prä- und Post-Test Dafür müssen Sie den Lernstand jedoch zweifach ermitteln: unmittelbar vor der Qualifizierung *(Prä-Test)* und nach der Qualifizierung *(Post-Test)*, und zwar mit den gleichen aussagekräftigen Fragen unter denselben Bedingungen.

Der Vorteil eines solchen Vorgehens ist offensichtlich: Mit einem *Prä-Test* kann gleich zu Beginn der spezifische Bedarf ermittelt werden und die Schulung passgenau darauf zugeschnitten werden. Eigentlich gibt es dazu keine Alternative.

Vorschlag 15: Führen Sie Lernkontrollen durch

Nehmen wir folgendes Beispiel: Sie bieten Sprachkurse in Englisch an. Ziemlich unsinnig wäre es, nur einen Kurs anzubieten, in dem vom Anfänger bis zum Fortgeschrittenen alle zusammengefasst werden.

Das können Sie tun:
- Sie fragen die Teilnehmer nach ihren Vorkenntnissen. Damit erfassen Sie erst einmal deren subjektive Einschätzung, in der sich auch persönliche Eigenschaften widerspiegeln, etwa die Tendenz, sein Licht gerne unter den Scheffel zu stellen.
- Sie lassen den Teilnehmern vorab eine Einschätzungshilfe zukommen, damit sie ihren Lernbedarf richtig einschätzen und die Schulung besser auf den Bedarf gepasst werden kann.

Selbstkontrolle

Den Lernerfolg können Sie nicht nur am Ende einer Schulung ermitteln. Sie können ihn auch jeweils am Ende eines Unterrichtsabschnitts überprüfen. Hier bieten sich vor allem Lernkontrollen als *Selbstkontrolle* an. Auch wenn diese keine Evaluierungsdaten liefern, können sie die Schulung verbessern. Denn so erfährt der Seminarteilnehmer, dass er noch Kenntnislücken oder Verständnisschwierigkeiten hat, und dies führt dann zu Wiederholungen oder vertiefenden Erläuterungen in der Schulung.

Für solche direkten Feedbacks und anschließenden Wiederholungsschleifen eignen sich besonders computergestützte Lernprogramme als Lernform.

Außerdem sollten Sie einen Blick auf die Umsetzung werfen, denn:
- Ein Teil der Ziele lässt sich erst bei der Umsetzung erreichen.
- Natürlich kann man auch Transferziele setzen, etwa in einem Nachgespräch zwischen Mitarbeiter und Vorgesetztem unmittelbar nach der Qualifizierung.

Unterrichtsziele und Unterrichtsqualität

Ergebnisse zum Lernerfolg lassen nicht nur Rückschlüsse zum Lernstand der Teilnehmer zu, sondern auch zur *Qualität des Unterrichts*. Ziel jedes Unterrichts muss es sein, (möglichst) alle Teilnehmer zu einem optimalen Lernerfolg zu führen und die Ziele zu erreichen, die im Seminarprogramm beschrieben sind.

Erreichen nicht alle Teilnehmer diese Ziele, müsste der Lernstoff eigentlich so lange wiederholt werden, bis alle Teilnehmer erfolgreich sind. Dies ist vielleicht eine etwas ungewöhnliche, aber pädagogisch durchaus richtige

Betrachtung. Welchen Zweck sollte ein Seminar sonst haben, als alle Teilnehmer zu dem definierten Lernerfolg zu führen?

Haben nicht alle Teilnehmer die Ziele erreicht, hat der Trainer nicht die vereinbarte Leistung erbracht.

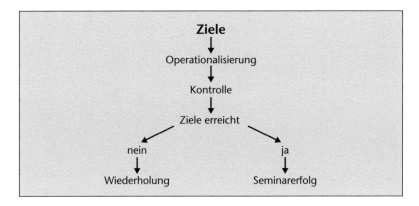

Ein Test hat zwei Vorteile:
- Er erlaubt eine (einigermaßen) verlässliche Einschätzung.
- Er ermöglicht zudem eine differenzierte Einschätzung.

Tests haben jedoch auch Nachteile: Sie weisen einen starken »Prüfungs-Charakter« auf. Und: Reines Abfragen erzeugt bei vielen Teilnehmern Stress und möglicherweise sogar Blockaden. Der zweite Nachteil: Einfache Fragen prüfen fast immer auch nur einfaches Wissen. Ein Beispiel:

B *Wie viele Bücher umfasst das Bürgerliche Gesetzbuch?*

Diese Frage lässt sich schnell formulieren – die Antwort noch schneller mit richtig oder falsch bewerten. Allerdings hat solches Wissen für den Teilnehmer in der Regel keinen Wert, weil es nicht anwendbar ist. Außerdem prüft man so vor allem das Gedächtnis und die Merkfähigkeit eines Teilnehmers.

Und noch ein weiterer Punkt zeigt den zweifelhaften Wert dieser simplen Lernkontrollen: Fast immer lässt sich das abgefragte Wissen bei Bedarf nachschlagen – meist in den Schulungsunterlagen.

Praxistests Deshalb sollten Sie nach Möglichkeit *Praxistests* in die Qualifizierung integrieren und diese Übungen gleichzeitig als Kontrolle nutzen. Nur so lässt sich ermitteln, ob die Teilnehmer das Gelernte tatsächlich anwenden können. Und das ist schließlich wichtiger als reines Wissen. Denn die Fähigkeit zur Umsetzung ist zentral für den Transfer im Arbeitsalltag. Wissen kann man nachschlagen, Anwendungs- und Umsetzungsstrategien muss man erproben.

Solche Anwendungsübungen lassen sich hervorragend in Qualifizierungen einsetzen, bei denen es vor allem um Wissenserwerb geht – zum Beispiel Fachseminare, IT-Kurse und Sprachschulungen. Wenn Sie sich an die klassische Vorgehensweise bei der *Entwicklung von Praxistests* halten, ist der Aufwand oft nicht viel größer als beim Formulieren einfacher Fragen.

Schritt 1: Nehmen Sie die Lernziele als Ausgangspunkt.
- *Beispiel: Textverarbeitung mit WORD*
  Lernziel: Die Teilnehmer sollen eine Seitenzahl einfügen können.

Schritt 2: Definieren Sie die Lernziele als beobachtbares Verhalten.
- *Beobachtbares Verhalten:*
  Die Teilnehmer sollen im Menü EINFÜGEN den Befehl SEITEN-
  ZAHLEN aufrufen, die gewünschten Einstellungen vornehmen und
  die Eingabe mit OK bestätigen können.

Schritt 3: Leiten Sie aus dem Lernziel die Anwendungsübung ab.
- *Anwendungsübung:*
  Bitte fügen Sie in Ihren Text eine Seitenzahl unten rechts auf der
  Seite ein.

Praxistests bieten sich bei allen praktischen Fähigkeiten und Fertigkeiten an. Einen Computer bedienen, eine Seite in Textverarbeitung formatieren, ein Formblatt ausfüllen, ein Ergebnis berechnen, einen Gabelstapler fahren: Das sind praktische Tätigkeiten, für die Sie bestimmte Anforderungen definieren können, am besten als dichotomische Wertepaare *kann er* oder *kann er nicht*.

B Formatierung einer Seite in Textverarbeitung		
	kann er	kann er nicht
Seitenränder einstellen	☐	☐
Papierformat einstellen	☐	☐
Abstand vom Seitenrand bei Kopf- und Fußzeilen einstellen	☐	☐
Anwendungsbereich festlegen	☐	☐
Ausrichtung des Papierformates bestimmen	☐	☐
Rahmen einfügen	☐	☐
Papierzufuhr festlegen	☐	☐

Noch einmal: Die Frage *In welchem Menü von Word finden Sie die Funktion zum Einfügen von Seitenzahlen?* testet vor allem die Gedächtnisleistung eines Teilnehmers. Ob er die Seitenzahlen tatsächlich einfügen kann, lässt sich mit der Frage nicht beantworten.

Sie können Praxistests entweder in den Kurs einstreuen, dann erfolgt die Lernzielkontrolle durch den Trainer, oder Sie setzen sie gezielt am Ende einer Qualifizierung ein.

B *Am Ende einer Schulung zur Textverarbeitung erhalten die Teilnehmer eine komplexe Aufgabe, in der zum Beispiel ein Text eingegeben, überarbeitet, formatiert und für den Ausdruck aufbereitet werden muss.*

Auch mit ausgefeilten Lernkontrollen lässt sich das Erreichen einiger Ziele nur unvollständig oder gar nicht überprüfen. Leider sind dies häufig genau die Ziele, die besonders wertvoll sind – beispielsweise, ob Teilnehmer das Gelernte beurteilen und analysieren können.

Vorschlag 16: Arbeiten Sie mit Simulationen und Spielen

Lernkontrollen eignen sich gut für Schulungen, bei denen der Wissenserwerb im Mittelpunkt steht. Dies ist vor allem bei Fachkursen, IT-Schulungen und Sprachkursen der Fall. Bei Sprachkursen sind Einstiegstests mittlerweile die Norm, auch bei IT-Aufbaukursen werden die Eingangsvoraussetzungen so ermittelt. Die Frage ist, ob sich hier durch vermehrten Einsatz, beispielsweise auch in Zusammenhang mit E-Learning, eine bessere Akzeptanz erreichen lässt.

Anders sieht es bei verhaltensorientierten Themen aus. Einerseits verfolgen Schulungen wie Zeitmanagement oder Mitarbeiterführung neben dem Wissenserwerb auch Ziele, die sich unter die Oberbegriffe *Einstellungsänderung* und *Verhaltensänderung* subsumieren lassen, andererseits zeigt sich der Lernerfolg meist erst in der praktischen Anwendung. Lernkontrollen in der Qualifizierung oder direkt im Anschluss machen hier wenig Sinn.

Um bei diesen Seminaren den Lernerfolg zu ermitteln, eignen sich *Simulationsmethoden*. *Simulationen* haben einige Vorteile und zwei Nachteile. Die Vorteile liegen darin, dass

- eine typische Situation ausgewählt wird, in der ein Teilnehmer neu erworbenes Wissen und Verhalten erproben kann.
- die Situation kontrolliert werden kann und intervenierende Faktoren, die das Ergebnis verfälschen, ausgeschlossen werden können.
- die Zeit gesteuert wird und Auswirkungen von Handlungen, die sich vielleicht erst nach Wochen oder Monaten zeigen würden, komprimiert werden.
- Anwendungsfehler ohne Folgen bleiben.
- eine differenzierte Auswertung erfolgen kann, die dem Teilnehmer Hinweise zur Verbesserung seines Verhaltens gibt.

Erfolgsermittlung durch Simulation

Nachteilig ist zum einen der Aufwand, den es braucht, um ein gutes Simulationsszenario zu entwickeln, und die Tatsache, dass es sich um eine Simulation handelt, die letztlich immer künstlich bleiben wird.

Die Simulation kann als Spiel oder auch computergestützt erfolgen. Computergestützte Simulationen haben den Vorteil, dass sie differenzierte Diagnosen des Verhaltens ermöglichen.

B *Die Fähigkeit, Projekte zu planen und zu steuern, erproben die Teilnehmer mittels eines computergestützten Planspiels.*
Ihnen wird ein Projekt mit Zielen, Ablaufplan und Meilensteinen vorgestellt. Anschließend sollen sie die einzelnen Aktivitäten unter Berücksichtigung der zeitlichen, personellen und finanziellen Vorgaben planen. Der Computer reagiert auf die Eingaben. So kann in mehreren Spielrunden ein ganzes Projekt durchgespielt werden: Störfälle können einbezogen werden und der Teilnehmer erkennt sofort, welche Stärken und Schwächen seine Planung hatte. Die Lernkontrolle ist ein nützlicher Nebeneffekt.

Bedingung ist: Die Simulation muss praxisnah sein und weitestgehend der tatsächlichen Arbeitssituation entsprechen.

Simulations-methoden

Zu den Simulationsmethoden zählen:

Fallstudie

In einer Fallstudie wird ein Praxisproblem im Detail beschrieben. Wichtig dabei ist, dass
- die Beschreibung alle notwendigen Informationen enthält, die zur Lösung gebraucht werden,
- der Fall aus dem Erfahrungshorizont der Teilnehmer stammt, vielleicht sogar von ihnen selbst in die Schulung mitgebracht wurde.

Aufgabe ist es, den Fall zu analysieren und die beste Lösung zu erarbeiten.

Die Schwierigkeit in der Bewertung der Lösung liegt darin, dass es meist nicht *den* Lösungsweg gibt und häufig mehrere Lösungsmöglichkeiten in Frage kommen.

Rollenspiel

Teilnehmer üben ihr neues Verhalten in bestimmten Situationen im geschützten Kontext des Seminars. Meist wird ein Szenario zugrunde gelegt, und die Teilnehmer übernehmen bestimmte Rollen, als Akteure und Beobachter.

Problematisch wird es, wenn Spieler in ihrer Rolle sehr stark vom normalen Verhalten abweichen. Dadurch wird der Lerneffekt in Mitleidenschaft gezogen. Vermeiden kann man dies, indem professionelle Spieler den Part des Gegenspielers übernehmen. Allerdings verursacht das weitere Kosten.

> **B** *In einer Schulung zum Umgang mit schwiergen Kunden werden zunächst typische Verhaltensweisen und Strategien erarbeitet. Anschließend werden diese Verhaltensweisen von einem Schauspieler ins Rollenspiel eingebracht. Die Teilnehmer sollen die erarbeiteten Strategien erproben und Erfahrungen sammeln.*

Zur Lernkontrolle können Sie Rollenspiele dann heranziehen, wenn vorab spezifische Verhaltensweisen erarbeitet wurden und diese gezielt beobachtet werden. Zudem muss das Ergebnis schriftlich in einem Bogen festgehalten werden. Auch hier lässt sich einwenden, dass es nicht immer nur ein richtiges Verhalten gibt und man Kommunikationssituationen meist nicht auf einfache Interaktionsmuster: *Wenn Partner das tut, musst du so reagieren* reduzieren kann.

Postkorb

Hier wird eine Entscheidungssituation vorgegeben. Der Teilnehmer muss zwischen verschiedenen Alternativen wählen, dabei die gelernten Prinzipien und Strategien anwenden und sich für eine Vorgehensweise entscheiden. Anschließend werden Vorgehen und Qualität der Entscheidung bewertet.

Assessment

Bei Assessments muss der Teilnehmer bestimmte Aufgaben erfüllen, etwa eine Diskussion leiten oder einen Vortrag halten. Dabei wird er von geschulten Personen beobachtet, die mithilfe eines Beobachtungsbogens sein Verhalten einschätzen.

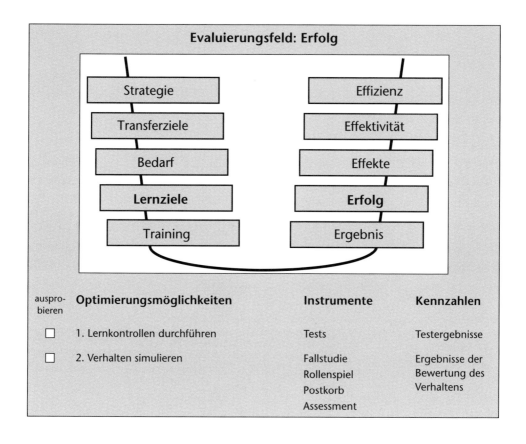

Korrespondenzfeld: Lernziele

Die Lernkontrolle während und nach der Schulung korrespondiert mit den Zielen, die für die Schulung aufgestellt werden.

Nur wer das Ziel kennt, weiß, ob er auf dem richtigen Weg ist. Lernziele bestimmen, was gelernt werden soll. Nach den Zielen richten sich die Inhalte und Methoden. Deshalb steht am Anfang jeder sorgfältigen Kursplanung die Aufstellung von Zielen und die Frage: *Was will ich erreichen?*

Erwünschte Kenntnisse, Fähigkeiten, Fertigkeiten und Einstellungen werden als Lernziele beschrieben. Je genauer die Ziele beschrieben sind, desto eher ist der Lernerfolg zu kontrollieren.

Vorschlag 17: Unterscheiden Sie verschiedene Lernzielkategorien

Häufig werden im Unterricht ausschließlich Kenntnisse vermittelt: Es werden Definitionen, Zusammenhänge und Abfolgen aufgezeigt.

Aber: Es gibt auch andere Arten von Zielen, die ein Trainer berücksichtigen muss. Und zwar, weil diese ansonsten ungewollt Einfluss nehmen und vielleicht sogar den Unterrichtserfolg gefährden können. **Arten von Zielen**

Dazu ein Beispiel:

> B *Ein IT-Trainer will seinen Teilnehmern IT-Grundkenntnisse vermitteln. Während des Unterrichts stellt er fest, dass einige Teilnehmer*

nicht richtig bei der Sache sind und die Übungen am Computer nur unwillig durchführen.

Ein möglicher Grund: Er hat Ziele definiert, die sich auf den Kenntniserwerb beziehen:
- Die Teilnehmer sollen wichtige Begriffe der Hard- und Software kennen lernen.
- Die Teilnehmer sollen die Vorgänge in der Zentraleinheit erklären können.

Er hat jedoch Ziele vergessen, die ebenso wichtig sind – zum Beispiel:
- Die Teilnehmer sollen eine positive Einstellung gegenüber dem Einsatz von Computern gewinnen.
- Die Teilnehmer sollen die Tastatur des Computers sicher handhaben können.

Vielleicht entstand in unserem Beispiel der Unmut aus einer negativen Einstellung zur IT und mangelnder Routine bei der Nutzung der Tastatur.

Wenn Sie sich die Ziele genauer ansehen, erkennen Sie die Unterschiede. Die ersten beiden Ziele sprechen den Kopf an. Es soll etwas gelernt werden, dass anschließend abgefragt werden kann. Solche Ziele heißen *kognitive Lernziele*.

Mit den anderen beiden Zielen will der Trainer eine Einstellungsänderung erreichen. Hier wird sinnbildlich nicht der Kopf angesprochen, sondern das Herz. Diese Ziele bezeichnet man als *affektive Ziele*.

Als dritte Möglichkeit gibt es Ziele, die Fertigkeiten beschreiben. Diese Ziele heißen *psycho-motorische Ziele*.

Lernziel- Dazu einige Erläuterungen:
kategorien

Kognitive Lernziele

Hier geht es um die Fähigkeit, Sachverhalte zu verstehen und im Gedächtnis zu behalten, damit sie zum Verstehen komplexer Sachverhalte und zur Steuerung von Handlungen verfügbar sind.

- *Der Teilnehmer soll mindestens zwei Merkmale nennen können, in denen sich Arbeitsspeicher und Diskettenspeicher funktionell unterscheiden.*
  Der Teilnehmer soll mithilfe des Textverarbeitungssystems XYZ Schrift, Absatzform und Seitennummerierung in einem vorhandenen Text nach Vorgaben gestalten können.

Kognitive Lernziele können gut über Tests abgefragt werden.

Affektive Lernziele

Hier geht es darum, Interesse zu wecken oder eine bestimmte Einstellung bzw. Haltung hinsichtlich bestimmter Sachverhalte zu erreichen.

- *Der Teilnehmer soll von der Nützlichkeit der Textverarbeitung überzeugt sein.*
  Der Lernende soll eine positive Einstellung zum Kunden erwerben.

Einstellungsänderungen lassen sich nicht über Tests erfassen. Man kann bestenfalls nach Verhaltensänderungen fahnden, die auf Einstellungsänderungen beruhen.

- *Der Teilnehmer verhält sich nach der Schulung gegenüber Kunden freundlicher und aufgeschlossener.*

Psycho-motorische Lernziele

Hier geht es in erster Linie um die Fähigkeit, Bewegungsabläufe zu beherrschen oder Gegenstände physisch zweckmäßig handhaben zu können.

- *Der Teilnehmer soll einen zweiseitigen Text mit mindestens 120 Anschlägen pro Minute und maximal 3 Fehlern pro Seite schreiben können.*
  Der Teilnehmer soll an seiner Telefonanlage eine Rufumleitung einstellen können.

Verhalten lässt sich während und nach Schulung gut beobachten, zumindest, wenn es sich so einfach darstellt wie in unserem Beispiel.

Warum aber ist eine Unterscheidung zwischen den drei Lernzielkategorien wichtig? Zu oft werden für Schulungen kognitive Lernziele definiert, affektive und psycho-motorische Lernziele aber vernachlässigt. Doch gerade sie sind oft besonders wertvoll und wichtige Voraussetzung für eine gute Umsetzung des Gelernten.

Vorschlag 18: Arbeiten Sie mit einer Lernzieltaxonomie

Jedes Ziel beschreibt eine gewünschte Veränderung: im Können, im Verhalten und in der Einstellung. Um komplizierte (und wertvolle) Veränderungen zu erreichen, muss man oft Schritt für Schritt vorgehen.

B *Eine Trainerschulung hat das Ziel, alle Teilnehmer zu guten Trainern auszubilden.*

Um dieses hochgesteckte Ziel zu erreichen, müssen die Teilnehmer erst einmal Kenntnisse erwerben – zum Beispiel, welche Präsentationstechniken es gibt. Dann müssen sie verstehen, welche Technik man wann am besten einsetzt. Schließlich müssen sie ihr Wissen richtig anwenden können und in der Lage sein, ihr bisheriges Verhalten kritisch zu hinterfragen.

Taxonomien Für solche mehrstufigen Vermittlungsprozesse wurden in der Schulpädagogik so genannte Taxonomien entwickelt. Sie lassen sich auch gut bei der Evaluation nutzen.

Kognitiver Bereich Die bekannteste Taxonomie für den kognitiven Bereich stammt von dem amerikanischen Pädagogen Bloom. Er unterscheidet vier Lernzielstufen, die aufeinander aufbauen:
- kennen
- verstehen
- anwenden können
- beurteilen.

Was versteht man im Einzelnen unter den vier Stufen?

Lernzielstufe *Kennen*

Kennen heißt nicht verstehen. Vielleicht kann jemand die fünf Merkmale eines Verwaltungsaktes aufzählen, aber dennoch hat er das Prinzip des Verwaltungsaktes nicht verstanden.

Kennen bedeutet: über elementare Kenntnisse zu verfügen, sich Grundbegriffe angeeignet und Faktenwissen aufgebaut zu haben.

Typische Ziele dieser Stufe sind *Begriffe nennen* und *Fakten aufzählen*.

Lernzielstufe *Verstehen*

Jede Lernzielstufe setzt die vorherige voraus. Die Lernzielstufe *Verstehen* setzt das Wissen um einen Sachverhalt voraus.

Ich *kenne* Beispiele für Unterrichtsmethoden und *verstehe*, wann man sie sinnvollerweise einsetzt. Ich kann die einzelnen Voraussetzungen zum Einsatz erklären. Ich weiß, wann diese Voraussetzungen vorliegen und ob sie den Einsatz einer bestimmten Methode nahe legen.

Typische Ziele der Stufe *Verstehen* sind *Merkmale unterscheiden* und *Begriffe zuordnen* können.

Lernzielstufe *Anwenden*

Ich kann mein Verständnis in die Praxis umsetzen: Ich kann also auf der Basis meines Wissens und meines Verstehens selbstständig Entscheidungen treffen, etwa begründet Medien einsetzen.

Diese Lernzielstufe wird oft mit Formulierungen umschrieben wie:
Die Teilnehmer sind in der Lage, zu ermitteln.
Die Teilnehmer beherrschen die Systematik von ...

Lernzielstufe *Beurteilen*

Ich kann mein Verständnis nicht nur in der Praxis umsetzen, sondern bin auch in der Lage, meine Problemlösungen im Rahmen eines größeren Zusammenhanges zu beurteilen.

[B] *Ich kann beurteilen, ob bestimmte Methoden des Stressabbaus für mich persönlich angemessen sind oder nicht.*

Die Arbeit mit Lernzielstufen schützt vor unrealistischen Lernzielen. Man sieht immer wieder, dass Trainer, die dieses Konzept nicht kennen, gravierende Fehler machen. Sie orientieren beispielsweise ihren Unterricht (unbewusst) an der Lernzielstufe *Verstehen*, verlangen dann aber in Lernzielkontrollen eine Anwendung des Gelernten, ohne diese dritte Lernzielstufe bewusst angestrebt und das Erreichen des Lernziels kontrolliert zu haben.

Vorschlag 19: Erstellen Sie kontrollierbare Lernziele

Meist sind Ziele für Schulungen sehr grob gefasst, zu grob, um daraus problemlos Lernkontrollen entwickeln zu können. Dann müssen Sie die Ziele herunterbrechen.

Nach dem Umfang der in einem Lernziel zusammengefassten Unterrichtsabsichten und -zeit unterscheidet man drei *Komplexitätsstufen von Lernzielen:*

Feinlernziele

Sie beziehen sich auf ganz bestimmte, eng eingegrenzte Fähigkeiten.

> *– die fünf Merkmale eines Verwaltungsaktes beschreiben können*
> *– den Aufbau eines Fördergesprächs mit Varianten beschreiben können*
> *– die Rechte des Personalrats bei Neueinstellungen aufzählen können.*

Groblernziele

Mehrere inhaltlich zusammenhängende Feinlernziele lassen sich einem Groblernziel zuordnen. Der Grad der Genauigkeit ist geringer als bei einem Feinlernziel.

> *– Zusammenspiel zwischen Mitarbeiterförderung und Motivation verstehen*
> *– die verschiedenen Folientechniken und deren Einsatz im Unterricht kennen.*
> *– verschiedene Mitbestimmungsrechte des Personalrats kennen.*

Richtlernziele

Mehrere inhaltlich zusammenhängende Groblernziele lassen sich wiederum einem Richtziel zuordnen.

B – *Bedeutung von Delegation bei der Mitarbeiterförderung einschätzen können*
– *ein Fördergespräch durchführen können*
– *Grundzüge des Personalvertretungsgesetzes kennen.*

Der *Abstraktionsgrad* nimmt vom Feinziel über Grobziel zum Richtlernziel zu. Gleichzeitig nimmt die Möglichkeit ab, dem Lernziel ein eindeutig beobachtbares Endverhalten zuzuordnen. Daraus folgt, dass für die Vorbereitung einzelner Veranstaltungen Feinlernziele benötigt werden. Die Lernziele, die den Blöcken eines Kurses vorangestellt werden, weisen in der Regel den Abstraktionsgrad von Grobzielen auf. Die generelle Zielsetzung eines Kurses oder Lehrgangs lässt sich dagegen als Richtziel klassifizieren.

Fein-, Grob- oder Richtziel

Der Unterschied zwischen Feinziel, Grobziel und Richtziel ist in der folgenden Tabelle noch einmal zusammengefasst:

Lernziel	Formulierung	Merkmale	Anwendung
Feinziel	Nähere Bestimmung bzw. Beschreibung des Endverhaltens, Angabe des Beurteilungsmaßstabes	Höchster Grad an Eindeutigkeit und Präzision, schließt alle Alternativen aus	Feinplanung
Grobziel	Vage Endverhaltensbeschreibung ohne Angabe des Beurteilungsmaßstabes	Mittlerer Grad an Eindeutigkeit und Präzision, schließt viele Alternativen aus	Grobplanung
Richtziel	Beschreibung mit umfassenden, unspezifischen Begriffen	Geringster Grad an Eindeutigkeit und Präzision, schließt nur sehr wenige Alternativen aus	Vorgabe für Kurse oder Kursteile

Als Orientierung kann folgende Faustregel dienen:

Feinlernziel: *gibt die zu erlernenden Denk- und Handlungsweisen in konkreter Form an (Dauer ca. 10–25 Minuten).*
Groblernziel: *gibt das Ziel eines Themas von der Dauer einer Unterrichtsdoppelstunde an.*
Richtlernziel: *gibt das Ziel für einen Themenblock von der Dauer eines oder mehrerer Tage an.*

Richt- und Grobziele eignen sich nicht zur Kontrolle, sie sind zu ungenau formuliert. Die Zielformulierung: *Die Teilnehmer sollen mit einem Textverarbeitungsprogramm arbeiten können,* reicht für eine Detailkontrolle sicher nicht aus.

Besser sind präzise Formulierungen wie: *Die Teilnehmer lernen die verschiedenen Möglichkeiten der Zeichenformatierung kennen.*

Operationalisierte Lernziele

Solche genauen Formulierungen nennt man *operationalisierte Lernziele*. Ein voll operationalisiertes Lernziel beinhaltet drei Komponenten:
1. Die Angabe des beobachtbaren *Endverhaltens*.
2. Die Angabe der *Bedingungen*, unter denen das Verhalten gezeigt werden soll (zugelassene Hilfsmittel), z. B. Arbeitszeit, Formelsammlung, Wörterbuch.
3. Die Angabe des *Beurteilungsmaßstabes* (Messinstrument und Fehlertoleranzen), z. B. Geschwindigkeit, Streckenmaße, Anzahl der gelösten Aufgaben.

Beispiel:	**Definition:**
Bei zehn Geschäftsbriefen ohne Anrede die richtige Anrede zuordnen können	1. Beobachtbare Endverhalten (mithilfe von Verben, die möglichst wenig Interpretation zulassen)
wobei zehn Anreden vorgegeben sind	2. Festsetzung der Bedingungen (zugelassene Hilfsmittel)
und mindestens acht Anreden richtig zugeordnet sein sollen.	3. Angabe des Messinstruments (Beurteilungsmaßstab, Fehlertoleranzen)

Das Verb ist der Schlüssel für eine beobachtbare Verhaltensbeschreibung.

Beobachtbare Verhaltensbeschreibungen

Es gibt zwei Formen von Verhaltensbeschreibungen:
- Das aus dem Wissenserwerb resultierende Verhalten, erkennbar an Verben wie *erläutert, identifiziert, definiert*.
- Das aus der Umsetzung resultierende Verhalten, erkennbar an Verben wie *konstruiert, baut, entwirft*.

Wenn Sie es sich leicht gemacht haben, können Sie hinter jedes Wort den Begriff *nennen* geschrieben. Der passt jedes Mal. Andere Möglichkeiten wären *aufzählen, aufzeigen, formulieren, überprüfen, aufschreiben*.

Verben, die viele Interpretation zulassen:	Verben, die wenige Interpretationen zulassen:
wissen (was eine Ja-Sammel-Straße ist)	aufzählen können
verstehen (ein Motiv)	vergleichen
einsehen (eine Notwendigkeit)	messen
glauben (an Gott)	zuordnen
achten (den Mitmenschen)	identifizieren
Ehrfurcht haben (vor dem Leben)	einfügen
lieben (die Natur)	zeichnen

Den Vorteilen operationalisierter Lernziele stehen einige Einschränkungen gegenüber:

- Jede Operationalisierung ist eine Verkürzung: In Schulungen wird meist mehr gelernt, als operationalisiert worden ist und kontrolliert werden kann.
- Die Angemessenheit von Lernzielen darf nicht mit ihrer Operationalisierbarkeit verwechselt werden. Operationalisierung ist kein Verfahren zur Rechtfertigung von Lernzielen, sondern nur eine Form der Beschreibung, um Lernziele überprüfbar zu machen.

Einschränkung operationalisierter Lernziele

Außerdem sind der Operationalisierung Grenzen gesetzt. Nicht alle Lernziele lassen sich genau beschreiben. Vor allem im affektiven Bereich (Gefühl, Einstellungen) ist dies nur schwer möglich. Zudem besteht die Gefahr, dass Lernziele weggelassen oder übersehen werden, die sich nicht in das Raster einer operationalen Lernzielbeschreibung einordnen lassen.

Bei einem lernzielorientierten Unterricht muss die Offenheit der Lernsituation beachtet werden. Situative Momente und die Selbstbestimmung von Lehrenden und Lernenden können jederzeit während des Unterrichts eine Abweichung von operationalisierten Lernzielen nahe legen.

Ein guter Trainer berücksichtigt so weit wie möglich die Interessen der Teilnehmer und lässt sie die Ziele des Kurses mit planen und formulieren.

Wie sinnvoll eine Überprüfung des Lernerfolgs ist, hängt von der Beantwortung der folgenden Fragen ab:

Korrespondenzfeld: Lernziele

Überprüfung des Lernerfolgs

	ja	nein
1. Geht es in der Schulung vornehmlich um die Vermittlung von Wissen?	☐	☐
2. Ist präzise festgelegt, was die Teilnehmer in der Schulung lernen sollen?	☐	☐
3. Sind bestimmte Kenntnisse Voraussetzung zum Besuch eines Folgekurses oder anderer Maßnahmen nach Beendigung der Schulung?	☐	☐
4. Sind die Kenntnisse besonders wichtig, so dass von ihnen die Qualität der Arbeit in besonderem Maße abhängt?	☐	☐
5. Ist es für die Teilnehmer wichtig zu wissen, ob sie im Stoff sicher sind, etwa weil sie sich auf eine Prüfung vorbereiten?	☐	☐
6. Ist es für Sie wichtig zu wissen, wie hoch der Lernzuwachs ist, etwa weil Sie überprüfen wollen, ob die Schulungen lernwirksam sind, ob Sie die richtigen Trainer einsetzen?	☐	☐
7. Wollen Sie unterschiedliche Kurse oder unterschiedliche Lernformen miteinander vergleichen?	☐	☐
8. Ist eine genaue Analyse des Kenntnisstandes wichtig, um daraus die Berechtigung zum Erwerb eines Abschlusses etc. abzuleiten?	☐	☐
9. Ist es Ihnen möglich, den Kenntnisstand der Teilnehmer vor der Schulung zu ermitteln, um einen Vergleich zwischen dem Wissen vor und nach der Schulung anzustellen?	☐	☐
10. Ist es möglich, für den Kurs aussagefähige Lernkontrollen zu entwickeln?	☐	☐
11. Sind Lernkontrollen auch deshalb sinnvoll, weil die Teilnehmer das erworbene Wissen (erst einmal) nicht unmittelbar in der Praxis anwenden können?	☐	☐
12. Gab es in der Vergangenheit bei diesem Seminartyp Klagen über mangelnde Ergebnisse hinsichtlich des Lernzuwachses, oder haben Sie Mängel aufgrund von Lernkontrollen festgestellt?	☐	☐
13. Können Sie damit rechnen, dass die Teilnehmer solchen Wissensabfragen positiv gegenüber stehen?	☐	☐
14. Ist der Aufwand zur Ermittlung des Lernerfolgs gerechtfertigt? Stehen die Kosten der Evaluation in Relation zum Nutzen?	☐	☐

Können Sie diese Fragen nicht mit JA beantworten, sollten Sie überlegen, ob Sie nicht auf Lernkontrollen verzichten sollten und stattdessen mehr Gewicht auf die Evaluation des Transfers legen, auf die Verhaltensänderung. Die Überprüfung des Erfolgs können sie auch dann vernachlässigen, wenn Lernkontrollen Bestandteil der Schulung selbst sind, etwa durch die Arbeit mit Lernprogrammen.

Lernkontrollen verzichtbar?

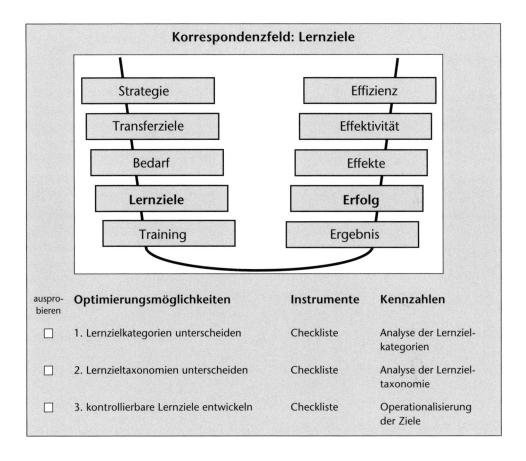

Dritter Fokus: Effekte

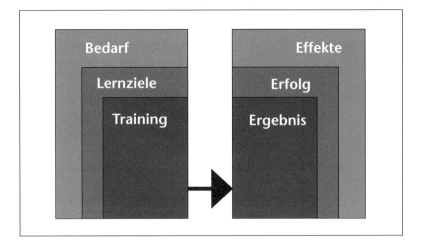

Viele Seminare, an deren Ende ein positiver Eindruck bei Teilnehmern und Trainer steht, bleiben dennoch ohne Erfolg. Zumindest wenn man davon ausgeht, dass jede Schulung Effekte erzeugen muss. Effekte, die sich in der Umsetzung des Gelernten – im Transfer – niederschlagen. Und das ist eigentlich das entscheidende Kriterium für den Erfolg einer Schulung.

Die *Transferevaluation* soll die Umsetzung von Qualifizierungsergebnissen im Alltagsleben der Teilnehmer erfassen. Bisher haben wir uns bei der Evaluation auf die Qualifizierung selbst beschränkt. Mit der Transferevaluation verlassen wir den engen Rahmen der Qualifizierungen und fragen nach ihrem Wert, dem Nutzen für den einzelnen Mitarbeiter, für seine Arbeit, seinen Arbeitsplatz.

Transferevaluation

Qualifizierung ist kein Selbstzweck. Denn die meisten Ziele von Qualifizierungen beziehen sich auf die Umsetzung des Gelernten, wie die folgenden Beispiele zeigen:
- Das Know-how der Mitarbeiter wird erhöht.
- Mitarbeiter werden neu motiviert.
- Das Arbeitsklima verbessert sich.
- Stress und Fehler nehmen ab.
- Die Arbeitszufriedenheit steigt.

Man kann sogar in seinen Überlegungen noch einen Schritt weiter gehen: Am Ende einer Schulung fängt der Lernprozess erst richtig an. Nach dem Seminar beginnt der *Umsetzungsprozess* und damit eine zweite, wichtige Lernphase, nämlich die Anwendung des neuen Wissens im Arbeitsalltag.

Diese zweite Lernphase ist so wichtig, weil von ihrem Erfolg abhängt, ob das Gelernte aus der Qualifizierung tatsächlich umgesetzt wird. Daher ist es unabdingbar, der Transferphase die nötige Aufmerksamkeit zu widmen und zu überprüfen, wie sich das Gelernte in verändertem Verhalten am Arbeitsplatz niederschlägt.

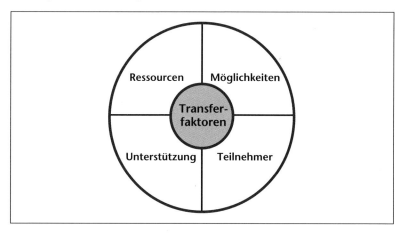

Der Transfer ist abhängig von vier Faktoren:
- den Möglichkeiten zur Umsetzung
- dem Willen zu Umsetzung
- der Unterstützung durch andere
- den Ressourcen, die zur Umsetzung benötigt werden.

Die Umsetzung des Gelernten, die Entwicklung neuer Verhaltensweisen und Methoden gelingt nach Schulungen mehr oder weniger gut. Im

Extremfall findet gar kein Transfer statt. Ansonsten gibt es meist eine Reihe von Teilnehmern, die etwas umsetzen (können), und eine Reihe, bei denen man von einer recht guten Umsetzung sprechen kann. Teilnehmer, die sehr viel umsetzen, sind eher selten. Denn: Voraussetzung hierfür wäre, dass die richtigen Mitarbeiter in der richtigen Situation die richtige Qualifizierung erhalten und sie bei der Umsetzung unterstützt und Hemmnisse aus dem Weg geräumt werden.

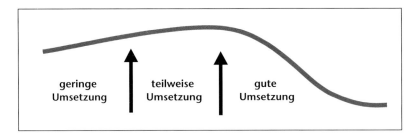

Mittlerweile hat sich ein Fachbegriff für dieses Phänomen eingebürgert: die *Transferlücke*.

Dies zeigt, wie wichtig es ist, Qualifizierung als Prozess zu betrachten, der mit der Bedarfsanalyse beginnt und den Transfer als wichtige Lernphase beinhaltet.

Qualifizierung als Prozess

Die Umsetzung kann erst dann als Erfolg verbucht werden, wenn das neue Wissen systematisch und regelmäßig angewendet wird, wenn neues Verhalten zur Gewohnheit wird. Dies ist (als Richtwert) erst beim 15. Durchgang der Fall.

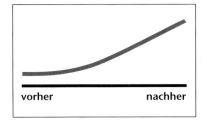

Eine Fortsetzung des Lernprozesses in der Praxis, beim Erproben des Gelernten sollte der Normalfall sein. Die Teilnehmer zeigen vor der Qualifizierung ein Verhalten, das durch die Qualifizierung verbessert wird.

Durch die Schulung und in der praktischen Umsetzung nach der Schulung lernen sie neuen Verhalten kennen und in ihrem (Berufs-)Alltag erfolgreich anzuwenden. Voraussetzung ist jedoch, dass das neue Verhalten gegenüber dem alten tatsächlich Vorteile hat, die sich positiv auf die Leistungsfähigkeit und die Arbeitsergebnisse auswirken.

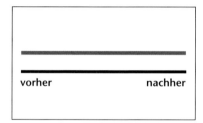

Es gibt natürlich den Fall, dass bei einzelnen Teilnehmern überhaupt kein Lernzuwachs stattfindet, weil sie etwa im falschen Kurs sitzen, weil sie nichts Neues dazulernen oder auch, weil sie nicht gewillt sind, sich mit einem Thema auseinanderzusetzen.

Die Umsetzung kann auch misslingen, weil der Seminarteilnehmer keine Gelegenheit hatte, Neugelerntes anzuwenden.

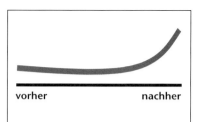

Effekte aus Qualifizierungen können auch zeitverzögert auftauchen. Dass neues Verhalten wirksam wird, kann Wochen, bisweilen Monate oder Jahre dauern.

Dies hat etwas mit der Qualität der Schulung zu tun, aber auch mit den Möglichkeiten der Anwendung des neu erworbenen Wissens. Aber auch Widerstände in der Person des Teilnehmers oder im Umfeld spielen hier eine Rolle. Daher ist es manchmal schwierig, den richtigen Zeitpunkt für die Evaluation des Transferprozesses zu finden.

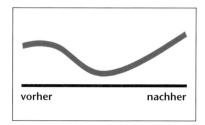

Bisweilen tritt durch die Qualifizierung eine Unsicherheit auf, besonders bei verhaltensorientierten Schulungen.

Man will und soll gewohntes Verhalten aufgeben, hat aber nach der Schulung noch nicht die Sicherheit. Das neue Verhalten hat sich noch nicht eingeschliffen. Schnell fällt man dann wieder in das alte, bewährte Verhalten zurück.

Transfer-kontrolle Bei der Transferkontrolle steht erst einmal die Umsetzung, das (neue) Verhalten des Mitarbeiters auf dem Prüfstand. Aber auch die Wirkung von Fördermaßnahmen oder die Auswirkungen von Transferhemmnissen können einbezogen werden.

Indirekt wird über den Transfer auch die *Praxisrelevanz* und der *Umsetzungsbezug* des Seminars selbst überprüft – sogar die Genauigkeit der Bedarfsanalyse und die Passung des Seminars.

Für Transferkontrollen stehen hauptsächlich drei Instrumente zur Verfügung: Gespräch, Befragung, Workshop. Hinzu kommt die Beobachtung des Verhaltens am Arbeitsplatz. Auch bestimmte Indikatoren wie Fehlerzahl, benötigte Zeit pro Vorgang können Sie heranziehen.

Bei der Selbst- und Fremdeinschätzung steht wieder das Gespräch an erster Stelle. Als Alternative wird hier die Befragung vorgeschlagen. Workshops sollten dann zum Tragen kommen, wenn eine Transferkontrolle bei Gruppen vorgesehen ist.

Wann lohnt sich für Sie eine Transferevaluation? Mit den folgenden Fragen finden Sie es heraus.

Überprüfung des Transfererfolgs

	ja	nein
1. Ist die Schulung darauf ausgerichtet, dass der Seminarteilnehmer das Gelernte im Alltag nutzt?	☐	☐
2. Hat der Seminarteilnehmer die Möglichkeit, das Gelernte in der Praxis anzuwenden?	☐	☐
3. Kann das Verhalten im Alltag beobachtet werden? Gibt es dafür klare Kennzeichen?	☐	☐
4. Ist die Umsetzung des Gelernten ganz oder zum großen Teil vom Mitarbeiter selbst abhängig?	☐	☐
5. Wirkt sich das neue Verhalten auf die Produktivität der Arbeit aus?	☐	☐
6. Sind die Verhaltensänderungen wichtig für den Erfolg der Arbeit?	☐	☐
7. Sind die Verhaltensänderungen wichtig zur Erreichung der Ziele des Arbeitsbereiches oder gar des Unternehmens?	☐	☐
8. Ist es wichtig, Umsetzungshemmnisse zu erfassen, um diese beseitigen zu helfen?	☐	☐
9. Wollen Sie die Wirkung von Unterstützungsmaßnahmen zur Umsetzung auf die Wirksamkeit hin analysieren?	☐	☐
10. Gab es in der Vergangenheit bei diesem Seminartyp Schwierigkeiten bei der Umsetzung des Gelernten?	☐	☐
11. Haben Sie auf die Evaluation des Seminarergebnisses und des Lernerfolgs verzichtet und wollen trotzdem die Qualitätsindices ermitteln?	☐	☐
12. Ist der Aufwand zur Ermittlung des Transfererfolgs gerechtfertigt? Stehen die Kosten der Evaluation in Relation zum Nutzen?	☐	☐

Vorschlag 20: Evaluieren Sie die Umsetzung

Genau wie der Erfolg eines Seminars sollten Sie auch den Erfolg der Umsetzungsbemühungen kontrollieren. Denn auch hier finden Lernprozesse statt, auch hier sollen Maßnahmen den Lernerfolg unterstützen. Nur so ist eine Beurteilung der Qualität des Seminars in Hinblick auf seine Transferwirkung und eine Abschätzung der Wirksamkeit der Transferfördermaßnahmen möglich. Und eigentlich ist die *Verhaltensänderung* nach der Schulung als Erfolgskriterium wichtiger und aussagekräftiger als die Zufriedenheit der Teilnehmer am Ende der Schulung.

Erfolgskriterium Verhaltensänderung

Die Kontrolle ist natürlich erst nach der Qualifizierung möglich – genauer gesagt, nachdem die Teilnehmer genügend Zeit gehabt haben, die Erfahrungen und Kenntnisse im Alltag gewinnbringend umzusetzen. Und damit wären wir beim ersten Problem der Transferevaluation: Wie viel Zeit müssen Sie den Teilnehmern geben, wann können Sie mit der Evaluation beginnen?

Die Antwort auf diese Frage hängt auch vom Qualifizierungsthema ab: Manche Dinge – etwa Computerkenntnisse – lassen sich schnell umsetzen. Bei Führungsfähigkeiten hingegen brauchen die Teilnehmer viel mehr Zeit und auch Gelegenheiten für die Umsetzung. Nach Untersuchungen kann dies bei Führungskräfteseminaren über zwei Jahre dauern. Deshalb sind teilweise wiederholte Kontrollen der Umsetzung notwendig.

Vieles klappt nicht auf Anhieb, oft sind mehrere Anläufe, weitere Lernprozesse und auch Experimente erforderlich. Besonders lange dauert die Umsetzung – falls sie überhaupt gelingt –, wenn eingeschliffene Gewohnheiten verändert werden sollen. Die Faustregel lautet hier: Neues Verhalten muss mindestens so oft erprobt werden, wie der Teilnehmer alt ist – bei einem Fünfzigjährigen also fünfzig Mal.

Dazu kommen noch die sogenannten *Transferhemmnisse*. Sie können die Umsetzung verzögern, verringern oder im Extremfall sogar verhindern. Auch die Unterstützung durch den Vorgesetzten oder das Team kann den Transfer erheblich beeinflussen.

Zeitpunkt der Transferevaluation

Wann Sie nun genau mit der Transferevaluation beginnen können, müssen Sie jeweils im Einzelfall festlegen. Erste Hinweise für den richtigen Zeitpunkt liefern Ihnen die folgenden Fragen:

Vorschlag 20: Evaluieren Sie die Umsetzung

Festlegung des Zeitpunkts für die Transferevaluation	
	ja
Sofort umsetzbar?	☐
Ausreichende Gelegenheit?	☐
Kein weiterer Lernprozess in der Praxis nötig?	☐
Keine Verhaltensänderung nötig?	☐
Keine oder nur sehr wenig Transferhemmnisse?	☐
Unterstützung durch Vorgesetzten vorhanden?	☐
Unterstützung durch Arbeitsteam vorhanden?	☐

Je häufiger Sie mit JA geantwortet haben, desto schneller kann die Evaluation erfolgen. Grundsätzlich sollten Sie aber mindestens vier Wochen abwarten. Wenn Sie nur wenig Kreuze gemacht haben, sollten Sie sogar mehrere Monate verstreichen lassen.

Je länger die Qualifizierung zurückliegt, desto unwahrscheinlicher ist es, dass Änderungen tatsächlich ausschließlich auf die Qualifizierung zurückzuführen sind. Bitten Sie die Teilnehmer einzuschätzen, inwieweit Änderungen durch die Schulung beeinflusst wurden.

Das nächste Problem bei der Transferevaluation: Wie kommen Sie an die Daten? Hier gibt es eigentlich nur zwei Möglichkeiten:

Transferbefragungen mit einer subjektiven Einschätzung des Teilnehmers und *Verhaltensanalysen:* Transferbefragungen können Sie mittels Fragebogen, Einzelinterview und Gruppeninterview (Focusgroups) vornehmen.

Transferbefragungen und Verhaltensanalysen

Bei der schriftlichen Befragung wird jedem Teilnehmer ein Transferfragebogen mit einem motivierenden Begleitschreiben zugeschickt.

**Begleit-
schreiben**

> **B** Sehr geehrte ..., liebe(r) Teilnehmer(in),
>
> keine Qualifizierung ist so gut, dass man sie nicht noch verbessern könnte.
>
> Ihre Teilnahme am Kurs ....
> zum Thema ....
> liegt schon einige Wochen zurück. Umso wichtiger ist es für uns zu erfahren, wie Sie aus der Distanz den Kurs heute beurteilen.
>
> Bitte füllen Sie den beiliegenden kurzen Fragebogen aus und schicken ihn an das Personalreferat Ihres Hauses.
>
> Das kostet Sie nur wenig Zeit. Und Sie helfen mit, die Qualität unserer Kurse weiter zu verbessern.
>
> Haben Sie vielen Dank für Ihre Unterstützung!

Im Fragebogen wird der Teilnehmer dann gebeten, die Praxisrelevanz und die Brauchbarkeit der Qualifizierungsinhalte für seinen Alltag einzuschätzen. Im Mittelpunkt sollte dabei immer die Umsetzung stehen. Wenig Sinn macht im Nachhinein die Frage, ob einem Teilnehmer die Schulung gefallen hat.

B   **Nachbefragung zum Kurs**

Kurs:
Nummer: vom ...... bis ......
Aus der Distanz betrachtet:

Informationen zum Thema

Bitte kreuzen Sie an:	zu wenig	gerade richtig	zu viele
Thema 1	☐	☐	☐
Thema 2	☐	☐	☐
Thema 3	☐	☐	☐
Thema 4	☐	☐	☐
Thema 5	☐	☐	☐

Welche Themen könnten wegfallen?
_____
_____

Vorschlag 20: Evaluieren Sie die Umsetzung

Welche Themen sollten aufgenommen werden?				
Anwendbarkeit in der Praxis				
Bitte kreuzen Sie an:	sehr gut	gut	mittel	schlecht
Thema 1	☐	☐	☐	☐
Thema 2	☐	☐	☐	☐
Thema 3	☐	☐	☐	☐
Thema 4	☐	☐	☐	☐
Thema 5	☐	☐	☐	☐
Wie könnte man den Praxisbezug des Seminars verbessern??				

Vielen Dank für Ihre Unterstützung.

> **!** In Transferfragebögen finden sich meist deutlich kritischere und damit realistischere Einschätzungen der Qualifizierung. Das liegt daran, dass vieles aus der Umsetzungsperspektive heraus anders beurteilt wird. Rückschlüsse auf den Erfolg einer Qualifizierung gewinnen Sie auch durch die Anzahl der ausgefüllten Fragebögen: Je mehr Bögen zurückkommen, desto erfolgreicher war in der Regel die Schulung.

In die *Transferbefragung* können Sie auch die Meinung der ehemaligen Teilnehmer zu folgenden Themen einholen:
- Umsetzung der Qualifizierungsziele
- Stand der Realisierung des Umsetzungsplans
- Einsatz des neuen Wissens, der gelernten Methoden usw. am Arbeitsplatz
- Umsetzungshemmnisse
- Umsetzungsstrategien
- Unterstützung bei der Umsetzung.

Typische Fragen sind:
- Wie gut konnten Sie das Gelernte im Alltag nutzen?
- Welche Veränderungen haben stattgefunden?

- Wie haben sich diese Veränderungen ausgewirkt?
- Sind durch die Veränderungen Zeit- oder Kosteneinsparungen entstanden? Wenn ja, in welchem Umfang?
- Haben sich die Veränderungen auf die Qualität der Arbeit und der Ergebnisse ausgewirkt? Wenn ja, in welcher Form?
- Was hat die Umsetzung begünstigt? Was hat sie behindert?
- Wie gut wurden Sie bei der Umsetzung von Ihrem Vorgesetzten und von Ihrem Umfeld unterstützt?

Natürlich können Sie können nicht nur die Teilnehmer einer Qualifizierungsmaßnahme befragen. Auch hier ist maximal ein *360-Grad-Feedback* möglich – mit der Befragung
- des Vorgesetzten
- der Kollegen
- der Mitarbeiter
- der internen oder externen Kunden.

Und: Auch der der Trainer kann angesprochen werden, soweit er den Umsetzungsprozess begleitet.

Effekte auf das Umfeld Wenn das Umfeld von neuen Erkenntnissen profitiert, dürfte der Nutzen von Schulungen deutlich steigen. Deshalb können Sie auch Effekte auf das Umfeld mit erfassen. Spätestens hier sollten Sie die Evaluation auf Vorgesetzte, Kollegen und Mitarbeiter ausweiten.

Je mehr Daten Sie erfassen, desto aufwändiger ist das Verfahren, aber desto aussagekräftiger sind in der Regel auch die Ergebnisse. Drei Fragen helfen Ihnen bei der Auswahl der Probanden:
- Wer kann am besten die Auswirkungen auf das Verhalten beurteilen?
- Wer wird voraussichtlich, eine relativ objektive Meinung äußern?
- Wie können Sie aussagekräftige Daten mit überschaubarem Aufwand ermitteln?

Situationseinschätzung Eine Variante des Transferfragebogens ist die *Situationseinschätzung*. Sie lässt sich vergleichsweise einfach durchführen, ist aber auch subjektiv. Grundlage bilden Statements zum Kursinhalt, versehen mit einer Einschätzungsskala.

B Was hat sich für Sie nach der Qualifizierung verändert?					
	stimmt voll und ganz	stimmt meistens	stimmt teilweise	stimmt selten	stimmt nicht
Ich kann jetzt besser zuhören.	☐	☐	☐	☐	☐
Ich kann mich besser in die Position eines Gesprächspartners hineinversetzen.	☐	☐	☐	☐	☐
Ich achte bei wichtigen Gesprächen mehr auf günstige Rahmenbedingungen.	☐	☐	☐	☐	☐
Ich bereite mich gewissenhafter auf wichtige Gespräche vor.	☐	☐	☐	☐	☐
Ich arbeite gezielter mit Fragen.	☐	☐	☐	☐	☐
Ich bleibe in schwierigen Gesprächssituationen gelassener.	☐	☐	☐	☐	☐
Ich kann mit schwierigen Gesprächspartnern besser umgehen.	☐	☐	☐	☐	☐

Leiten Sie die Statements aus den Zielen und den Themenschwerpunkten der Schulung ab. Solche Situationseinschätzungen liefern aussagekräftige Ergebnisse. Nachteilig ist, dass Sie für jeden Seminartyp eigene Statements entwickeln müssen.

Teile aus dem Fragebogen, Items aus der Situationseinschätzung können Sie als Grundlage für Ihre Interviews nutzen.

Fragebögen, die Sie Wochen oder Monate nach einer Schulung verschicken, werden sicher nicht von allen Befragten beantwortet. Und häufig fehlt es an der nötigen Sorgfalt. Dadurch wird das Ergebnis verfälscht und die Aussagen verlieren an Wert. Was können Sie tun, um eine hohe *Rücklaufquote* zu erzielen? Hier einige Vorschläge:

Rücklaufquote von Fragebögen

- Weisen Sie die Teilnehmer frühzeitig darauf hin, dass Sie eine Nachbefragung planen.
- Erläutern Sie die Gründe für die Befragung. Machen Sie den Nut-

zen für das Unternehmen und auch den Nutzen für den Einzelnen deutlich.
- Beschreiben Sie, was mit den Daten geschieht, wann und wie die Beteiligten informiert werden.
- Halten Sie den Fragebogen kurz, nutzen Sie möglichst Fragen zum Ankreuzen, achten Sie auf ein ansprechendes Design.
- Geben Sie an, wie lange das Ausfüllen dauert. Bleiben Sie möglichst unter einem Wert von zehn Minuten.
- Machen Sie die Beantwortung möglich einfach: Führen Sie eine Befragung per E-Mail durch, legen Sie bei postalischer Befragungen einen adressierten Rückumschlag bei.
- Lassen Sie die Bögen über den Vorgesetzten verteilen und bitten Sie ihn, die Aktion zu unterstützen.
- Legen Sie ein Schreiben der Führungsspitze bei.
- Loben Sie eine Belohnung aus.
- Erinnern Sie die Teilnehmer an die Abgabe.

Verhaltens-beobachtung

Eine weitere Möglichkeit ist die *Beobachtung des Verhaltens*. Auch hier ist wieder ein Prä-/Post-Vergleich angebracht. Wie verhält sich der Mitarbeiter vor der Qualifizierung? Wie hat sich sein Verhalten nach der Qualifizierung verändert? Bei der Verhaltensanalyse werden die Themen der Qualifizierung aufgegriffen, um hieraus einen Beobachtungsbogen zu entwickeln. Anschließend wird das Verhalten in der Praxis analysiert. Das geht nur über teilnehmende Beobachtung und ist entsprechend aufwändig. Aber: Man erhält auch sehr aussagekräftige Daten.

Wegen des Aufwandes sollten Sie überlegen, wann sich eine Verhaltensbeobachtung wirklich lohnt.

Eine gute Methode bieten auch *Videoaufzeichnungen* oder Aufzeichnungen von Telefonaten. Hier kann das Verhalten anschließend zusammen mit dem Mitarbeiter analysiert werden.

Die Beobachtung des Verhaltens ist besonders wirklichkeitsnah, wenn sie anonym und direkt erfolgt, etwa durch *Testkäufer* oder *Testanrufer*.

Als Hilfe bei der Beobachtung bietet sich eine Checkliste mit Kriterien an, die
- aus dem Anforderungsprofil abgeleitet wurden,
- mit den Zielen der Schulung korrespondieren,
- in der Schulung im Detail besprochen und eingeübt wurden.

Hier ein Beispiel zur Analyse einer Präsentation.

B Bitte bewerten Sie **Vortragstechnik**	sehr gut	gut	befriedigend	ausreichend	mangelhaft	ungenügend
1. Strukturierung						
klarer Aufbau	☐	☐	☐	☐	☐	☐
roter Faden	☐	☐	☐	☐	☐	☐
Übersicht	☐	☐	☐	☐	☐	☐
Überleitungen	☐	☐	☐	☐	☐	☐
Zusammenfassungen	☐	☐	☐	☐	☐	☐
Wichtiges betont	☐	☐	☐	☐	☐	☐
2. Argumentation						
gute Argumente	☐	☐	☐	☐	☐	☐
überzeugend vorgetragen	☐	☐	☐	☐	☐	☐
richtige Reihenfolge	☐	☐	☐	☐	☐	☐
3. Verständlichkeit						
klare Aussagen	☐	☐	☐	☐	☐	☐
einfache, kurze Sätze	☐	☐	☐	☐	☐	☐
wenig Fachbegriffe und Fremdwörter	☐	☐	☐	☐	☐	☐
4. Anschaulichkeit						
Beispiele	☐	☐	☐	☐	☐	☐
Vergleiche	☐	☐	☐	☐	☐	☐
konkrete Sprache	☐	☐	☐	☐	☐	☐
5. Teilnehmerbezug						
direkte Ansprache	☐	☐	☐	☐	☐	☐
Aufgreifen von Erfahrungen	☐	☐	☐	☐	☐	☐
rhetorische Fragen	☐	☐	☐	☐	☐	☐
Einbeziehung der Zuhörer	☐	☐	☐	☐	☐	☐
6. Umgang mit Teilnehmern						
freundliches Auftreten	☐	☐	☐	☐	☐	☐
humorvoller Vortrag	☐	☐	☐	☐	☐	☐
motivierende Ansprache	☐	☐	☐	☐	☐	☐

7. Sprechtechnik						
angemessenes Sprechtempo	☐	☐	☐	☐	☐	☐
gute Betonung	☐	☐	☐	☐	☐	☐
deutliche Aussprache	☐	☐	☐	☐	☐	☐
ausreichend Sprechpausen	☐	☐	☐	☐	☐	☐
8. Körpersprache						
guter Blickkontakt	☐	☐	☐	☐	☐	☐
freundliche Mimik	☐	☐	☐	☐	☐	☐
angemessene Gestik	☐	☐	☐	☐	☐	☐
sicheres Auftreten	☐	☐	☐	☐	☐	☐

Medieneinsatz

	sehr gut	gut	befriedigend	ausreichend	mangelhaft	ungenügend
1. Visualisierung						
klarer Aufbau	☐	☐	☐	☐	☐	☐
gute Gestaltung	☐	☐	☐	☐	☐	☐
wenig Informationen	☐	☐	☐	☐	☐	☐
gut lesbar	☐	☐	☐	☐	☐	☐
anspruchsvolle Darstellung	☐	☐	☐	☐	☐	☐
2. Auswahl Medien						
gute Medienauswahl	☐	☐	☐	☐	☐	☐
variabler Einsatz	☐	☐	☐	☐	☐	☐
Nutzung unterschiedlicher Techniken	☐	☐	☐	☐	☐	☐
3. Umgang mit Medien						
sicherer Umgang	☐	☐	☐	☐	☐	☐
richtiges Zeigeverhalten	☐	☐	☐	☐	☐	☐
Visualisierung gut sichtbar	☐	☐	☐	☐	☐	☐

Natürlich kann man nicht jedes Verhalten gleichermaßen gut erfassen. Schwierig wird es bei Verhaltensweisen, die

- nur in Notfällen zum Einsatz kommen, aber vorab eingeübt werden müssen,

B *Verhalten bei der Notwässerung eines Flugzeugs*

- nicht gerne offen gezeigt werden und bei denen eine Beobachtung Einfluss auf das Verhalten nehmen würde,

B *Verhalten in Konflikt- und Problemgesprächen*

- nicht offen beobachtet werden können und nur aus den Resultaten zu erschließen sind,

B *Merktechniken, individuelle Anwendung kreativer Denkmethoden*

Um sicherzustellen, dass bestimmte Effekte tatsächlich auf die Qualifizierung zurückzuführen sind, bietet sich eine *Kontrollgruppe* an. Das bedeutet: Eine andere Gruppe arbeitet mit denselben Aufgaben unter denselben Bedingungen. Auch deren Kenntnisse und Verhalten wird, wie bei der Schulungsgruppe, vor und nach der Qualifizierung erfasst. Das Verfahren ist allerdings sehr aufwändig und dürfte daher nur in Ausnahmesituationen zum Einsatz kommen. Außerdem: Wenn eine Schulung tatsächlich notwendig ist, dürfte es sehr schwierig sein, sie einem Teil der Mitarbeiter vorzuenthalten.

Ergebnisse zum Transfer lassen auch Rückschlüsse auf die Qualität der Schulung selbst zu:
- Welche Themen, die in der Schulung angesprochen wurden, waren relevant für die Umsetzung?
- Welche Methodik wirkte sich positiv auf den Transfer aus?
- Gab es im Seminar gezielte Fördermaßnahmen und wie haben diese sich ausgewirkt?

Die Steuerung der Qualität der Schulung über den Transfer hat einen Vorteil: Der Nutzen der Schulung wird einbezogen, und der zeigt sich nun mal erst in der Umsetzung.

Vorschlag 21: Steuern Sie die Transferevaluation über Umsetzungspläne

Es gibt eine weitere Möglichkeit der Transferevaluation, vielleicht die beste: den *Umsetzungsplan*. Ein Umsetzungsplan ist ein ebenso einfaches wie nützliches Instrument der Transferförderung. Gleichzeitig können Sie ihn als Evaluierungsinstrument nutzen.

Umsetzungsplan und Kontrakt

Eine Variante des Umsetzungsplans ist der *Kontrakt*. Er wird zwischen dem Mitarbeiter und seinem Vorgesetzten geschlossen. Im Kontrakt sind alle Ziele aufgelistet, die der Mitarbeiter erreichen soll bzw. will.

Der Umsetzungsplan begleitet die Teilnehmer während des ganzen Seminars. Der Trainer teilt ihn zu Beginn des Seminars aus und erläutert den Zweck und die Handhabung. In diesen Bogen notieren die Teilnehmer alle Tipps und Hinweise, die für sie wichtig sind und die sie nach der Schulung ausprobieren wollen. Diese Merkpunkte sollten so konkret wie möglich formuliert sein.

B Ein Merkpunkt wie:
Ich will meine Arbeit besser organisieren
nützt wenig. Besser wäre eine Formulierung wie:
Ich räume jeden Abend vor dem Verlassen des Büros meinen Schreibtisch leer und erstelle eine Liste mit den Dingen, die ich am nächsten Tag erledigen will.

Reflexionsphasen zur Umsetzung

Voraussetzung ist, dass der Trainer das Thema Umsetzung des Gelernten und Transferförderung ausführlich angesprochen hat. Deshalb werden regelmäßig Reflexionsphasen zur Umsetzung eingebaut. Nach jeder Lerneinheit oder Wiederholung macht der Trainer eine kurze Pause, damit die Teilnehmer Merkpunkte notieren können, die für sie besonders wichtig sind. Wenn möglich, sollte unmittelbar zuvor eine Zusammenfassung über die zentralen Inhalte der Lerneinheit erfolgen.

Am Ende des Seminars sollte noch einmal ausführlich über die Bedeutung des Transfers, über Umsetzungsstrategien und den Umgang mit Umsetzungshemmnissen gesprochen werden. Zudem kann der Trainer mit jedem Teilnehmer dessen Umsetzungsvorhaben durchgehen und zusätzliche Hilfen und Anregungen geben. Alternativ kann der Trainer die Umsetzungspläne der Teilnehmer mitnehmen und einige Tage nach dem Seminar mit einer Kommentierung zukommen lassen.

Der Bogen kann folgenden Aufbau haben:

B **Umsetzungsplan**

Notieren Sie alle wichtigen Punkte, die Sie nach dem Seminar einmal ausprobieren wollen. Formulieren Sie die Punkte möglichst konkret. Halten Sie auch fest, wenn Sie einen Punkt umgesetzt haben.

Umsetzungsvorhaben	Termin	erledigt
1. _____	_____	☐
2. _____	_____	☐
3. _____	_____	☐
4. _____	_____	☐
5. _____	_____	☐
6. _____	_____	☐
7. _____	_____	☐
8. _____	_____	☐
9. _____	_____	☐
10. _____	_____	☐

Zusätzlich können Sie in den Transferbogen aufnehmen:
- *Ziele*, die der Mitarbeiter sich für die Umsetzung setzt
- *Terminangabe,* bis wann einzelne Punkte umzusetzen sind
- *Ressourcen*, die dem Mitarbeiter zur Verfügung gestellt werden
- *Resultate*, die er erreichen soll
- *Kennwerte*, die diese Resultate überprüfbar machen.

Darüber hinaus können Sie den Transferbogen mit Hinweisen zur Umsetzung, zum Umgang mit Transferschwierigkeiten und zum Thema Selbstmotivation ergänzen.

Vom Transferbogen zum Transferheft

B *Trotz guter Vorsätze: Nicht immer klappt es, das Gelernte im Arbeitsalltag umzusetzen. Deshalb einige Tipps für die Umsetzung:*
   1. Mit dem Wichtigsten anfangen
      Es gibt immer Dinge, die wichtiger sind als andere. Suchen Sie die wichtigen und dringlichen Punkte heraus und versuchen Sie, diese als Erstes umzusetzen.

2. Nicht zu viel auf einmal
Nehmen Sie sich nicht zu viel auf einmal vor, konzentrieren Sie sich auf einen oder zwei Punkte. Wenn Sie diese geschafft haben, kommen die nächsten dran.

3. Geduld haben
Nicht immer gelingt alles auf Anhieb. Manchmal braucht es mehrere Versuche. Überlegen Sie, warum etwas nicht geklappt hat, und versuchen Sie, diese Faktoren auszuschalten.

4. Oft geht es nur gemeinsam
Suchen Sie sich Kollegen, die ähnliche Ziele und Vorstellungen haben. Reden Sie mit ihnen über Ihr Vorhaben. Gemeinsam lassen sich neue Ideen meist besser umsetzen.

5. Belohnen
Seien Sie stolz auf sich, wenn Ihnen eine Änderung gelungen ist. Das ist nicht selbstverständlich. Am besten belohnen Sie sich mit einer Kleinigkeit. Dann steigt auch die Motivation, den nächsten Punkt anzugehen.

6. Tauschen Sie sich aus
Sie haben die Möglichkeit, mit anderen Teilnehmern in Kontakt zu treten und Ihre Erfahrungen beim Lernen und bei der Umsetzung des Gelernten auszutauschen. Dazu haben wir speziell für Sie Foren im Internet eingerichtet.

Wenn Sie so vorgehen, wird aus dem Transferbogen ein *Transferheft*.

Für die Evaluation bedeutet dies: Sie haben ein Instrument, um abzuschätzen, wie hoch der Praxisnutzen der Schulung ist. Bitten Sie die Teilnehmer anzugeben, wie viele Punkte sie sich für die Umsetzung vorgenommen haben. Falls Sie neben diesem quantitativen Wert noch einen qualitativen ermitteln wollen, können Sie zusätzlich fragen, für wie wichtig die Teilnehmer bestimmte Merkposten einschätzen und wie gut diese sich umsetzen lassen. Diese Fragen können Sie in den Feedbackbogen am Ende der Schulung einbauen.

Ihre Umsetzungsvorhaben

B

Wie viele Umsetzungsvorhaben planen Sie?

Bitte geben Sie für jedes Umsetzungsvorhaben an:

	Wie wichtig ist das Vorhaben für Ihre Arbeit?			Wie leicht lässt es sich umsetzen?		
	sehr wichtig	ziemlich wichtig	weniger wichtig	sehr leicht	ziemlich leicht	weniger leicht
Vorhaben 1	☐	☐	☐	☐	☐	☐
Vorhaben 2	☐	☐	☐	☐	☐	☐
Vorhaben 3	☐	☐	☐	☐	☐	☐
Vorhaben 4	☐	☐	☐	☐	☐	☐
Vorhaben 5	☐	☐	☐	☐	☐	☐
Vorhaben 6	☐	☐	☐	☐	☐	☐
Vorhaben 7	☐	☐	☐	☐	☐	☐
Vorhaben 8	☐	☐	☐	☐	☐	☐
Vorhaben 9	☐	☐	☐	☐	☐	☐
Vorhaben 10	☐	☐	☐	☐	☐	☐

Wenn Sie mit diesem Instrument arbeiten wollen, müssen Sie Ihre Trainer einbinden, sie informieren und verpflichten, das Instrument systematisch und konsequent im Unterricht zu nutzen.

Nach der Umsetzungsphase können Sie ermitteln, wie viele Vorhaben ein Teilnehmer tatsächlich umsetzen konnte und in welchem Umfang. Dies kann eine Befragung zur Transferevaluation ergänzen oder ersetzen.

B In welchem Umfang konnten Sie das Vorhaben umsetzen?

	vollständig	mit leichten Einschränkungen	mit deutlichen Einschränkungen	gar nicht
Vorhaben 1	☐	☐	☐	☐
Vorhaben 2	☐	☐	☐	☐
Vorhaben 3	☐	☐	☐	☐
Vorhaben 4	☐	☐	☐	☐
Vorhaben 5	☐	☐	☐	☐
Vorhaben 6	☐	☐	☐	☐
Vorhaben 7	☐	☐	☐	☐
Vorhaben 8	☐	☐	☐	☐
Vorhaben 9	☐	☐	☐	☐
Vorhaben 10	☐	☐	☐	☐

Transferförderer und Transferhemmnisse Sie können außerdem noch nach den Gründen fahnden, warum die Teilnehmer Vorhaben umsetzen konnten (Transferförderer) oder auch nicht (Transferhemmnisse).

Bei erfolgreicher Umsetzung lassen sich fünf Punkte ermitteln:
- Welche Resultate konnte der Mitarbeiter erreichen?
- Wie wirkte sich dies auf die Produktivität aus?
- Mit welchen Strategien hat er bei der Umsetzung gearbeitet?
- Was hat die Umsetzung unterstützt? Was hat sie behindert?
- Welche Vorschläge hat der Mitarbeiter, um die Umsetzungschancen weiter zu erhöhen.

Bei misslungenen Vorhaben reichen drei Fragen:
- Mit welchen Strategien hat der Mitarbeiter bei der Umsetzung gearbeitet?
- Was hat die Umsetzung behindert oder verhindert?
- Welche Vorschläge hat der Mitarbeiter, um die Umsetzungschancen zu erhöhen.

Vorschlag 22: Ermitteln Sie die Umsetzungshemmnisse

Leider gibt es bei der Umsetzung eine Reihe hemmender Faktoren wie
- keine Zeit
- mangelnde Gelegenheit
- Widerstände bei Kollegen, Mitarbeitern und Vorgesetzten.

All das führt dazu, dass durchschnittlich nur die Hälfte der Lernausbeute aus dem Seminar tatsächlich auch umgesetzt wird.

Transferhemmnisse können die Umsetzung behindern, ja sogar verhindern und damit den Nutzen der ganzen Qualifizierung gefährden.

Die Einschätzung der Umsetzungsmöglichkeiten und des Umsetzungserfolgs liegt oft weit hinter den Einschätzungen des Seminarerfolgs zurück. Die Einschätzung, ob die Umsetzung gelungen ist oder nicht, ist abhängig von der Art der Qualifikation. Je stärker eine Qualifikation den Charakter einer Ausbildung hat, desto weniger ist mit einem schnellen Umsetzungserfolg zu rechnen.

Worin sind diese schlechten Umsetzungswerte begründet?

Transfer ist ein Prozess. Und dieser Prozess beginnt bereits vor der Schulung, etwa bei der Frage, ob die Veranstaltung präzise ausgeschrieben wurde, ob sie auf die Bedürfnisse der Teilnehmer abgestimmt war, ob die Teilnehmer ausreichend vorinformiert wurden und ob das Umfeld, insbesondere die Vorgesetzten, von vornherein einbezogen wurden.

Umsetzungsprozess und Hindernisse

Der Umsetzungsprozess nach der Qualifizierung vollzieht sich in vier Phasen, und in jeder dieser Phasen können Hemmnisse auftreten.

- *Euphoriephase*   Vieles muss sich ändern ...
- *Desillusionsphase* Das ist ja doch nicht so einfach ...
- *Lernphase*   Wie könnte es denn klappen ...
- *Gewöhnungsphase*   Das machen wir jetzt immer so ...

In der ersten Phase ist es wichtig, dass die Erwartungen an die Umsetzung realistisch sind und die Teilnehmer sich nicht zu viel auf einmal vornehmen. Es ist primär Aufgabe des Trainers, die meist hohe Umsetzungsmotivation in die richtigen Bahnen zu lenken.

Fragt man die Teilnehmer nach ihren Umsetzungsproblemen, werden als Erstes Gründe genannt, die mit der Qualität des Seminars in Zusammenhang stehen:
- praxisferne Inhalte
- keine Nachbetreuung.

Individuelle Hemmnisse Ein Grund für mangelnde Umsetzung liegt beim *Teilnehmer* selbst. Im Alltagstrott vergisst man sehr schnell, was man gelernt und sich vorgenommen hat. Und natürlich scheuen viele auch den Aufwand, denn Veränderungen sind immer mit Arbeit verbunden. Individuelle Hemmnisse sind:

- *mangelnde Gelegenheit*
  Man kann nicht delegieren, wenn man keine Mitarbeiter hat. Man kann sein Wissen über Telefon-Verkauf am Telefon nicht anwenden, wenn keine entsprechenden Kundendaten zur Verfügung stehen.
- *keine Zeit*
  Es bleibt nicht genügend Zeit, um das Neuerlernte auszuprobieren. Allerdings ist dies auch eine gern benutzte Ausrede.
- *unzureichende Unterstützung*
  Vorgesetzte und Kollegen stehen den mitgebrachten neuen Ideen skeptisch gegenüber und räumen dem Teilnehmer keine Chance ein, neue Ideen umzusetzen – getreu dem Motto: *Das haben wir immer so gemacht, das wird nicht geändert.*
- *unpassende Ausstattung*
  Ein Teilnehmer kann trotz bester Vorsätze sein Wissen in neuer Computertechnik nicht effizient einsetzen, wenn nur veraltete Computerarbeitsplätze zur Verfügung stehen. Er kann auch keine überzeugenden Präsentationen gestalten, wenn er nicht über die nötige Software verfügt.

Zusätzlich werden als Hinderungsgründe genannt:
- *zu hohe Erwartungen*
- *Schwellenangst*
- *geringe Selbstdisziplin.*

Damit wird auch deutlich, dass bereits im Vorfeld der Qualifizierung und natürlich während der Schulung die Basis für eine gelungene Umsetzung geschaffen werden muss. Denn die Umsetzung ist abhängig von
- *der Freiwilligkeit der Teilnahme*
  Nur Teilnehmer, die freiwillig an einer Schulung teilnehmen, sind gut motiviert. Und das wirkt auch über das Seminar hinaus.

- *der Erwartungshaltung*
  Zu hohe Erwartungen können zu Enttäuschungen führen, die sich wiederum negativ auf die Umsetzungsmotivation auswirken.
- *der Identifikation mit dem Problem*
  Eine gute Identifikation mit dem Problem führt zu einer guten Motivation.
- *dem Engagement im Lernprozess*
  Auch das Engagement steht in Zusammenhang mit der Motivation, dem Problemdruck und der teilnehmerorientierten Unterrichtsgestaltung.

Sie sehen: Je höher die Motivation, das Gelernte umsetzen zu wollen, desto besser die Einschätzung des Umsetzungserfolgs.

Es gibt eine zweite Gruppe von Transferhemmnissen, die *Hemmnisse im Umfeld*.

Hemmnisse im Umfeld

Widerstände bei Vorgesetzten und Kollegen lassen sich häufig vermeiden, wenn das neue Wissen besonders attraktiv ist und in der Arbeitsgruppe eine gute Lernkultur vorhanden ist.

Einflussfaktoren bei der Umsetzung des Gelernten im Umfeld

Attraktivität von neuem Wissen	Lernkultur
Vereinbarkeit alter und neuer Verfahren	Arbeits- und Führungsstil
Grad der Überlegenheit neuer Verfahren	Kommunikation und Klima in der Arbeitsgruppe
Anwendungsfreundlichkeit und Passung	Aufgeschlossenheit gegenüber Neuem
	Problembewusstsein und Motivation

Ein wichtiger Punkt ist die Weitergabe von Informationen an Kollegen und Mitarbeiter. Denn: Jeder Teilnehmer ist potenziell ein *Multiplikator*. Gerade wenn das Umfeld, Vorgesetzte, Kollegen und Mitarbeiter von neuen Erkenntnissen profitieren, dürfte der Nutzen von Schulungen deutlich steigen. Vielleicht ist der Aufwand überhaupt nur deshalb gerechtfertigt. Es nutzt jedoch wenig, solche Umfeldeffekte zu ermitteln, wenn dies in der Organisation nicht gelebt wird.

Teilnehmer als Multiplikator

Damit ist die Transferwirkung abhängig einerseits abhängig von der Person des Lernenden und anderseits vom Umfeld. Und damit sind die An-

Umsetzungsprobleme vermeiden

satzpunkte ermittelt, bei denen eine gezielte Transferförderung beginnen könnte.

Diese Werte liefern bereits erste Hinweise, wie sich Umsetzungsprobleme vermeiden lassen:

- Keine Teilnehmer zu Seminaren schicken, wenn diese von ihren Aufgaben her das Gelernte nicht unmittelbar umsetzen können. Ausnahme: Wenn ein Mitarbeiter auf eine neue Aufgabe vorbereitet werden soll.
- Keine Teilnehmer zu Seminaren schicken, die nicht über die notwendigen Arbeitsmittel und Befugnisse verfügen. So macht es wenig Sinn, an einem EXCEL-Seminar teilzunehmen, wenn das Programm am Arbeitsplatz nicht zur Verfügung steht.
- Auf eine gute Motivation vor der Seminarteilnahme achten. Denn die Motivation zu Beginn der Schulung wirkt sich direkt auf das Engagement im Lernprozess aus und damit auf die Umsetzungsmotivation und auf den Umsetzungserfolg. Hierzu gehören auch Überlegungen, welche Möglichkeiten es gibt, die Anfangsmotivation durch geeignete Maßnahmen zu verbessern.

Wegen der großen Bedeutung von Motivation kann es sinnvoll sein, den Zugang zu stark frequentierten Schulungen zu erschweren, um besonders motivierte Bewerber für die Seminarplätze herauszufiltern. Dies könnte mithilfe vorgeschalteter Selbstlernphasen oder Diagnoseprozeduren geschehen.

Nach Seminaren sollten Freiräume geschaffen werden, das Gelernte auszuprobieren. Dass dies häufig nicht der Fall ist, zeigen die zahlreichen Nennungen zum Punkt *keine Zeit*. Zudem sollte das Umfeld einbezogen werden: Beispielsweise könnte der Teilnehmer im Rahmen einer Besprechung über seine neuen Erkenntnisse berichten und gemeinsam mit den Beteiligten überlegen, wie dieses Wissen für alle fruchtbar gemacht werden können.

Evaluation der Hemmnisse

Da Umsetzungshemmnisse zu starken Einbußen beim Transfer führen können, ist eine Evaluation der Hemmnisse und deren Einflüsse sinnvoll, um nach Möglichkeiten zu fahnden, den Transfer zu verbessern. Zum Beispiel indem

- die Schulungen besser auf den Arbeitsalltag zugeschnitten werden,
- dem Transfer im Seminar mehr Raum zugestanden wird,

- die Teilnehmer bei der Umsetzung besser unterstützt werden,
- das Umfeld, einschließlich Vorgesetztem, stärker einbezogen wird.

Erster wichtiger Schritt ist die Diagnose, die Ermittlung der Hinderungsgründe – zum Beispiel als Bestandteil eines Transferfragebogens. Sie können auch Fragen hinzufügen, mit denen Sie *Transferförderer* erfassen.

B Welche Faktoren haben die Umsetzung des Gelernten behindert?

	stimmt	stimmt teilweise	stimmt nicht
Das Seminar war nicht praxisrelevant.	☐	☐	☐
Anmerkungen:			
Es fehlte eine Nachbetreuung durch den Trainer.	☐	☐	☐
Anmerkungen:			
Ich hatte keine Gelegenheit zur Anwendung des Wissens.	☐	☐	☐
Anmerkungen:			
Mir fehlte die Zeit.	☐	☐	☐
Anmerkungen:			
Mein Vorgesetzter hat mich nicht unterstützt.	☐	☐	☐
Anmerkungen:			
Mir fehlte die passende Ausstattung.	☐	☐	☐
Anmerkungen:			
Ich hatte zu hohe Erwartungen an die Schulung.	☐	☐	☐
Anmerkungen:			
Ich hatte Schwierigkeiten, nach der Schulung die Veränderungen anzugehen.	☐	☐	☐
Anmerkungen:			
Mir fehlte das nötige Durchhaltevermögen.	☐	☐	☐
Anmerkungen:			

| Meine Kollegen haben die Umsetzung eher behindert als gefördert. | ☐ | ☐ | ☐ |

Anmerkungen: _____

Welche Faktoren haben die Umsetzung gefördert?
_____
_____

Vorschlag 23: Evaluieren Sie den Nutzen von Fördermaßnahmen

Damit der Teilnehmer bei den ersten Umsetzungsversuchen nicht gleich wieder aufgibt, sollte er unterstützt werden. Dies kann aus dem Seminar heraus gesteuert werden, etwa in einem Nachgespräch mit dem Trainer. Besser ist es jedoch, wenn die Unterstützung durch den Vorgesetzten erfolgt. Eine andere Möglichkeit ist die Anwenderbetreuung nach IT-Schulungen.

Auch während der Lernphase, der Auseinandersetzung mit Problemen, der Suche nach möglichen Lösungswegen, dem Abwägen von Nutzen und Aufwand, wäre eine Unterstützung sinnvoll, um Misserfolgen entgegenzuwirken, Erfolge wahrscheinlicher zu machen und damit die Motivation zu erhalten. Es gibt verschiedene Möglichkeiten der Transferunterstützung, die ihrerseits wieder Gegenstand der Evaluation sein können und Kennwerte für das Bildungscontrolling liefern. So lässt sich der Nutzen solcher Transferförderer ermitteln, um sie dann gezielter einsetzen zu können.

 Es gibt eine ganze Reihe von Möglichkeiten, im und nach dem Seminar den Transfer zu fördern. Allerdings findet sich kein Patentrezept. Eigentlich müsste für jede Qualifizierung geprüft werden, welche Maßnahmen sich am besten eignen.

Transferfördermaßnahmen Bei Transferfördermaßnahmen kann man grundsätzlich unterscheiden zwischen Maßnahmen,
- die aus dem Seminar heraus wirken,
- die nach der Qualifizierung ansetzen.

Aus dem Seminar heraus kann der Trainer die Umsetzung durch folgende Maßnahmen erleichtern:

- *individuelle Umsetzungspläne*
  Diese Pläne können mit den Trainern im bzw. nach dem Seminar erarbeitet werden oder mit dem Vorgesetzten in einem Transfergespräch.
  Die Umsetzungspläne sollten so detailliert ausfallen, dass eine Kontrolle der Umsetzung jederzeit möglich ist.

- *Brief an sich selbst*
  In einem Brief an sich selbst halten die Teilnehmer fest, was sie aus dem Seminar mitnehmen und umsetzen möchten. Der Brief wird verschlossen und den Teilnehmern einige Wochen nach dem Seminar zugesandt.
  Als Variation dieser Methode können sich auch Lernpartner gegenseitig Briefe schreiben.

- *Verpflichtungserklärung*
  In einem Vertrag mit sich selbst dokumentieren die Teilnehmer schriftlich, was sie nach dem Seminar in welcher Zeit ändern wollen. Diese Methode eignet sich besonders für Seminare mit Teamschulungen. Hier kann die Kontrolle gegenseitig erfolgen.

- *Transferaufgaben*
  Bei mehrteiligen Seminaren können Sie zwischen den einzelnen Seminarteilen auch Umsetzungsaufgaben stellen und die gemachten Erfahrungen anschließend gemeinsam besprechen.

- *Selbstbildeinschätzung*
  Wenn im Seminar Bögen zur Selbsteinschätzung eingesetzt werden, können die Teilnehmer ihr persönliches Ziel- und Wunschprofil eintragen und nach dem Seminar versuchen, dieses Zielprofil zu realisieren.

Brief an sich selbst

> Meine Teilnahme am Seminar .... liegt nun bereits einige Wochen zurück. Hier sind die wichtigsten Punkte, die ich mir merken und die ich umsetzen wollte.
> Aus dem Seminar nehme ich mit:
>
> 1. _____
> 2. _____
> 3. _____
> 4. _____
> 5. _____
> 6. _____
> 7. _____
> 8. _____

Die Kommunikation zwischen den ehemaligen Teilnehmern können Sie fördern durch

- *Patenschaften*
  Auch nach Ende des Seminars können Lernpartner in Kontakt bleiben und sich gegenseitig bei der Umsetzung unterstützen, helfen und beraten.
- *Umsetzungsgruppen*
  Ehemalige Teilnehmer treffen sich zu Gesprächen, in denen Umsetzungserfolge, Herangehensweisen und der Umgang mit Problemen thematisiert wird. Das Gleiche ist natürlich auch als Telefonkette zu organisieren.
- *Lerntandems*
  Zwei Teilnehmer treffen sich regelmäßig, um Erfahrungen auszutauschen und sich gegenseitig bei der Umsetzung zu unterstützen.

Zu den *Fördermaßnahmen nach der Qualifizierung* gehören

Transfermaßnahmen nach der Qualifizierung

- *Nachgespräch mit den Trainer*
  Trainer besuchen ehemalige Seminarteilnehmer an ihrem Arbeitsplatz und besprechen Umsetzungsprobleme.
- *Mentorensysteme*
  Der Umsetzungsprozess wird durch einen erfahrenen Kollegen oder Vorgesetzen begleitet. Im Mittelpunkt stehen die Motivation, der Umgang mit Umsetzungsschwierigkeiten und eine zuverlässige Kontrolle.
- *Sprechstunde*
  Der Trainer bietet für ehemalige Teilnehmer eine feste telefonische Sprechstunde an. Die Angst, dass er sich dann vor Anrufen nicht mehr retten kann, ist unbegründet. Nach vorliegenden Erfahrungen wird die Sprechstunde nur bei wichtigen Fragen genutzt.
- *Chat, Foren, E-Mail*
  Die Möglichkeiten des Internets lassen sich hervorragend für Transfermaßnahmen nutzen. So können Anfragen über E-Mail an den Trainer dokumentiert und zusammen mit der Antwort auch anderen Teilnehmern zugänglich gemacht werden. In Foren, die nur für bestimmte Teilnehmergruppen zugänglich sind, können Erfahrungen und Tipps ausgetauscht werden.
- *Hotline*
  Es wird ein Beratungstelefon eingerichtet. Ein Fachmann steht bei Fragen oder Problemen zur Verfügung. Üblich ist dies beispielsweise bei IT-Problemen (Anwenderbetreuung).
- *Supervision*
  In Einzel- oder Gruppengesprächen unter fachmännischer Leitung haben ehemalige Seminarteilnehmer die Gelegenheit, über ihre Erfahrungen zu sprechen. Personelle oder organisatorische Hemmnisse können aufgedeckt und angegangen werden.
- *Coaching*
  Ehemalige Teilnehmer werden bei ihren Umsetzungsbemühungen begleitet und beraten.
- *Ergänzungsmodule*
  Teilnehmer erhalten auf Wunsch zusätzliche Lernmaterialien (Skripte, Lernprogramme) zu Themenbereichen, die speziell für ihren Arbeitsplatz von Relevanz sind. Beispiel: Der Teilnehmer eines Didaktik-Seminars, der IT-Kurse gibt, erhält ein Skript zum Thema *Durchführung von IT-Schulungen*.

- *Veranstaltungen für Vorgesetzte*
  Bei umfänglichen Qualifizierungsmaßnahmen kann es sinnvoll sein, eine spezielle Veranstaltung für die Vorgesetzten der Teilnehmer durchzuführen – insbesondere wenn deren Unterstützung sehr wichtig ist.
- *Einladung von Vorgesetzten*
  Zu Seminaren, bei denen es um Teamwork oder Personal- und Organisationsentwicklung geht, kann man in einer letzten Seminarphase die Vorgesetzten einladen, um das Erarbeitete zu präsentieren und Umsetzungsschritte zu besprechen.
- *Problembericht*
  Die Teilnehmer lassen ihrem Coach oder Trainer per E-Mail einen Bericht über auftretende Probleme bei der Umsetzung zukommen.

Die hier vorgestellten Möglichkeiten zur Transferförderung sind nur eine Auswahl. Ziel ist es, für die jeweilige Qualifizierungsmaßnahme die richtigen Möglichkeiten auszuwählen und diese auch konsequent zu nutzen.

Förderinstrumente nutzen Die Art und Weise der Evaluation muss sich dabei nach den eingesetzten Förderinstrumenten richten. Fragen Sie nach, ob der Teilnehmer von dem Förderinstrument Gebrauch gemacht hat und mit welchem Erfolg.

B Zur Unterstützung der Umsetzung nach der Qualifizierung wurde Ihnen ein Erfahrungsaustausch mit anderen Teilnehmern angeboten.

Wie häufig haben Sie an den Treffen teilgenommen?

☐ dreimal ☐ zweimal ☐ einmal ☐ keinmal

Welche Erfahrungen haben Sie auf diesen Treffen gemacht?

Die Treffen waren eine gute Ergänzung zum Seminar.	☐ stimmt	☐ stimmt nicht
Ich habe viel Neues erfahren.	☐ stimmt	☐ stimmt nicht
Der Erfahrungsaustausch war wichtig.	☐ stimmt	☐ stimmt nicht
Wir konnten Probleme bei der Umsetzung besprechen.	☐ stimmt	☐ stimmt nicht
Das Arbeitsklima war gut.	☐ stimmt	☐ stimmt nicht

Eine weitere Möglichkeit, den Transfer zu fördern und nebenbei wichtige Informationen für die Evaluation zu sammeln, bieten Seminarfolgen. Statt punktueller Einzelseminare können Sie Seminarfolgen als Kombination aus (kurzen) Basisschulungen und Umsetzungsworkshops planen. Solche kombinierten Schulungen, die sich über mehrere Wochen erstrecken, sind inzwischen bei vielen Qualifikationen üblich. Aus Transfersicht dürfte es beispielsweise günstiger sein, ein fünftägiges Seminar in eine dreitägige Basisschulung mit einem zweitägigen Umsetzungsworkshop, der einige Wochen oder Monate später stattfindet, aufzuteilen.

Durch eine gezielte Abfrage im Vorfeld des Umsetzungsworkshops, kann der Trainer Aufbau und Inhalte an die Teilnehmerwünsche anpassen. Für Sie eröffnet sich die Möglichkeit, erste Erkenntnisse zur Umsetzung zu erhalten.

Zielgerichtete Umsetzungs-workshops

Transferworkshop

Sehr geehrte ...,

Sie haben im .... an einem Seminar zur .... teilgenommen.

Ich wünsche und hoffe, dass Sie aus dem Seminar bereits eine Menge bei Ihrer täglichen Arbeit umsetzen konnten. Wie Sie wissen, gehört zum Seminar ein Workshop, um die Erfahrungen bei der Umsetzung des Gelernten gemeinsam zu besprechen. Zu diesem Workshop möchte ich Sie schon heute ganz herzlich einladen.

Gerne würden wir bei diesem Workshop auch Ihre Wünsche und Vorstellungen berücksichtigen. Deshalb bitten wir Sie, den kleinen Fragebogen auszufüllen.

Ihre Meinung zum Thema ....

Welche Aspekte des Themas sind für Sie im Arbeitsalltag besonders wichtig?

Über welche Themen möchten Sie gerne noch mehr erfahren?

Welche Schwierigkeiten sind bei der Umsetzung des Gelernten aufgetreten? *(in Stichwörtern)*

Als Ergänzung bieten sich zwei, drei Spezialfragen zum Thema, ausgerichtet auf die angedachten Schwerpunkte des Workshops, an.

Auch der Workshop selbst kann Ihnen wichtige Hinweise auf Umsetzungsprobleme, Umsetzungsstrategien, auf den Nutzen von Fördermaßnahmen und auch auf die Qualität der Schulung geben. Wenn Sie nicht selbst an dem Workshop teilnehmen, sollten Sie für den Trainer einen Fragebogen vorbereiten, der die genannten Aspekte aufgreift.

Schließlich können Sie auch den Workshop selbst durch die Teilnehmer bewerten lassen.

Wie schätzen Sie die Qualität des Umsetzungsworkshops ein?

	sehr zufrieden ☺☺	zufrieden ☺	weniger zufrieden ☹	unzufrieden ☹☹
1. Wie zufrieden sind Sie mit dem *Verlauf des Umsetzungsworkshops*?	☐	☐	☐	☐
2. Wie zufrieden sind Sie mit dem *Ergebnis des Umsetzungsworkshops*?	☐	☐	☐	☐
	sehr hoch ☺☺	hoch ☺	weniger hoch ☹	gering ☹☹
3. Wie schätzen Sie den *Informationsgehalt* ein?	☐	☐	☐	☐
4. Wie schätzen Sie den *Lernerfolg* ein?	☐	☐	☐	☐
5. Wie schätzen Sie die *Anwendbarkeit in der Praxis* ein?	☐	☐	☐	☐
6 Wie schätzen Sie das *Arbeitsklima im Umsetzungsworkshop* ein?	☐	☐	☐	☐

Vorschlag 24: Binden Sie Vorgesetzte in die Transferevaluation ein

Vorgesetzte sollten Mitarbeiter nicht nur Schulungen anbieten oder sie zur Weiterbildung schicken, sie sollten auch die Verantwortung für die Umsetzung übernehmen. Deshalb können sie auch in die Transferevaluation eingebunden werden.

In einem *Transfergespräch* am Ende der Umsetzungsphase reflektiert der Vorgesetzte mit seinem Mitarbeiter den Erfolg der Umsetzung. Ziele, die mit der Qualifizierung verbunden waren, und Umsetzungsmaßnahmen, die den Transfer begleiten sollten, werden überprüft. Gleichzeitig wird hinterfragt, warum bestimmte Maßnahmen nicht von Erfolg gekrönt sind.

Transfergespräch mit Vorgesetztem

Dies soll sowohl Aufschluss über die Qualität der Weiterbildung als auch über den Nutzen der Fördermaßnahmen geben.

Außerdem können weitere Ziele gesetzt und neue Maßnahmen vereinbart werden – sofern dies sinnvoll erscheint. Natürlich sollten diese Aktionen in einem Folgegespräch kontrolliert und bewertet werden.

Damit besteht auch das Transfergespräch aus den beiden Phasen *Rückblick* und *Ausblick*:

Rückblick
- Wie positiv wird die Aus- und Weiterbildung aus Sicht der Umsetzung eingeschätzt?
- Was war förderlich für die Umsetzung?
- Was behinderte die Umsetzung?
- Wie erfolgreich wurden die einzelnen Maßnahmen umgesetzt?

Ausblick
- Welche Folgeaktionen sind geplant?

Ein Bogen begleitet das Gespräch. Er dient als Hilfe bei der Strukturierung des Gesprächs und dokumentiert gleichzeitig die Ergebnisse. Dieser Bogen (siehe folgende Seite) ist für Sie eine willkommene Unterstützung zur Evaluation des Transfers.

Bogen zum Transfergespräch

Mitarbeiter .... Vorgesetzter ....
Seminar .... Datum ....

Ziele erreicht?

1. _____ ☐ ja   Gründe
   _____ ☐ teilweise   _____
   _____ ☐ nein   _____

2. _____ ☐ ja   Gründe
   _____ ☐ teilweise   _____
   _____ ☐ nein   _____

3. _____ ☐ ja   Gründe
   _____ ☐ teilweise   _____
   _____ ☐ nein   _____

4. _____ ☐ ja   Gründe
   _____ ☐ teilweise   _____
   _____ ☐ nein   _____

Was war förderlich für die Umsetzung?
_____
_____

Sind Folgeaktivitäten sinnvoll?

☐ ja   ☐ nein   Wenn ja, welche?

Für den Mitarbeiter?
_____
_____

Für die Arbeitsgruppe?
_____
_____

Für zukünftige Qualifizierungsmaßnahmen
_____
_____

Nicht immer ist ein separates Gespräch nötig. Die Auswertung lässt sich auch in ein *Mitarbeiter- oder Fördergespräch* integrieren.

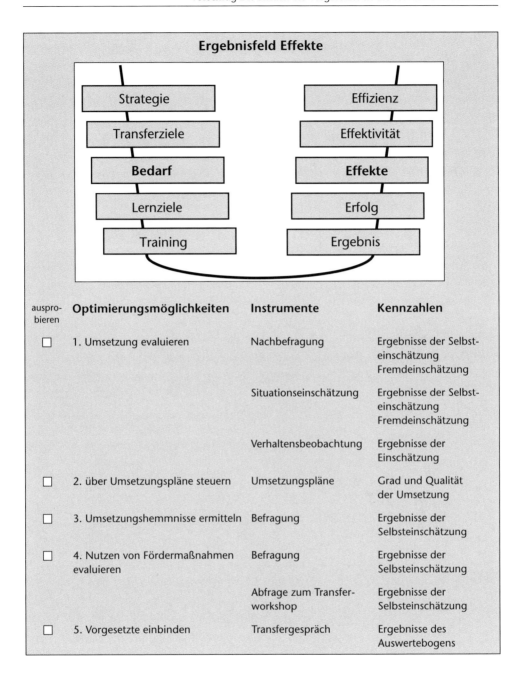

Korrespondenzfeld: Bedarf

Wie gut ein Training tatsächlich ist, zeigt sich an den Wirkungen im (Berufs-)Alltag. Der Erfolg eines Seminars muss sich deshalb an der Übertragbarkeit des Wissens auf die Alltagssituation messen lassen. Um das zu berücksichtigen, muss man die Arbeitsplätze kennen.

Wie stark die Effekte ausfallen (können), hängt davon ab, ob es gelingt, den *Bedarf* des Mitarbeiters so präzise wie möglich im Training zu decken.

Aus Sicht des Bildungscontrollings geht es nicht nur darum festzustellen, wie gut ein Training ist, sondern auch darum, ob es überhaupt einen erkennbaren Nutzen bringt.

Die Wahrscheinlichkeit, dass ein Training zu den erhofften Resultaten führt, variiert – von unmöglich, wenn beispielsweise Mitarbeiter Fachseminare besuchen, die nicht ihr Aufgabengebiet betreffen, bis (fast) sicher, wenn das Training genau auf den Bedarf zugeschnitten ist, die Umsetzung sehr einfach ist oder der Mitarbeiter vom Nutzen überzeugt ist und die Umsetzung systematisch unterstützt wird.

Häufig wird bei Schulungen zu wenig Wert auf die Bedarfsanalyse gelegt. Zahlreiche Firmen und Organisationen arbeiten noch immer mit einem umfangreichen Seminarprogramm, in dem alle Angebote aufgelistet werden. Doch: Am Anfang steht der Bedarf. Und Ihre Aufgabe ist es, diesen Bedarf möglichst passgenau zu decken. Denn: Eine Angebotsorientierung ist der erste Schritt zu einer effizienten Weiterbildung.

Angebotsorientierung versus Bedarfsorientierung

Wenn Trainings nicht bedarfsorientiert angelegt sind, darf man sich nicht wundern, wenn wenig dabei heraus kommt. Ein Arzt, der ohne Diagnose

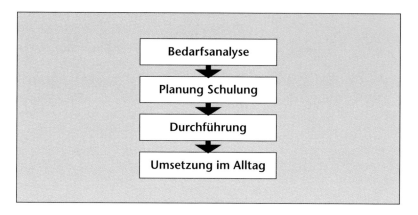

sofort verschiedene Tabletten vorschlägt, darf kaum eine schnelle Heilung erwarten.

Schaffen Sie eine enge Verknüpfung zwischen Training und Bedarfsanalyse. Die *Bedarfsanalyse* gehört zu den Kernaufgaben der Weiterbildung. Natürlich können Sie diese Aufgabe auch an Trainer delegieren. Ideal ist es, wenn Sie die Bedarfsanalyse gemeinsam machen. Der Trainer lernt die Probleme und Fragen der potenziellen Teilnehmer kennen und ermittelt die Wünsche des Vorgesetzten.

 Training muss mit Blick darauf konzipiert werden, einen (möglichst) sicheren Trainingserfolg zu bewirken, der sich im Arbeitsalltag niederschlägt.

Unterschiedlicher Qualifizierungsbedarf

Es gibt zwei verschiedene Formen von Qualifizierungsbedarf:
- Ein *reaktiver Qualifizierungsbedarf* liegt vor, wenn Sie feststellen, dass Mitarbeiter Dinge des alltäglichen Arbeitsablaufs nicht (ausreichend) beherrschen.
- Ein *proaktiver Qualifizierungsbedarf* entsteht, wenn Mitarbeiter auf anstehende Veränderungen vorbereitet werden müssen, beispielsweise ein neues IT-Programm.

Es gibt Situationen, in denen eine systematische Qualifizierung besonders wichtig ist:
- *Neue Mitarbeiter* müssen neue Produkte und Verfahren kennen lernen oder Basiswissen erwerben.
- Das Wissen von Mitarbeiterinnen und Mitarbeitern, die aus dem *Erziehungsurlaub* zurückkehren, muss auf den neuesten Stand gebracht werden.

- Bei der Übernahme *neuer Aufgaben* stellen sich ähnliche Anforderungen.
- Beim *Wechsel des Arbeitsplatzes* kann oft nur ein Teil des Wissens und der Erfahrung weiter verwendet werden.
- Bei der *Einführung neuer Produkte und Verfahren* sind Schulungen meist unumgänglich.

Unpräzise Bedarfsanalysen können den Nutzen der Qualifizierung schmälern oder sogar verhindern: Etwa wenn Mitarbeiter sich Schulungen wünschen, deren Nutzen weder Vorgesetzte noch Weiterbildungsprofis einschätzen können, so kann der Nutzen tatsächlich vorhanden sein – sicher ist dies jedoch nicht. Auch wenn Mitarbeiter mit neuen technischen Lösungen vertraut gemacht werden, muss dies nicht zu der erhofften Erhöhung der Produktivität führen, beispielsweise wenn die Motivation fehlt.

Entscheidend ist, die wahren Gründe für Defizite zu erkennen, um dann die beste und einfachste Lösung für deren Beseitigung zu finden. Das kann eine Qualifizierung sein, muss aber nicht.

Vorschlag 25: Überprüfen Sie den individuellen Bedarf

Sicher ist es relativ einfach, bestimmte, häufig nachgefragte Schulungen anzubieten. Dazu braucht man sich nur am Programm anderer Anbieter zu orientieren. Zeitmanagement, Stressbewältigung, Rhetorik und Projektmanagement: Mit diesen Themen können Sie kaum danebenliegen.

Doch in Hinblick auf eine effektive Schulungsarbeit und ein Bildungscontrolling, das den Nutzen der Weiterbildung dokumentieren und optimieren soll, ist ein solches Vorgehen kritisch zu beurteilen. Weiterbildungsmaßnahmen, die sich auf die Wünsche der Mitarbeiter stützen, weisen häufig als Ergebnis eine hohe Zufriedenheit auf. Der praktische Nutzen für den Alltag oder gar für die Organisation ist jedoch meist schwer zu ermitteln.

Bedürfnisse zeigen sich in Motiven wie
- *Ich habe das Gefühl, ein Stressseminar würde mir jetzt gut tun.*
- *Ich habe zu wenige Seminarbescheinigungen in meiner Personalakte.*
- *Ich habe es mir zur Gewohnheit gemacht, einmal im Jahr ein Seminar zu besuchen.*

- *Ich hatte das Gefühl, nach dem schwierigen Projekt musste ich einfach mal eine Auszeit haben.*

All dies mag aus Mitarbeitersicht schlüssig sein, von gezielter Weiterbildung kann man hier aber kaum sprechen.

Mitarbeiter können ihre Aufgaben am Arbeitsplatz nur dann effektiv erfüllen, wenn sie die dazu notwendigen Qualifikationen besitzen. Doch zwischen den tatsächlichen und den notwendigen Qualifikationen werden immer Unterschiede bestehen.

Ist- und Soll-Qualifikation

Jeder Mitarbeiter verfügt über eine *Ist-Qualifikation*. Darüber hinaus gibt es eine *Soll-Qualifikation*, die das Wissen umfasst, das er zur Erfüllung seiner Aufgaben braucht. Die Ist-Qualifikation beinhaltet auch *Zusatzwissen*, das für aktuelle Aufgaben nicht relevant ist, und *veraltetes Wissen,* das (wahrscheinlich) nicht mehr benötigt wird, beispielsweise Kenntnisse in einem bestimmten Computerprogramm, das nicht mehr eingesetzt wird.

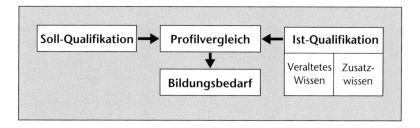

Im *Profilvergleich* werden die Sollqualifikation (Anforderungsprofil) und die Ist-Qualifikation gegenübergestellt. Dies kann durch eine Schätzung erfolgen, es können jedoch auch
- bei der Fachkompetenz u. a. Tests oder Arbeitsproben,
- bei der Methodenkompetenz und Sozialkompetenz u. a. Assessment Center und Einschätzungsbögen

eingesetzt werden.

Bei der Bedarfsanalyse können Sie den Trainer einbeziehen. Kennt er die Arbeitsplätze nicht aus eigener Anschauung, bietet sich ein Vorgespräch mit Teilnehmern an.

Im Idealfall werden durch solche Gespräche konkrete Anhaltspunkte gewonnen, etwa
- welche Aufgaben zu erledigen sind

- welche Tätigkeiten dazu erforderlich sind
- welche Probleme und Schwachstellen es bei der Arbeit gibt
- wie diese Schwachstellen beseitigt werden können und
- welche Erwartungen die Teilnehmer haben.

Die Diskrepanz zwischen notwendigem und tatsächlichem Wissen und Können definiert den aktuellen *Bildungsbedarf*.

B *Ist der konstruktive Umgang mit Konflikten für die Arbeit sehr wichtig, etwa weil der Mitarbeiter häufig mit schwierigen Kunden zu tun hat und sind seine Fähigkeiten hier eher gering, liegt ein hoher Bildungsbedarf vor.*

Zusätzlicher Bildungsbedarf entsteht auch, wenn man Mitarbeiter nicht nur für ihre unmittelbaren Arbeitsaufgaben schulen möchte. Dies hat nicht nur den Vorteil, dass der einzelne Mitarbeiter flexibler einsetzbar ist, sondern er kann auch vernetzter denken und handeln.

Besonders wichtig hierfür sind *Methodenkenntnisse* und *Querschnittswissen*, aber auch Übersichts- und Strukturwissen. All dies ist immer wieder von großem Nutzen.

Die Ermittlung des Bedarfs kann durch offene Fragen erfolgen:

B In welchen Bereichen halten Sie eine Unterstützung durch Qualifizierung für erforderlich?		
Fachlich	1.	_____
	2.	_____
Methodisch	1.	_____
	2.	_____
Sonstiges	1.	_____
	2.	_____

Zur präzisen Analyse können Sie *Kompetenzprofile* nutzen. Hier werden einzelne Kompetenzfelder genauer beschrieben. Bei der Bedarfsanalyse geht es einerseits um die Relevanz für den Arbeitsplatz, andererseits wird die Kompetenz des Mitarbeiters eingeschätzt.

Bedarfsanalyse und Kompetenzprofile

Hohe Werte bei der Relevanz und ein niedriger Ausprägungsgrad beim Mitarbeiter bedingen einen Qualifizierungsbedarf.

B Kompetenzfeld	Selbstkompetenz		
	Fähigkeiten/ Fertigkeiten	Relevanz für den Arbeitsplatz	Ausprägungsgrad beim Mitarbeiter
Zeitmanagement			
Arbeitsorganisation			
Stressbewältigung			
Entscheidungstechnik			

Solche Bedarfsprofile können Sie natürlich auch für Spezialthemen durchführen.

B Weiterbildung zum Thema: Umgang mit Motorkettensägen				
	sehr wichtig	wichtig	weniger wichtig	un- wichtig
Handhabung	☐	☐	☐	☐
Sicherheitsbestimmungen	☐	☐	☐	☐
Wartung und Instandhaltung	☐	☐	☐	☐
Anwendung auf Hebebühnen	☐	☐	☐	☐
Anwendung unter Spannung des Baumstamms	☐	☐	☐	☐

Bei der Erstellung von Bedarfsprofilen wird in folgenden Schritten gearbeitet:
1. Sie schätzen mithilfe der Liste die Kompetenzen ein, die für den Arbeitsplatz von Bedeutung sind. Liegen eine Stellenbeschreibung oder ein Anforderungsprofil vor, kann dieser Schritt entfallen.
2. Sie bestimmen, wie hoch die Anforderungen bei jeder Teilkompetenz sind und wie wichtig sie für die Aufgabenerfüllung sind.
3. Sie analysieren die Qualifikation des Mitarbeiters: Ist sie höher als die Anforderung oder passgenau, gibt es keinen Qualifizierungsbedarf. Fällt sie geringer aus, ist eine Qualifizierung notwendig.

Je differenzierter die Kompetenzliste, desto vielschichtiger die Diagnose. Jede Kompetenz besteht aus unterschiedlichen *Teilkompetenzen*. So setzen sich Sprachkenntnisse aus Hörverstehen, Leseverständnis, Wortschatzkenntnissen, Aussprache, Grammatik und der Fähigkeit zur Konversation zusammen. Für jede dieser Teilkompetenzen lässt sich eine Einschätzung vornehmen und ein entsprechendes Qualifizierungsprofil ableiten.

B	Hörverstehen	Leseverstehen	Wortschatz	Grammatik	Aussprache	Konversation
	2	4	2	5	3	2

Im folgenden Beispiel sind einzelne Kompetenzen in Teilkompetenzen aufgegliedert. **Kompetenzen gliedern**

B **Bedarfsprofil für ....**

Anforderungen

Konfliktmanagement	sehr hoch	hoch	weniger hoch	gering
Konflikten vorbeugen	☐	☐	☐	☐
Konflikten auf den Grund gehen	☐	☐	☐	☐
Mit Konflikten umgehen	☐	☐	☐	☐
Konflikte lösen	☐	☐	☐	☐
Konfliktgespräche führen	☐	☐	☐	☐
Kommunikationspraxis				
Bewusst kommunizieren	☐	☐	☐	☐
Unmissverständlich kommunizieren	☐	☐	☐	☐
Auf die richtige Partneransprache achten	☐	☐	☐	☐
Auf die Körpersprache achten	☐	☐	☐	☐
Beziehungen kommunikativ gestalten	☐	☐	☐	☐
Gesprächsführung				
Gespräche vorbereiten und strukturieren	☐	☐	☐	☐
Gespräche partnerschaftlich führen	☐	☐	☐	☐
Gespräche steuern	☐	☐	☐	☐
Schwierige Gespräche führen	☐	☐	☐	☐
Gespräche nachbereiten	☐	☐	☐	☐
	sehr hoch	hoch	weniger hoch	gering

vorhandene Qualifikation

Situative Einschätzungshilfen

Statt mit der Auflistung von (Teil-)Kompetenzen können Sie auch mit situativen *Einschätzungshilfen* arbeiten – sowohl bei der Selbsteinschätzung als auch bei Fremdeinschätzung.

	Wie gut organisieren Sie Ihre Arbeit?						
	nie	selten	manchmal	normalerweise	meistens	immer	
	1	2	3	4	5	6	Punkte
1. Ich prüfe, ob neue Aufgaben überhaupt gemacht werden müssen.	☐	☐	☐	☐	☐	☐	____
2. Mir fällt es leicht, *Nein* zu sagen.	☐	☐	☐	☐	☐	☐	____
3. Ich delegiere so viel wie möglich.	☐	☐	☐	☐	☐	☐	____
4. Unangenehme Aufgaben werden genauso schnell erledigt wie andere.	☐	☐	☐	☐	☐	☐	____
5. Auf meinem Schreibtisch liegen nur die Dinge, die ich gerade brauche.	☐	☐	☐	☐	☐	☐	____
6. Ich werfe Unnötiges konsequent weg.	☐	☐	☐	☐	☐	☐	____
7. Ich bekomme genug Informationen.	☐	☐	☐	☐	☐	☐	____
8. Ich erledige alles so schnell wie möglich.	☐	☐	☐	☐	☐	☐	____
9. Ich kann auch zu meinem Vorgesetzten schon mal *Nein* sagen.	☐	☐	☐	☐	☐	☐	____
10. Ich frage nach, warum etwas erledigt werden muss.	☐	☐	☐	☐	☐	☐	____
11. Schwierige Aufgaben sind für mich eine Herausforderung.	☐	☐	☐	☐	☐	☐	____
12. Ich führe ein Wiedervorlagesystem.	☐	☐	☐	☐	☐	☐	____
13. Ich nehme mir für Post nur einmal am Tag Zeit.	☐	☐	☐	☐	☐	☐	____
14. Ich nutze Informationsquellen, die mir schnell gute Informationen liefern.	☐	☐	☐	☐	☐	☐	____

15. Ich erledige alles Wichtige möglichst umgehend.	☐	☐	☐	☐	☐	☐
16. Bevor ich eine neue Aufgabe übernehme, überlege ich zunächst, ob ich sie auch wirklich schaffen kann.	☐	☐	☐	☐	☐	☐
17. Wenn ich Aufgaben delegiere, informiere ich mich regelmäßig über den Stand der Dinge.	☐	☐	☐	☐	☐	☐
18. Konflikte löse ich möglichst schnell.	☐	☐	☐	☐	☐	☐
19. Ich führe ein einheitliches Ablagesystem.	☐	☐	☐	☐	☐	☐
20. Ich behalte nur das, was ich wirklich brauche.	☐	☐	☐	☐	☐	☐
21. Ich lese nur das, was ich wirklich brauche.	☐	☐	☐	☐	☐	☐
22. Ich prüfe meine Zuständigkeit.	☐	☐	☐	☐	☐	☐
23. Ich überlege genau, welche Arbeit ich übernehmen will.	☐	☐	☐	☐	☐	☐
24. Ich komme damit zurecht, wenn Mitarbeiter etwas weniger gut erledigen als ich.	☐	☐	☐	☐	☐	☐
25. Schwierige Gespräche versuche ich umgehend zu führen.	☐	☐	☐	☐	☐	☐
26. Vorgänge finde ich meist schnell wieder.	☐	☐	☐	☐	☐	☐
27. Ich gebe keine überflüssigen Informationen an andere weiter.	☐	☐	☐	☐	☐	☐
28. Ich nehme möglichst nur an Besprechungen teil, die wirklich wichtig für mich sind.	☐	☐	☐	☐	☐	☐

Die Auswertung kann für einzelne Kompetenzen erfolgen, aber auch für Teilkompetenzen, sofern die Einschätzungshilfe entsprechend differenziert ist.

Neben solchen Einschätzungen gibt es noch andere Methoden, die Sie zur Ermittlung des Qualifizierungsbedarfs nutzen können.

Verhaltens-analyse	Bei der *Verhaltensanalyse* stehen die Mitarbeiter im Mittelpunkt: • Wie verhalten sie sich in bestimmten Situationen, bei bestimmten Anforderungen? • Wo lassen sich Defizite erkennen? • Wie lassen sich diese Defizite ausräumen? Diese Analysemethode ist in vielen Bereichen der Methodenkompetenz und in allen Bereichen der Sozialkompetenz einsetzbar. B *Umgang mit Kunden* Voraussetzung für eine Verhaltensanalyse ist eine ausreichende Zahl an Beobachtungen oder eine Befragung.
Betroffenheits-analyse	Die *Betroffenheitsanalyse* untersucht, ob Mitarbeiter mit bestimmten Abläufen und Vorgängen betraut sind und welcher Schulungsbedarf daraus entsteht. Hier geht es um die Frage: Wer ist konkret von Veränderungen und Neuerungen betroffen und in welchem Umfang? B *Einführung von Kosten-/Leistungsrechnung* Die Betroffenheitsanalyse lässt sich gut zur Analyse des (wahrscheinlichen) Bedarfs bestimmter Zielgruppen nutzen.
Problem-analyse	Die *Problemanalyse* versucht Reibungspunkte aufzuspüren und abzustellen. B *Häufige Kundenbeschwerden wegen langer Reklamationsbearbeitung* Hier bieten sich zunächst Beobachtungen an, möglich wären auch Gespräche oder empirische Erhebungen.
Schwachstel-lenanalyse	Die *Schwachstellenanalyse* nimmt Abläufe unter die Lupe und analysiert, wo es hakt. B *Mangelnder Informationsaustausch zwischen Fachabteilungen* Schwachstellen lassen sich in Gesprächen und Workshops ermitteln.
Analyse kritischer Zwischenfälle	Aus der *Analyse kritischer Zwischenfälle* lassen sich Qualifikationen ableiten, die dazu beitragen können, derartige Vorfälle zu vermeiden. B *Beschwerden wegen unhöflichem Empfangspersonal*

Die Analyse kritischer Zwischenfälle ist eine Sonderform der Problemanalyse.

Die genannten Methoden können wertvolle Hinweise für den Qualifizierungsbedarf liefern. Voraussetzung ist jedoch, dass sich das Personalreferat dieser Methoden bedient oder zumindest über entsprechende Analysen Kenntnis erlangt.

Allerdings müssen nicht nur Wissenslücken der Anlass für eine Qualifizierung sein. Auch unter dem Aspekt der Mitarbeiterförderunge bieten sich Qualifizierungen an.

Ein weiterer Grund ist die *Nutzung von Chancen*. Chancen, die für die Mitarbeiter beispielsweise in Folge einer Umstrukturierung, einer technischen Neuerung oder geänderter Abläufe entstehen.

Nicht jeder Mitarbeiter benötigt profunde Kenntnisse zu einzelnen Themen. Deshalb sollte die quantitative Analyse, also die Ermittlung der Themen der Qualifizierung, durch eine *qualitative Analyse* ergänzt werden. Grundfrage ist hier: *Wie gut müssen die einzelnen Kenntnisse und Fertigkeiten beherrscht werden?*

Qualitative Analyse

Eine einfache Analyse unterscheidet zwischen
- Übersichtskenntnissen
- fundierten Kenntnissen
- Expertenwissen.

Damit ist der Umfang der Qualifikation grob umrissen. Überprüft man daraufhin die Kenntnisse der Mitarbeiter, lassen sich fünf verschiedene Stufen unterscheiden. Bei der ersten Stufe gibt es allerdings keinen Weiterbildungsbedarf.

0	Die Kenntnisse werden in der Breite und Tiefe völlig beherrscht: Es ist keine Qualifizierung erforderlich.
1	Die Kenntnisse werden weitgehend beherrscht: Eine Qualifizierung hinsichtlich Systematisierung und Aktualisierung ist wünschenswert.
2	Die Kenntnisse sind im Wesentlichen vorhanden: Eine Qualifizierung hinsichtlich Systematisierung und Aktualisierung ist erforderlich.
3	Die Kenntnisse sind lückenhaft: Eine Grundqualifizierung ist erforderlich.
4	Es sind keine Kenntnisse vorhanden: Eine Grundqualifizierung ist in Breite und Tiefe erforderlich.

Aus der Kombination der Qualifizierungsthemen und den notwendigen Kenntnissen zu lassen sich *Bedarfsprofile* entwickeln. Diese Bedarfsprofile bilden die Grundlage für Qualifizierungspläne.

Priorität	Schulungsthema	Schulungstiefe	Schulungsdauer
1	Projektmanagement	Aktualisierung	1 Tag
2	Moderationstechnik	Grundkenntnisse	3 Tage
3	Präsentationstechnik	Aktualisierung	1 Tag
4	Führung von Mitarbeitern	Aktualisierung	2 Tage

Um zu überprüfen, wie professionell der Qualifizierungsbedarf von Mitarbeitern ermittelt wird, können Sie sich der folgenden Einschätzungshilfe bedienen.

Bedarfsanalyse

	nicht erkennbar	vollständig	weitgehend	weder noch	kaum	gar nicht
1. Werden im Vorfeld von Qualifizierungen systematisch Bedarfsanalysen durchgeführt?	☐	☐	☐	☐	☐	☐
2. Werden solche Analysen bei allen neuen Mitarbeitern durchgeführt?	☐	☐	☐	☐	☐	☐
3. Werden Analysen bei der Übernahme neuer Aufgaben erstellt?	☐	☐	☐	☐	☐	☐
4. Ist der Wechsel des Arbeitsplatzes Anlass für solche Analysen?	☐	☐	☐	☐	☐	☐
5. Werden Analysen bei der Einführung neuer Produkte und Verfahren vorgenommen?	☐	☐	☐	☐	☐	☐
6. Beruhen die Analysen auf einem Profilvergleich?	☐	☐	☐	☐	☐	☐
7. Liegen dem Profilvergleich Kompetenzprofile zugrunde?	☐	☐	☐	☐	☐	☐
8. Sind die Profile ausreichend differenziert?	☐	☐	☐	☐	☐	☐
9. Werden Einschätzungshilfen zur Analyse genutzt?	☐	☐	☐	☐	☐	☐
10. Werden Verhaltensanalysen durchgeführt?	☐	☐	☐	☐	☐	☐
11. Werden Betroffenheitsanalysen einbezogen?	☐	☐	☐	☐	☐	☐

12. Sind Problemanalysen vorgesehen?	☐	☐	☐	☐	☐	☐
13. Werden kritische Zwischenfälle systematisch ausgewertet?	☐	☐	☐	☐	☐	☐
14. Werden bei der Bedarfsanalyse auch Fördergesichtspunkte berücksichtigt?	☐	☐	☐	☐	☐	☐
15. Wird der Umfang der notwendigen Qualifikation bestimmt?	☐	☐	☐	☐	☐	☐
16. Werden aus den Analysen Bedarfsprofile entwickelt?	☐	☐	☐	☐	☐	☐
17. Dienen diese Bedarfsprofile als Grundlage für Schulungen?	☐	☐	☐	☐	☐	☐

Vorschlag 26: Arbeiten Sie mit Anforderungsprofilen

Damit Mitarbeiter den Anforderungen an ihrem Arbeitsplatz gerecht werden und ihre Aufgaben gut bewältigen können, müssen sie über entsprechende Kenntnisse und Fähigkeiten verfügen. Wichtigste Voraussetzung hierfür ist, dass die Anforderungen genau definiert sind.

Jede Organisation weist als Charakteristikum eine Aufbau- und Ablauforganisation auf. Durch die *Aufbauorganisation* werden bestimmte Aufgabenfelder und Hierarchieebenen definiert. Durch die *Ablauforganisation* werden typische Vorgänge mit typischen Einzelaufgaben bestimmt.

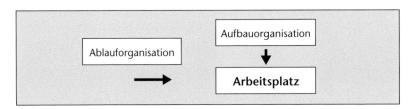

Im Schnittfeld zwischen den durch die Aufbauorganisation bestimmten Aufgabenfeldern und den durch die Ablauforganisation bestimmten Vorgängen liegen Einzelfunktionen. Die Summe dieser Einzelfunktionen beschreibt bestimmte *Arbeitsplätze*. Diese Arbeitsplätze können in ihrer Aufgabenstruktur einzigartig sein. Es können jedoch auch verschiedene Mitarbeiter mit gleichen Aufgaben betraut sein (Beispiel: Sekretärinnen).

Aus den *Arbeitsplatzanforderungen* ergeben sich die entsprechenden *Anforderungen* an die Stelleninhaber.

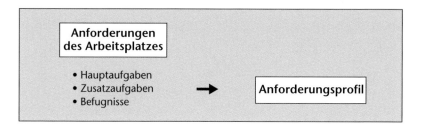

Die Anforderungen in Bezug auf den Arbeitsplatz liegen meist in Form von *Stellenbeschreibungen* vor.

Erfolgskritische Tätigkeiten

Stellenbeschreibungen zu erstellen ist sehr aufwändig. Dieser Aufwand lässt sich jedoch begrenzen, wenn man sich auf die Beschreibung der *erfolgskritischen Tätigkeiten* beschränkt.

Erfolgskritisch werden alle Tätigkeiten bezeichnet, bei denen ungenügende Leistungen zu unmittelbaren Problemen führen, beispielsweise bei Arbeitsergebnissen, in der Zusammenarbeit oder mit Kunden.

Bei der Analyse der erfolgskritischen Tätigkeiten geht es darum, diese wichtigen Tätigkeiten herauszufiltern.

B *Ausarbeitung von Ausschreibungen*
  Mögliche Probleme:
  – Beschwerden von Bietern
  – Gerichtsverfahren

Die folgenden Fragen helfen Ihnen bei der Analyse:
- Welche Hauptaufgaben umfasst der Arbeitsplatz?
- Welche dieser Tätigkeiten sind kritisch und entscheidend für den Erfolg bzw. Misserfolg der Arbeit?
- Wie viel Prozent der Arbeitszeit wird auf diese Tätigkeiten verwendet?
- Wie groß sind die Auswirkungen, wenn hier Probleme und Fehler auftreten?

Die Ergebnisse lassen sich in einer Tabelle festhalten. Notieren Sie die Prozentsätze und Ihre Schätzung der Auswirkungen.

B	Kritische Tätigkeit	Prozent der Arbeitszeit	hoch – mittel – niedrig
1.	_____	_____	_____
2.	_____	_____	_____
3.	_____	_____	_____
4.	_____	_____	_____
5.	_____	_____	_____
6.	_____	_____	_____

In einem zweiten Schritt können Sie analysieren, welche Verhaltensweisen bei diesen kritischen Tätigkeiten zu besonders guten oder schlechten Arbeitsergebnissen führen. So erhalten Sie einen guten Ausgangspunkt für die Definition der Qualifikationsanforderungen.

Aus Stellenbeschreibung und der Analyse erfolgskritischer Tätigkeiten lassen sich die Anforderungen an den Mitarbeiter ableiten. Bei den Anforderungen können Sie vier Kompetenzbereiche unterscheiden:

Anforderungen an den Mitarbeiter

- *Fachkompetenz*
  Gemeint sind hiermit die notwendigen Fähigkeiten und Fertigkeiten, die der Arbeitsplatz erfordert, etwa Statistikkenntnisse oder Kenntnisse in Buchführung. Die Fachkompetenz steht meist im Mittelpunkt der Anforderungen.

- *Methodenkompetenz*
  Hier geht es um die Beherrschung verschiedener, für den Arbeitsplatz relevanter Methoden, etwa Projektmanagement, Verhandlungsführung oder Präsentationstechnik.

- *Sozialkompetenz*
  Diese Kompetenzen beziehen sich auf den Umgang mit anderen, beispielsweise Kommunikations- und Kooperationsfähigkeit. Die Sozialkompetenz ist besonders wichtig im Kundenkontakt und intern bei Führungskräften.

- *Persönliche Kompetenz*
  Dies sind Kompetenzen, die sich auf den Charakter und die Eigenschaften des Stelleninhabers beziehen, etwa Kritikfähigkeit, Kreativität, Urteilsvermögen oder Entscheidungsfreude.

Notwendige und wünschenswerte Anforderungen

Bei der Ermittlung der Anforderungen kann man zwischen notwendigen und wünschenswerten Anforderungen unterscheiden.

Als *notwendig* gelten alle Anforderungen, denen der Mitarbeiter gerecht werden muss, um die Stelle überhaupt ausfüllen zu können.

B *Wer in der Anwenderbetreuung arbeitet, muss über gute IT-Kenntnisse verfügen. Wer als Fahrer arbeitet, muss einen Führerschein besitzen.*

Wünschenswerte Anforderungen ergänzen die Grundanforderungen. Es wäre gut, wenn der Mitarbeiter über sie verfügt, sie sind jedoch nicht unbedingt ein Ausschlusskriterium.

B *Für viele Arbeitsplätze ist es heute von Vorteil, Kenntnisse in mindestens einer Fremdsprache und in den Standard-Computerprogrammen zu besitzen.*

Es gibt noch zwei weitere Möglichkeiten, Anforderungsprofile zu erstellen:
- Man nimmt eine umfassende Liste mit Anforderungen und analysiert, welche Anforderungen auf den Arbeitsplatz zutreffen.
- Man leitet die Anforderungen aus den Zielen der Organisation, der Abteilung und des Referates ab.

Beide Möglichkeiten sind gute Ergänzungsmethoden und eignen sich besonders, um die Vollständigkeit der Anforderungen zu überprüfen.

Querschnittsqualifikationen

Viele Anforderungen, die zur Gruppe der Methodenkompetenz und der persönlichen Kompetenz gehören, zählen zu den *Querschnittsqualifikationen*.

Querschnittsqualifikationen sind Qualifikationen, über die eine Reihe von Mitarbeitern zur Aufgabenerledigung verfügen sollte. Entsprechend werden auch viele Mitarbeiter auf einer bestimmten hierarchischen Ebene diese Kompetenzen benötigen. So muss jede Führungskraft in der Lage sein, Mitarbeitergespräche zu führen. Zudem gibt es Qualifikationen, die unabhängig sind von der Position. Hierzu gehören beispielsweise Qualifikationen, um als Ausbilder und Trainer zu arbeiten oder Projekte zu leiten.

Je konkreter Anforderungen beschrieben sind, desto leichter lassen sich im Detail Qualifikationsdefizite ermitteln. Um präzise Einschätzungen zu erhalten, kann man die Anforderungen durch Unterbegriffe näher beschreiben.

Konkrete Anforderungen beschreiben

B *Anforderungen Anwenderbetreuung*
   Unterbegriffe: Hilfe am Gerät
                   Hilfe am Telefon
                   Einzelunterweisungen

Man kann noch einen Schritt weitergehen und die Unterbegriffe durch die zugehörigen *Tätigkeiten* erläutern.

B *Anforderungen Anwenderbetreuung*
   Hilfe am Gerät   *Kennt und nutzt effektive Verfahren zur Problemanalyse und Problembehebung*
   Hilfe am Telefon   *Kann Probleme am eigenen Arbeitsplatz gut nachvollziehen und klare Anweisungen geben*
   Einzelunterweisungen   *Kann die Funktionsweise von Programmen anschaulich erklären und geht einfühlsam auf Lernende ein*

Zum Abschluss kann eine Gewichtung der Anforderungen vorgenommen werden. Welche Kompetenz hat für welche Arbeiten welche Bedeutung?

Die Vorteile dieses differenzierten Profils:
- Die Analyse des Bildungsbedarfs wird konkretisiert: Es kann gut beurteilt werden, ob der Mitarbeiter die Tätigkeit beherrscht oder nicht.
- Die Erfolgskontrolle wird vereinfacht: Es ist leicht zu beurteilen, ob der Mitarbeiter nach der Schulung das gewünschte Verhalten zeigt oder nicht.

Anforderungsprofile sind eine wichtige Voraussetzung für bedarfsgerechte Qualifizierungen. Deshalb sollten sie in das Bildungscontrolling einfließen.

Anforderungsprofile als wichtige Voraussetzung

Anforderungsprofil	nicht erkennbar	vollständig	weitgehend	weder noch	kaum	gar nicht
1. Liegen Stellenbeschreibungen vor?	☐	☐	☐	☐	☐	☐
2. Sind kritische Tätigkeiten definiert?	☐	☐	☐	☐	☐	☐
3. Sind die Hauptaufgaben beschrieben?	☐	☐	☐	☐	☐	☐
4. Liegen Anforderungsprofile vor?	☐	☐	☐	☐	☐	☐
5. Werden verschiedene Kompetenzbereiche unterschieden?	☐	☐	☐	☐	☐	☐
6. Wird zwischen notwendigen und wünschenswerten Kompetenzen unterschieden?	☐	☐	☐	☐	☐	☐
7. Werden Anforderungen aus den Zielen der Organisation, der Abteilung und des Referates abgeleitet?	☐	☐	☐	☐	☐	☐
8. Sind Querschnittsqualifikationen benannt?	☐	☐	☐	☐	☐	☐
9. Werden in den Anforderungsprofilen typische Tätigkeiten zu einzelnen Anforderungen beschrieben?	☐	☐	☐	☐	☐	☐
10. Lassen sich daraus präzise Qualifikationsanforderungen ableiten?	☐	☐	☐	☐	☐	☐

Vorschlag 27: Führen Sie Zielgruppenbedarf auf den individuellen Bedarf zurück

Die Notwendigkeit, Qualifizierungen für Zielgruppen zu entwickeln, kann unterschiedliche Ursachen haben.

- Aufgaben verändern sich, neue Aufgaben kommen hinzu.

B *Sachbearbeiter werden in die Kundenbetreuung einbezogen.*

- Maßnahmen der Organisationsentwicklung machen Qualifizierungen notwendig.

B *Ein neues Geschäftsfeld wird entwickelt.*

- Die Zielgruppe nimmt Aufgaben nicht wahr.

B *Führungskräfte führen keine Mitarbeitergespräche.*

- Das Verhalten soll effektiver werden.
- B *In den gesammelten Vorgesetztenfeedbacks zeigen sich Mängel im Führungsverhalten.*

- Es werden Defizite bei der Aufgabenerledigung festgestellt.
- B *Es häufen sich Beschwerden über unfreundliche Mitarbeiter.*

- Die Rahmenbedingungen ändern sich.
- B *Ein neues IT-Verfahren wird eingeführt.*

Bei der Zielgruppenanalyse können Sie mit einer Befragung arbeiten oder den Bedarf mithilfe von Vertretern der Zielgruppe in Workshops ermitteln.

Für einzelne Zielgruppen lassen sich *Bedarfsprofile* entwickeln.
B *Mitarbeiterinnen und Mitarbeiter im Call-Center*

Allerdings: Die Festlegung solcher allgemeinen Profile ist keine Bedarfsanalyse.

Das Hauptproblem bei der Entwicklung von bedarfsgerechten Bildungsmaßnahmen bei Zielgruppen ist die *Streubreite des individuellen Bedarfs*. Was für den einen Mitarbeiter dringend notwendig wäre, ist für den anderen überflüssig.

Streubreite des individuellen Bedarfs

Deshalb muss in jedem Fall vor der Durchführung von Qualifikationen geprüft werden, ob bei einzelnen Mitarbeitern bereits Vorkenntnisse vorhanden sind.

B *Sollen alle Nachwuchsführungskräfte Kompetenzen im Führen von Mitarbeitergesprächen, in Teamleitung und in der Beurteilung von Mitarbeitern erwerben, muss zunächst festgestellt werden, wer bereits über bestimmte Vorkenntnisse und Erfahrungen verfügt.*

In logischer Konsequenz sollte eine *Bildungsstatistik* geführt und ein *Weiterbildungsprofil* für jeden Beschäftigten angelegt werden, mit konkreten Angaben, an welchen Qualifizierungen er bereits teilgenommen hat.

! Alle Personen, die einer Zielgruppe angehören, ohne Bedarfsanalyse zu schulen, ist weder ökonomisch noch der Motivation der Teilnehmer zuträglich.

Erfahrungen bei der Führungskräftequalifizierung zeigen, dass gerade Vorgesetzte mit deutlichen Führungsschwächen häufig kein sonderliches Interesse an Weiterbildungsmaßnahmen haben. Hier stellt sich die Frage, wie diese Zielgruppe für das eigene Verhalten sensibilisiert und für Weiterbildung motiviert werden kann.

Nicht immer sind zielgruppenspezifische Qualifizierungen der richtige Weg. In manchen Fällen sind *individuelle Entwicklungsprogramme* sinnvoller. Auch wenn dies aufwändig ist, die Wirkung ist erheblich höher als bei einer Schulung nach dem Gießkannenprinzip.

Analyse des Zielgruppenbedarfs

	nicht erkennbar	vollständig	weitgehend	weder noch	kaum	gar nicht
1. Wird der Bildungsbedarf geprüft, wenn Zielgruppen neue Aufgaben übernehmen?	☐	☐	☐	☐	☐	☐
2. Wird geprüft, ob sie in Maßnahmen zur Organisationsentwicklung einbezogen sind?	☐	☐	☐	☐	☐	☐
3. Wird analysiert, ob es Defizite in der Ausführung der übertragenen Aufgaben gibt?	☐	☐	☐	☐	☐	☐
4. Erfolgt eine regelmäßige Prüfung, ob sich die Rahmenbedingungen der Arbeit verändert haben?	☐	☐	☐	☐	☐	☐
5. Existieren für alle (wichtigen) Zielgruppen Anforderungsprofile?	☐	☐	☐	☐	☐	☐
6. Werden aus den Anforderungsprofilen Bedarfsprofile abgeleitet?	☐	☐	☐	☐	☐	☐
7. Wird vor Qualifizierungsmaßnahmen geprüft, ob bei einzelnen Mitarbeitern bereits Vorkenntnisse vorhanden sind?	☐	☐	☐	☐	☐	☐
8. Werden Daten aus der Weiterbildungsstatistik ausgewertet?	☐	☐	☐	☐	☐	☐
9. Wird individuellen Entwicklungsprogrammen Vorrang vor unspezifischen Zielgruppenschulungen gewährt?	☐	☐	☐	☐	☐	☐

Vorschlag 28: Berücksichtigen Sie den Teambedarf

Leider wird auf den Teambedarf häufig falsch, zu spät oder gar nicht reagiert:
- falsch, weil nicht alle Betroffenen geschult werden
- zu spät, weil der Bedarf falsch eingeschätzt wird
- gar nicht, weil der Bedarf nicht gesehen und nicht ermittelt wird.

Gemeinsame Veranstaltungen bieten sich besonders dann an, wenn die Zusammenarbeit oder gemeinsame Vorhaben Thema des Seminars sind. Hier können Umsetzungsmöglichkeiten bereits im Seminar ausgelotet und Umsetzungsschwierigkeiten gemeinsam besprochen werden.

Es macht oft mehr Sinn, gleich ein ganzes Team zu schulen, als Einzelne aus der Gruppe zu einem Seminar zu schicken und darauf zu hoffen, dass neue Erkenntnisse weitergegeben und von allen im Team umgesetzt werden.

Der Bildungsbedarf von Teams lässt sich in zwei Schritten ermitteln:

Sammeln Sie zunächst alles, was Auskunft über den Bildungsbedarf von Teams liefern könnte. Mögliche Quellen sind

Bildungsbedarf von Teams ermitteln

- Anmeldungen für Bildungsveranstaltungen und Ergebnisse von Mitarbeitergesprächen einzelner Mitarbeiter:
  Sehen Sie sich die Anmeldungen und Ergebnisse der Gespräche genauer an. Bei einer Reihe von Themen macht eine individuelle Qualifizierung wenig Sinn, weil es hier um die Zusammenarbeit im Team geht und die Themenwünsche Ausdruck von Problemen in der Zusammenarbeit sind.
  Typische Beispiele hierfür sind Konfliktmanagement, Kooperation und Kommunikation oder Mobbing. Generell sollte man bei allen Sozialkompetenzen die Frage stellen, ob eine gemeinsame Schulung sinnvoll wäre.
  Selbst bei Themen zum Bereich Methodenkompetenz, wie Zeitmanagement, Arbeitsorganisation und Stressbewältigung, macht eine gemeinsame Schulung Sinn. Vor allem, wenn zu befürchten ist, dass der Einzelne die Ideen aus dem Seminar nicht umsetzen kann, weil das Umfeld die Methoden nicht kennt oder nicht akzeptiert.

- Ergebnisse aus anderen Personalentwicklungsmaßnahmen wie Mitarbeiterbefragung oder Vorgesetztenfeedback können ebenfalls wichtige Anhaltspunkte liefern.

- Anschauung – häufig lassen sich Schwachstellen einzelner Arbeitsgruppen wie mangelnde Kommunikation und Information auch durch bloße Beobachtung ermitteln.

Analyse der Kommunikation in Teams

Wie ein Team zusammenarbeitet, kann man durch Beobachtung ermitteln:
- Wer sagt was in Besprechungen?
- Wer bringt welche Beiträge ein?
- Wer stimmt wem zu?
- Auf welche Meinung hören andere Teilnehmer?
- Wer beteiligt sich nicht?
- Wer äußert sich zum organisatorischen Vorgehen?
- Wer macht welche Vorschläge?
- Wie werden die Vorschläge von den anderen aufgenommen?
- Wer kritisiert was?
- Wer versucht die Stimmung aufzulockern?

Analyse mittels Workshop Schließlich können mithilfe einer Befragung zur Teamentwicklung empirische Daten geschaffen werden. Diese Daten dienen im zweiten Schritt als Grundlage für einen Workshop mit allen Mitarbeitern des Teams.

In diesem Workshop wird gemeinsam nach Möglichkeiten gesucht, Schwachpunkte in der Arbeit und in der Zusammenarbeit abzustellen und Stärken zu festigen.

Probleme und/oder Vorhaben sollten dabei als konkrete Fragestellung formuliert werden. Typische Formulierungen für eine solche Fragestellung sind:
- Wie können wir besser mit Problem X umgehen?
- Wie können wir beim Vorhaben Y vorgehen?
- Welche Aufgaben kommen im Projekt Z auf uns zu?

Gemeinsam werden Probleme und Fragen gesammelt, bewertet und diskutiert. Am Ende steht ein Weiterbildungsprofil, das die Grundlage für gezielte Bildungsmaßnahmen bilden kann.

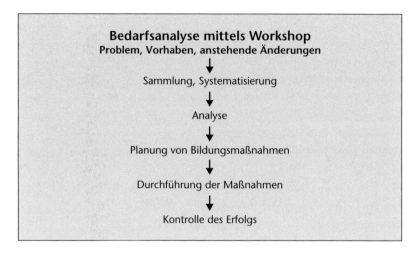

Es gibt ein zweites Vorgehensmodell (siehe Grafik auf Seite 194): Man erarbeitet im Team Probleme der Arbeit und Zusammenarbeit, sucht nach Lösungsmöglichkeiten, wählt gemeinsam die beste Möglichkeit aus und plant Umsetzungsmaßnahmen. Diese Umsetzungsmaßnahmen können Bildungsmaßnahmen sein, müssen aber nicht. Allerdings gibt es eine Reihe von Umsetzungsmaßnahmen, die wiederum Bildungsmaßnahmen nach sich ziehen.

Problemlösung im Team

B *Die Einarbeitung neuer Mitarbeiter soll verbessert werden. Dies kann die Ausbildung von Mentoren erforderlich machen.*

Qualifikations- und Situationsanalysen mittels Fragebogen sind mögliche Alternativen bei der Ermittlung des Schulungsbedarfs von Teams. Wenn Workshops nicht durchzuführen oder zu aufwändig sind, kann man auf Qualifikations- und Situationsanalysen zurückgreifen. Sie ermöglichen es, auf rationelle Weise eine Fülle wichtiger Informationen und Planungsdaten zu erhalten. Allerdings sind drei Voraussetzungen dafür unabdingbar:

Qualifikations- und Situationsanalysen

- Die Fragebögen müssen so formuliert werden, dass das Ergebnis ein möglichst umfassendes und reales Bild der Bedürfnisse darstellt. Klare Fragen, konkrete, unmissverständliche Aussagen, präzise Formulierungen sind dafür Voraussetzung.
- Alle Mitarbeiter, die den Fragebogen ausfüllen sollen, müssen ihn auch tatsächlich bekommen.
- Und es muss sichergestellt werden, dass ausreichend viele den ausgefüllten Fragebogen zurücksenden. Ist dies nicht gewährleistet, können schiefe Verteilungen zu fragwürdigen Ergebnissen führen.

Problemlösung im Team

Analyse der Probleme und Fragen

1.
   1. Sinn und Zweck des Workshops darstellen
   2. aktuelle Situation skizzieren, konkrete Leitfrage zum Problem/Vorhaben auf Kartenstreifen schreiben
   4. Kartenstreifen mit Leitfrage an Stellwand hängen
   5. Vorgehen, Methodik der Karten- und Punktabfrage erläutern

Erarbeitung von Lösungsvorschlägen

2. Teilnehmer Karten zur Leitfrage schreiben lassen

3.
   1. Karten einsammeln
   2. Karten gemeinsam mit den Teilnehmern sortieren
   3. ähnliche Karten zusammenhängen

4.
   1. Überschriften zu den Kartenblöcken gemeinsam suchen
   2. Überschriften auf Streifen schreiben

Gewichtung der Lösungsvorschläge

5. Streifen mit Überschriften auf neue Stellwand untereinanderhängen

6. Teilnehmer bitten, Punkte hinter das Thema zu kleben, das sie weiter bearbeiten wollen.

7.
   1. Themen mit den meisten Punkten auswählen
   2. Gruppen bilden, die zu den Einzelthemen Handlungsvorschläge erarbeiten

Gruppenarbeit zur Ermittlung von Handlungsvorschlägen

8. Thema der Gruppenarbeit auf einen Streifen schreiben, oben an die Stellwand hängen

9. Teilnehmer schreiben Karten mit Vorschlägen

10. Karten werden sortiert und mit Überschriften versehen

11. Ergebnis wird präsentiert

12.
    1. Zusammenfassung der Ergebnisse
    2. Folgerungen für die Aus- und Weiterbildung
    3. Workshop abschließen

Situationsanalysen

Kommunikation und Kooperation

	trifft zu 😊	trifft zum Teil zu 😐	trifft nicht zu ☹
Ich fühle mich ausreichend über wichtige Vorgänge informiert.	☐	☐	☐
Besprechungen sind bei uns kurz und informativ.	☐	☐	☐
Mit den meisten Kollegen verstehe ich mich gut.	☐	☐	☐
Mein Vorgesetzter pflegt einen partnerschaftlichen Umgangsstil.	☐	☐	☐
Wichtige Entscheidungen werden gemeinsam besprochen und entschieden.	☐	☐	☐
Kritik wird in aller Regel in konstruktiver Form vorgetragen.	☐	☐	☐
Bei Problemen helfen wir uns gegenseitig.	☐	☐	☐
Unser Arbeitsklima ist gut.	☐	☐	☐
Die Arbeitsbelastung ist gerecht verteilt.	☐	☐	☐

Qualifikationsanalysen zielen auf die Ermittlung des Wissensstandes ab. Bei *Situationsanalysen* geht es um die Ermittlung der Arbeitssituation, des Verhaltens, um Kommunikation oder Zusammenarbeit und um mögliche Verbesserungen.

Situationsanalysen sollten nur dann eingesetzt werden, wenn vorher der Bedarf – zumindest in groben Umrissen – ermittelt wurde. Oder wenn sich der Bedarf in einer bestimmten Organisationseinheit auf andere Weise abzeichnet, etwa durch sinkende Produktivität und steigende Unzufriedenheit.

Aus der Analyse ergeben sich zwei verschiedene Qualifizierungsfelder:
- Individueller Bedarf einzelner Teammitglieder
  Eine solche Qualifizierung bezieht sich auf Aufgaben einzelner Mitarbeiter im Team.

B *Ein Mitarbeiter nimmt an einem Moderatorentraining teil, um Teambesprechungen effektiver zu machen.*
Eine Mitarbeiterin soll neue Mitarbeiter einarbeiten und nimmt deshalb an einem Unterweisungsseminar teil.

- Qualifizierung in Bezug auf die Zusammenarbeit im Team
  Teamentwicklung soll einerseits die Leistungsfähigkeit von Arbeitsgruppen sicherstellen, andererseits durch ein gutes Arbeitsklima und reibungslose Arbeitsabläufe motivieren und so gute Arbeitsergebnisse der einzelnen Mitarbeiterinnen und Mitarbeiter gewährleisten.

B *Eine Arbeitsgruppe nimmt gemeinsam an einem Seminar teil, um die interne Kommunikation und Kooperation zu verbessern*

Natürlich gibt es noch eine Reihe von Bedarfssituationen.

Einige Mitglieder müssen vielleicht noch das notwendige *Querschnittswissen* erwerben. Andere sollen sich zu Spezialisten weiterbilden, um das Team in Fachfragen beraten zu können.

Team-Qualifikationen Diese Qualifikationen betreffen nicht nur die *Fachkompetenz*. Auch in der Methoden- und Sozialkompetenz kann Bildungsbedarf bestehen. Denn gerade diese Kompetenzen sind für die Arbeit im Team besonders wichtig.

B **Felder der Qualifizierung der Arbeit und Zusammenarbeit in Teams**	
Methodenkompetenz	**Sozialkompetenz**
Präsentationstechnik	Kommunikation
Moderationstechnik	Kooperation
Besprechungstechnik	Verhandlungsführung
Projektmanagement	Konfliktmanagement
Entscheidungstechnik	Arbeiten im Team

Qualifikationen müssen nicht immer in Seminaren erworben werden. Wenn das notwendige Know-how bei anderen Teammitgliedern vorhanden ist, können sie die Rolle eines Mentors beim *Training on the job* übernehmen.

Analyse des Teambedarfs

	nicht erkennbar	vollständig	weitgehend	weder noch	kaum	gar nicht
1. Analysieren Sie neben dem individuellen Bedarf auch den Teambedarf?	☐	☐	☐	☐	☐	☐
2. Fragen Sie vor allem bei verhaltensorientierten Schulungsthemen, ob sich hinter individuellem Bedarf vielleicht Teambedarf verbirgt?	☐	☐	☐	☐	☐	☐
3. Schaffen Sie vor Schulungen eine empirische Basis durch Datenanalyse oder Beobachtung?	☐	☐	☐	☐	☐	☐
4. Analysieren Sie die Anmeldungen zu Weiterbildungsveranstaltungen?	☐	☐	☐	☐	☐	☐
5. Berücksichtigen Sie Ergebnisse aus Personalentwicklungsmaßnahmen?	☐	☐	☐	☐	☐	☐
6. Versuchen Sie Daten zur Qualität der Teamarbeit über teilnehmende Beobachtung zu ermitteln?	☐	☐	☐	☐	☐	☐
7. Setzen Sie zur Ermittlung Team-Fragebögen ein?	☐	☐	☐	☐	☐	☐
8. Führen Sie Workshops durch, um gemeinsam mit dem Team die gewonnenen Daten zu analysieren und daraus Qualifizierungsmaßnahmen abzuleiten?	☐	☐	☐	☐	☐	☐
9. Werden Workshops auch eingesetzt, um aufgetretene Probleme oder neue Entwicklungen zu besprechen und daraus Qualifizierungen abzuleiten?	☐	☐	☐	☐	☐	☐

Vorschlag 29: Überprüfen Sie die Passung der Maßnahmen

Wenn der Bedarf ermittelt ist, geht es darum, ihn mit der richtigen Qualifizierungsform zu decken. Diesen Anspruch kann nur ein maßgeschneidertes Angebot erfüllen.

> **Ganz wichtig:** Am Anfang steht der Bedarf. Die Schulung richtet sich nach dieser Vorgabe. Schulungen ohne direkten Bedarfsbezug sind wenig effizient.

Überprüfen Sie als Erstes, ob das Schulungsangebot auf den Bedarf ausgerichtet ist.

Bedarfsorientierung des Schulungsangebots

	nicht erkennbar	vollständig	weitgehend	weder noch	kaum	gar nicht
1. Wird das Angebot auf den Bedarf der Kunden zugeschnitten?	☐	☐	☐	☐	☐	☐
2. Werden dabei alle (möglichen) Kunden berücksichtigt?	☐	☐	☐	☐	☐	☐
3. Mit welchen Mitteln wird der Bedarf erhoben?	☐	☐	☐	☐	☐	☐
4. Gibt es Möglichkeiten, die Bedarfsermittlung zu systematisieren?	☐	☐	☐	☐	☐	☐
5. Geben die Methoden ein präzises Bild des Bedarfs der Kunden wieder?	☐	☐	☐	☐	☐	☐
6. Wird das Ergebnis der Analyse mit den Kunden diskutiert?	☐	☐	☐	☐	☐	☐
7. Wird das Ergebnis der Diskussion bei der Planung berücksichtigt?	☐	☐	☐	☐	☐	☐
8. Wird ausreichend zwischen Bedarf und Wunsch differenziert?	☐	☐	☐	☐	☐	☐
9. Wird abgesichert, dass die Angaben auf empirischen Daten beruhen?	☐	☐	☐	☐	☐	☐
10. Wird die Qualität der Daten überprüft?	☐	☐	☐	☐	☐	☐
11. Können Kundenwünsche kurzfristig Berücksichtigung finden?		☐	☐	☐	☐	☐
12. Ist auch eine kurzfristige Bedarfsdeckung möglich?	☐	☐	☐	☐	☐	☐
13. Werden dafür Finanzmittel in ausreichendem Maße bereitgehalten?	☐	☐	☐	☐	☐	☐
14. Kann auf Trends und neue Entwicklungen schnell reagiert werden?	☐	☐	☐	☐	☐	☐

Zur eigentlichen Passung, zur bedarfsgerechten Ausrichtung der Qualifizierung gehören die folgenden Schritte:

Auswahl der Lernwege

Ein Seminar ist nur ein möglicher Lernweg – und nicht immer der beste. Nimmt man die Passung auf den Bedarf ernst, muss man als Erstes fragen, welcher Lernweg am besten zur Qualifizierung geeignet ist.

Es gibt grundsätzlich drei verschiedene Formen: das gemeinsame Lernen, das Selbstlernen und die Kombination von Selbstlernen und Präsenzphase, das sogenannte *Blended Learning*. Zu den Formen gemeinsamen Lernens gehören Seminare, aber auch Workshops und Unterweisung. Zum Selbstlernen zählen neben Printmedien (Selbstlernhefte, Fernstudienkurse), audiovisuelle Medien (Hörkassetten, Lehrfilme) und computergestütztes Lernen (Lernprogramme, Internetlernen).

Drei verschiedene Lernformen

Die Wahl der Lernwege geschieht nicht willkürlich. Auf keinen Fall sollte ein Lernweg unreflektiert durch einen anderen ersetzt werden.

B *Es werden keine Seminare mehr angeboten, sondern nur noch Lernprogramme ausgeteilt.*

Dagegen sprechen zwei Gründe:
- Jeder Lernweg hat seine Vor- und Nachteile. Diese sollte man kennen und bei der Auswahl berücksichtigen.
- Nicht jeder Lernende akzeptiert jeden Lernweg. Und nicht jeder Lernweg ist für jeden Lernenden gleich gut geeignet.

Auswahl und Nutzen von Lernwegen

Korrespondenzfeld: Bedarf

	\multicolumn{4}{c}{**Checkliste zur Auswahl von Lernwegen**}			
	sehr wichtig	wichtig	weniger wichtig	unwichtig
Erwerb von neuem Wissen	☐	☐	☐	☐
	eher Vortrag, Seminar oder Selbstlernen		eher Erfahrungsaustausch und Workshop	
	sehr wichtig	wichtig	weniger wichtig	unwichtig
Veränderung von Einstellung und Verhalten	☐	☐	☐	☐
	eher Erfahrungsaustausch und Workshop		eher Vortrag, Seminar oder Selbstlernen	
	sehr wichtig	wichtig	weniger wichtig	unwichtig
Erfahrungsaustausch	☐	☐	☐	☐
	eher (externes) Seminar		eher Selbstlernen	
	sehr wichtig	wichtig	weniger wichtig	unwichtig
gemeinsames Lernen	☐	☐	☐	☐
	eher Seminar oder Workshop		eher Selbstlernen	
	sehr hoch	hoch	geringer	gering
verfügbare Zeit	☐	☐	☐	☐
	eher Seminar		eher Selbstlernen	
	sehr hoch	hoch	eher gering	gering
Motivation zum Lernen	☐	☐	☐	☐
	eher Selbstlernen		eher Seminar	
	über Sehen	über Hören	Mischform	über Austausch
bevorzugte Lernform	☐	☐	☐	☐
	Textstudium, Selbstlernmaterial, Fernstudien	Vortrag, Audiokassetten	Video, Lernprogramm	Seminare, Workshops, Erfahrungsaustausch

Wie professionell mit unterschiedlichen Lernwegen gearbeitet wird und wo sich Verbesserungsmöglichkeiten verstecken, können Sie mit der folgenden Checkliste ermitteln.

Vorschlag 29: Überprüfen Sie die Passung der Maßnahmen

Nutzung der Lernwege	nie	selten	manch-mal	norma-ler-weise	meis-tens	immer
1. Werden alternative Lernwege angeboten?	☐	☐	☐	☐	☐	☐
2. Werden schriftliche Materialien als Lernweg genutzt (schriftliche Selbstlernkurse, Fernstudienkurse)?	☐	☐	☐	☐	☐	☐
3. Werden audiovisuelle Medien als Lernweg angeboten (Lehrfilme, Audiokassetten)?	☐	☐	☐	☐	☐	☐
4. Werden computergestützte Lernprogramme (CBTs) angeboten?	☐	☐	☐	☐	☐	☐
5. Gibt es eine Lernplattform?	☐	☐	☐	☐	☐	☐
6. Werden zu einzelnen Themen unterschiedliche Lernwege zur Auswahl angeboten?	☐	☐	☐	☐	☐	☐
7. Ist das Angebot ausreichend und systematisch?	☐	☐	☐	☐	☐	☐
8. Wird die Qualität der Medien ermittelt?	☐	☐	☐	☐	☐	☐
9. Liegt der Analyse ein einheitliches Bewertungsschema zugrunde?	☐	☐	☐	☐	☐	☐
10. Werden Präsenzphasen mit Selbstlernphasen gekoppelt?	☐	☐	☐	☐	☐	☐
11. Werden die Teilnehmer während der Selbstlernphase betreut?	☐	☐	☐	☐	☐	☐
12. Ist die Betreuung ausreichend und entspricht sie den Bedürfnissen der Teilnehmer?	☐	☐	☐	☐	☐	☐
13. Werden Selbstlernmedien zur Anreicherung von Seminaren genutzt?	☐	☐	☐	☐	☐	☐
14. Werden sie zur Vorbereitung auf Seminare und zur Nachbereitung eingesetzt?	☐	☐	☐	☐	☐	☐
15. Werden Kommunikationsmedien (Chat, E-Mail u.a.) zur Absicherung der Qualifikation genutzt?	☐	☐	☐	☐	☐	☐

Auswahl der Seminarform

Zeigt sich, dass eine Schulung am besten geeignet ist, um den Bedarf zu decken, müssen Sie die Art der Schulung festlegen. Denn Training ist nicht gleich Training. Es gibt
- Inhouseschulungen und unternehmensübergreifende Seminare
- Seminare im eigenen Haus oder in einer Bildungsstätte bzw. einem Seminarhotel.

Eine Entscheidung über den *Seminarort* sollte nicht nur von der Finanzsituation abhängig gemacht werden. Seminare in einer Bildungsstätte oder einem Seminarhotel können bei vielen Themen, insbesondere im verhaltensorientierten Bereich, zu besseren Ergebnissen führen. Dies liegt vor allem daran, weil die Intensität der Auseinandersetzung mit dem Thema im Seminar und auch nach dem Seminar – beim Essen und bei der gemeinsamen Freizeitgestaltung – in der Regel größer ist. Ein schöner Nebeneffekt: Man kann die Arbeitszeiten im Seminar flexibler handhaben.

Inhouseschulungen Für Themen, bei denen die Wissensvermittlung im Mittelpunkt steht, sind vielfach interne Seminare vorzuziehen, weil so mehr Mitarbeiter erreicht werden können. Eine Weiterbildung vor Ort hat eine Reihe von Vorteilen:
- Reisekosten können eingespart werden.
- Teilnehmergruppen, die vielleicht Schwierigkeiten mit der Teilnahme haben (beispielsweise Teilzeitkräfte), lassen sich besser erreichen.
- Wenn die Teilnehmer aus derselben Organisation kommen, kann die Schulung besser auf deren spezifische Situation zugeschnitten werden.

Evaluieren Sie, wie professionell mit verschiedenen Formen der Qualifikation gearbeitet wird.
- Wird überprüft, ob ein Inhouseseminar oder ein organisationsübergreifendes Seminar als Seminarform Präferenz hat?
- Wird überprüft, ob für das Thema und die Zielgruppe ein Seminar mit Schwerpunkt Wissensvermittlung oder ein Workshop mit Schwerpunkt Erfahrungsaustausch angemessen ist?

Auswahl der Seminarform				
Erfahrungsaustausch mit Teilnehmern aus anderen Unternehmen	sehr wichtig ☐	wichtig ☐	weniger wichtig ☐	unwichtig ☐
	eher organisationsübergreifend		eher organisationsintern	
genaue Abstimmung auf Situation im Haus	sehr wichtig ☐	wichtig ☐	weniger wichtig ☐	unwichtig ☐
	eher organisationsintern		eher organisationsübergreifend	
störungsfreies Arbeiten, intensiver Austausch	sehr wichtig ☐	wichtig ☐	weniger wichtig ☐	unwichtig ☐
	eher externes Seminar		eher Inhouseschulung	
verhaltensorientiertes Seminar		ja ☐		nein ☐
	eher externes Seminar		eher Inhouseschulung	
nur einzelne Mitarbeiter sind zu schulen		ja ☐		nein ☐
	eher Inhouseschulungen		eher behördenübergreifend	

Vorschlag 30: Überprüfen Sie die Auswahl der Trainer

Ein guter Trainer ist der wichtigste Faktor eines erfolgreichen Unterrichts: Über 90 Prozent des Erfolges eines Seminars (in den Augen der Teilnehmer) hängen allein vom Trainer ab – von seiner Fähigkeit, Stoff aufzubereiten und zu vermitteln, und nicht zuletzt von seinem Auftreten. Deshalb sollte man sich bei der Auswahl von Trainern entsprechend Mühe geben.

Fragt man, was einen guten Trainer ausmacht, muss man sich seine Aufgaben im Lernprozess genauer ansehen.

Ein guter Trainer

Zuerst einmal muss ein Trainer *Fachmann* sein. Er muss den Stoff beherrschen, Wesentliches und Unwesentliches unterscheiden können, Zusammenhänge herstellen sowie Beispiele und Analogien aufzeigen können. Und: Er sollte aus der Praxis berichten können.

Gute Fachkenntnisse sind jedoch nicht alles. Ein guter Trainer muss das Handwerkszeug fürs Unterrichten beherrschen. So selbstverständlich das vielleicht klingt, im Bildungsalltag sieht es leider anders aus. Häufig werden Schulungen von Fachkräften durchgeführt, die pädagogisch dazu kaum geeignet sind.

Bei der *didaktisch-methodischen Qualifikation* zählen gleich drei Komponenten: pädagogisches Geschick, pädagogische Erfahrung und pädagogisches Wissen.

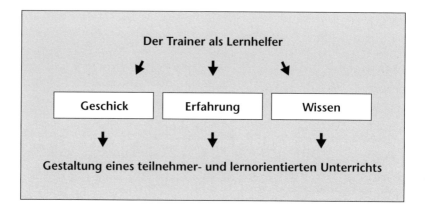

Der Trainer sollte in der Lage sein, einen didaktisch und methodisch gut strukturierten Kursverlauf zu realisieren, der auf die Lernbedürfnisse und Lernschwierigkeiten der einzelnen Teilnehmer abgestimmt ist. Er sollte ein guter Moderator sein und den Lernprozess teilnehmerorientiert gestalten können.

Er sollte die Verantwortung für das Klima im Seminar übernehmen und in der Lage sein, Schwierigkeiten zwischen Trainer und Lerngruppe oder zwischen den Teilnehmern untereinander auszuräumen.

Damit sind die Hauptfunktionen eines Trainers beschrieben. Aber er macht noch mehr: Er moderiert, motiviert die Teilnehmer und kümmert sich um die organisatorische Seite der Veranstaltung.

Das notwendige *pädagogische Wissen* kann man sich aneignen, allerdings geht das nicht von heute auf morgen.

Die beschriebenen Anforderungen an Trainer sind hoch. Leider sind viele Trainer heute immer noch einseitig vorgebildet: Sie sind entweder gute

Fachleute ohne pädagogische Ausbildung und Erfahrung oder Pädagogen und Psychologen mit geringen Fachkenntnissen. Im schlechtesten Fall ist weder eine fachliche noch eine pädagogische Ausbildung vorhanden.

Nicht jeder Trainer ist für ein bestimmtes Seminar gleich gut geeignet. Zum einen hat jeder Trainer seine Spezialthemen, in denen er besonders erfolgreich ist. Zum anderen verlangen bestimmte Zielgruppen auch unterschiedliche Trainerpersönlichkeiten. Deshalb sollte man sich im ersten Schritt darüber klar werden, worauf es beim geplanten Seminar, bei der Zielgruppe und den Teilnehmern besonders ankommt. Stehen kognitive oder affektive Ziele im Mittelpunkt?

Eine methodische Hilfe zur Analyse von Trainer-Qualitäten liefert die *ABC-Analyse*. Ziel ist es, die Trainer zu ermitteln, die für die Weiterbildung einen hohen ideellen oder wirtschaftlichen Wert haben.

ABC-Analyse zur Trainerermittlung

Als Erstes müssen die Trainer hinsichtlich ihres »Wertes« für die Weiterbildung eingeschätzt werden. Dabei helfen folgende Fragen:

- Welche Ergebnisse erreicht der Trainer in den Bewertungsbögen der Teilnehmer?
  Hier könnte man noch weiter differenzieren: Welches Ergebnis erreicht er bei der Einschätzung des Punktes *Umsetzung des Gelernten in Praxis*? Liegen Ergebnisse aus der Transferevaluation vor, können diese ebenfalls einfließen.

- Welche Themen, die von den Trainern unterrichtet werden, sind für die Weiterbildung von strategischer Bedeutung?

- B *Wenn immer weniger IT-Schulungen durchgeführt werden, verlieren IT-Trainer an Bedeutung.*
  Gewinnt Qualitätsmanagement in den nächsten Jahren an Bedeutung, werden auch die Trainer wichtiger, die dieses Fach unterrichten.

An den Beispielen wird deutlich, dass sich der Stellenwert von Seminarthemen ändern kann.

- Wie qualifiziert ist der Trainer?
  Welche Fachausbildung hat er? Wie ist er didaktisch vorgebildet? Über welche Praxiserfahrungen verfügt er? Wie gut und schnell stellt er sich auf neue Entwicklungen ein?

Unter dieser Frage können alle Punkte subsumiert werden, die das Profil eines guten Trainers ausmachen.

- Zu welchen Themenbereichen gibt es eine geringe Auswahl geeigneter Trainer, wo existiert ein breites Angebot?
  Je weniger Alternativen zum Trainer existieren, desto wichtiger ist er für die Weiterbildung.

- Wie häufig wird der Trainer eingesetzt?
  Je häufiger er Seminare übernimmt, je breiter er einsetzbar ist, desto wichtiger ist er. Um die Häufigkeit besser abschätzen zu können, sollten Häufigkeitsklassen gebildet werden.

B Wert 5 – *über 50 Seminartage im Jahr*
  Wert 4 – *zwischen 30 und 50 Seminartagen*
  Wert 3 – *zwischen 20 und 30 Seminartagen*
  Wert 2 – *zwischen 10 unter 20 Seminartagen*
  Wert 1 – *unter 10 Seminartagen*

Mithilfe dieser Fragen kann der »Wert« eines Trainers abgeschätzt werden. Man kann natürlich noch weitere Kriterien festlegen. Je höher die erreichte Punktzahl, desto wichtiger der Trainer.

Klassifizierung der Bedeutung von Trainern			
Ergebnis der Seminarevaluation	1 (mangelhaft) bis 5 (sehr gut)	=	
Strategische Bedeutung der Themen	1 (sehr gering) bis 5 (sehr hoch)	=	
Qualifikation des Trainers	1 (gering) bis 5 (sehr gut)	=	
Angebot an guten Trainern	1 (sehr hoch) bis 5 (sehr gering)	=	
Häufigkeit des Einsatzes	Gemäß definierter Klassen 1–5	=	
	Ergebnis (Summe)	=	

Eine solche Wertermittlung muss man für alle Trainer durchführen. Mithilfe dieser Klassifizierung lassen sich die Trainer in drei Kategorien einteilen. Dazu schreibt man in die erste Zeile einer Tabelle die Namen des Trainers, in die zweite trägt man seinen »Wert« ein. Man beginnt mit dem Trainer, der die höchste Punktzahl hat. Danach berechnet man den Gesamtwert der Einschätzungen aller Trainer.

ABC-Analyse			
Name	Wert	Prozent am Gesamtwert	Kumulierter Wert
Schmidt	24	22	22
Edel	21	19	41
Späth	20	18	59
Grüntgens	17	15	74
Storm	15	14	88
Wolff	13	12	100
Summe	**110**		

In einer dritten Spalte hält man den Prozentsatz fest, den der einzelne Trainer am Gesamtergebnis hält. In einer vierten Spalte werden die prozentualen Anteile aufaddiert.

Aufgrund der Ergebnisse lassen sich die Trainer in drei Gruppen einteilen:

A-Trainer   Sie sind für den Erfolg der Weiterbildung am wichtigsten. Die Erfahrung zeigt, dass oft wenige Trainer einen Großteil des Erfolges tragen.
Die Grenze, bis wann es sich noch um A-Trainer handelt, liegt bei maximal 75 Prozent des kumulierten Wertes.

B-Trainer   Sie bilden das Mittelfeld. Zu ihnen gehören minimal 20 Prozent der Trainer.

C-Trainer   Sie bilden den Rest.

Für den Erfolg der Weiterbildung ist es wichtig, sich auf die A-Trainer zu konzentrieren. Die Betreuung dieser Spitzenleute sollte besonders gut sein und sicher ist es sinnvoll zu überlegen, wie man sie an sein Unternehmen bindet.

Konzentration auf A-Trainer

Auswahl von Trainern				
	sehr wichtig	wichtig	weniger wichtig	unwichtig
Fachkompetenz				
fundierte Kenntnisse zum Seminarthema	☐	☐	☐	☐
umfassende praktische Erfahrungen	☐	☐	☐	☐
breiter Hintergrund im Themenumfeld	☐	☐	☐	☐
Didaktisch-methodisches Know-how				
ausreichende Erfahrung in der Durchführung von Seminaren	☐	☐	☐	☐
fundierte Kenntnisse in Didaktik	☐	☐	☐	☐
breites Methoden- und Medienrepertoire	☐	☐	☐	☐
ausreichende Kenntnisse in Lern- und Individualpsychologie	☐	☐	☐	☐
Sensibilität für Gruppenprozesse	☐	☐	☐	☐
Didaktisierungsfähigkeit	☐	☐	☐	☐
rhetorische Fähigkeiten	☐	☐	☐	☐
Persönlichkeit				
Fähigkeit und Bereitschaft zur Kommunikation	☐	☐	☐	☐
Fähigkeit zur Reflexion	☐	☐	☐	☐
Fähigkeit zur (Selbst-)Kritik	☐	☐	☐	☐
Flexibilität, Kreativität	☐	☐	☐	☐
Selbstbewusstsein	☐	☐	☐	☐

Sie können zudem überprüfen, ob Sie einen externen Trainer engagieren oder einem internen Multiplikator den Vorzug geben sollten.

Auswahl interner oder externer Trainer				
	sehr wichtig	wichtig	weniger wichtig	unwichtig
genaue Kenntnisse der Haussituation	☐	☐	☐	☐
	eher interne Trainer		eher externe Trainer	
	sehr wichtig	wichtig	weniger wichtig	unwichtig
neue Anregungen von außen	☐	☐	☐	☐
	eher externe Trainer		eher interne Trainer	
	ja		nein	
hoher oder wiederkehrender Bedarf	☐		☐	
	eher interne Trainer		eher externe Trainer	

Vorschlag 31: Überprüfen Sie die Qualität der Schulungsmedien

Teilnehmerunterlagen sind eine ebenso notwendige wie wichtige Hilfe im Lehr- und Lernprozess. Sie erfüllen gleich mehrere Funktionen:
- Sie unterstützen den Lernprozess.
- Sie entlasten den Trainer.
- Sie sichern den Transfer des Gelernten in den Arbeitsalltag.

Die weit verbreitete Meinung, Schulungsunterlagen würden von den Teilnehmern nach Ende der Schulung nicht mehr in die Hand genommen, stimmt nicht. Im Gegenteil: Nach einer aktuellen Untersuchung nutzt die überwiegende Mehrzahl der Teilnehmer die Schulungsunterlagen über das Seminar hinaus. Dabei gibt es keinen nennenswerten Unterschied, ob es sich um ein fachliches oder ein fachübergreifendes Seminar handelt.

Leider führen Teilnehmerunterlagen bei vielen Trainern ein Stiefmütterchen-Dasein. Sie scheuen den Aufwand, der für die Erstellung guter Schulungsmaterialien anfällt.

Qualität von Schulungsunterlagen

An der Qualität der Schulungsunterlagen erkennt man die Sorgfalt, mit der ein Trainer seine Seminare vorbereitet.

Um die Qualität von Schulungsunterlagen zu überprüfen, können Sie diese bereits vor der Veranstaltung vom Trainer anfordern. An Teilnehmerunterlagen sind folgende Mindestanforderungen zu stellen:
- Sie sollten verständlich sein.
  Der Text sollte einfach geschrieben und gut lesbar sein: Kurze Sätze und bekannte Begriffe tragen dazu bei. Beispiele und Vergleiche erhöhen ebenso die Anschaulichkeit wie Übersichten und Zusammenfassungen.
- Sie sollten didaktisiert sein.
  Will man die Teilnehmerunterlagen zum Selbststudium nutzen, sollten sie das Lernen unterstützen. Hierzu eignen sich Übungen, Aufgaben, Merksätze und Lernkontrollen.
- Sie sollten leicht zu handhaben sein.

Wichtig ist ein schneller Zugriff auf Informationen. Das setzt eine klare und durchgängige Gliederung, Zusammenfassungen und ein Stichwortverzeichnis voraus. Bei schwierigen Materien wäre zusätzlich ein Glossar wünschenswert.

Qualität der Schulungsunterlagen						
	nicht erkennbar	vollständig	weitgehend	weder noch	kaum	gar nicht
1. Erhalten die Teilnehmer Skripten?	☐	☐	☐	☐	☐	☐
2. Sind die Anforderungen erfüllt hinsichtlich						
• Verständlichkeit	☐	☐	☐	☐	☐	☐
• Gliederung / Struktur	☐	☐	☐	☐	☐	☐
• Anschaulichkeit	☐	☐	☐	☐	☐	☐
• Motivierung / Aktivierung	☐	☐	☐	☐	☐	☐
• Zielorientierung	☐	☐	☐	☐	☐	☐
3. Enthalten die Skripten						
• Inhaltsverzeichnis	☐	☐	☐	☐	☐	☐
• Stichwortverzeichnis	☐	☐	☐	☐	☐	☐
• Übersichten	☐	☐	☐	☐	☐	☐
• Zusammenfassungen	☐	☐	☐	☐	☐	☐
• Fallbeispiele	☐	☐	☐	☐	☐	☐
• Fragen zum Verständnis	☐	☐	☐	☐	☐	☐
• Literaturangaben	☐	☐	☐	☐	☐	☐
• Transferhilfen	☐	☐	☐	☐	☐	☐
4. Sind sie umfassend?	☐	☐	☐	☐	☐	☐
5. Sind sie auf Ziele, Inhalte und die Zielgruppe abgestimmt?	☐	☐	☐	☐	☐	☐
6. Ist eine Nutzung der Materialien nach dem Seminar möglich?	☐	☐	☐	☐	☐	☐
7. Entspricht das optische Bild den Inhalten?	☐	☐	☐	☐	☐	☐

Vorschlag 32: Achten Sie auf eine gute Vorinformation

Eine gute Passung kann nur mit einer optimalen Vorinformation gelingen. Die Teilnehmer müssen den Wert der Qualifizierung für sich einschätzen können, der Trainer muss wissen, wie er die Schulung auf den Bedarf der Teilnehmer zuschneiden kann.

1. Vorinformation der Teilnehmer

Eine Vorinformation der Teilnehmer erfüllt zwei Funktionen:
- Sie soll Weiterbildungsinteressenten helfen, die für sie passenden Angebote herauszusuchen.
- Sie soll Teilnehmer auf das Seminar vorbereiten.

Für die erste Gruppe steht in der Regel eine Seminarausschreibung zur Verfügung, für die zweite das Seminarprogramm.

Zur besseren *Information von Weiterbildungsinteressierten* gibt es drei Möglichkeiten:

1. Überlegen Sie, ob Sie die Seminarprogramme auch für *Weiterbildungsinteressierte* verfügbar machen können.

2. (Potenziellen) Teilnehmern kann die Möglichkeit eingeräumt werden, vorab die Schulungsskripte einzusehen, beispielsweise im Internet. So können Interessenten überprüfen, ob die Inhalte mit ihren Erwartungen übereinstimmen, und Teilnehmer können sich bereits vorinformieren.

3. Vielleicht können Sie die Trainer bitten, ausführliche Beschreibungen der Grundlagen, Voraussetzungen, Ziele, Inhalte, Methoden und des Verlaufs der Schulung zu erstellen. Dies sollte nach einem einheitlichen Schema geschehen.

Überprüfen Sie, welche weiteren Informationsmöglichkeiten die Teilnehmer haben.

Vorinformation Teilnehmer						
	nicht erkennbar	vollständig	weitgehend	weder noch	kaum	gar nicht
1. Erhalten die Teilnehmer aussagekräftige Angaben über die Qualifizierung?	☐	☐	☐	☐	☐	☐
2. Gibt es einen Ansprechpartner, der bei Fragen zur Verfügung steht?	☐	☐	☐	☐	☐	☐
3. Ist den Teilnehmern dieser Ansprechpartner bekannt?	☐	☐	☐	☐	☐	☐
4. Können Interessenten vorab auf das Seminarprogramm zugreifen?	☐	☐	☐	☐	☐	☐
5. Gibt es zu den Seminaren noch präzisere Beschreibungen (Detailbeschreibung der Phasen und Themen)?	☐	☐	☐	☐	☐	☐
6. Können die Interessenten/Teilnehmer auf die Schulungsunterlagen zugreifen?	☐	☐	☐	☐	☐	☐
7. Erhalten Teilnehmer (auf Wunsch) nähere Informationen zu den Trainern?	☐	☐	☐	☐	☐	☐
8. Wie schnell/einfach ist der Zugriff auf diese Informationen?	☐	☐	☐	☐	☐	☐
9. Sind sie im Intranet/Internet abrufbar?	☐	☐	☐	☐	☐	☐
10. Erhalten die Teilnehmer ausreichende Informationen zur Durchführung der Qualifikation?	☐	☐	☐	☐	☐	☐
11. Sind die Informationen aussagekräftig, verständlich und präzise (Anreiseskizze, Informationen über Seminarhotel, Freizeitmöglichkeiten)?	☐	☐	☐	☐	☐	☐
12. Können die Teilnehmer vorab mit dem Trainer Kontakt aufnehmen, um Fragen zu klären?	☐	☐	☐	☐	☐	☐
13. Erhalten die Teilnehmer alle Informationen rechtzeitig?	☐	☐	☐	☐	☐	☐

Die Teilnehmer müssen wissen, was sie in der Schulung erwartet. Notwendig ist ein *Schulungskonzept*, dass einerseits auf den Bedarf der Teilnehmer ausgerichtet ist, andererseits ein genaues Bild der Anforderungen und des Angebots bietet.

Die Zielgruppe bildet die Vorgabe, als Ausgangspunkt des Planungsprozesses. In Hinblick auf die Zielgruppe sind folgende Punkte zu beachten: **Zielgruppe als Ausgangspunkt**

- Die Zielgruppen sind ausreichend präzise definiert.
- Die Zielgruppen sind in den Seminarankündigungen genau beschrieben.
- Vorkenntnisse und Vorerfahrungen der Zielgruppe sind ausreichend erfasst.

B *Bei Aufbaukursen werden für die Teilnahme entsprechende Grundkenntnisse vorausgesetzt. Fügt man als Alternative vergleichbare Vorkenntnisse hinzu, müssten diese Vorkenntnisse eigentlich benannt werden.*

Die *Ziele* der Qualifizierungsmaßnahme müssen zu der Zielgruppe passen und deren Lernbedürfnisse widerspiegeln.

Es folgt die *Beschreibung der Themen*. Sie sollte folgenden Anforderungen genügen: **Die Themen**

- alle zentralen Themen berücksichtigt
  Das Thema des Seminars, die Ziele und Bedürfnisse der Zielgruppe sollten sich in der Auswahl der Einzelthemen widerspiegeln.

- logische Abfolge der Themen
  Die Reihenfolge der Themen sollte nachvollziehbar sein. Meist bietet sich eine deduktive Abfolge an, vom Allgemeinen (Überblickswissen) zum Spezifischen (Detailwissen).

- nachvollziehbare Gewichtung der Themenblöcke
  Die Gewichtung der Themen sollte ihrer inhaltlichen Bedeutung und ihrer Bedeutung für die Zielgruppe entsprechen. Damit verbietet sich eine starke Fokussierung auf theoretisches Wissen.

- realistische Zeitansätze
  Die Zeitansätze sind so zu wählen, dass das Grundlagenwissen in strukturierter Form mit dem zum Verständnis notwendigen Differenzierungsgrad vermittelt werden kann. Zusätzlich sollte ausreichend Zeit für Gespräche, Übungen und Fragen der Teilnehmer bleiben.

Die Konsequenz ist, sorgfältig zu prüfen, welche Themen überhaupt in welcher Intensität behandelt werden sollen. Auch hier gilt das Prinzip:

- ausreichend Zeit für Einstieg ins Seminar und Abschluss
  Für Einstieg und Abschluss sind je nach Art des Seminars 45 bis 90 Minuten einzuplanen. Da die Vorbereitung der Teilnehmer auf die Umsetzung des Gelernten ein wichtiger Bestandteil jedes Seminars ist, sollte in der Abschlussphase dafür genügend Raum vorgesehen werden.

- Freiräume für Themenwünsche der Teilnehmer
  Die Teilnehmer müssen Einfluss auf die inhaltliche Ausgestaltung des Seminars haben. Deshalb sind für Zusatzthemen und für Vertiefungswünsche ebenfalls Zeitkontingente einzuräumen.

Zu den einzelnen Themen eines Seminars gehören *Inhalte*. Nimmt man diese Inhalte zusätzlich in das Seminarprogramm auf, erhöht sich die Aussagekraft des Angebots. Schließlich kann man angeben, zu welchen Zeiten im Seminar welche Themen mit welchen Inhalten behandelt werden sollen.

B *Auswahl der Lernwege*
  – *Lernwege, Lernpfade, Lernarrangements*
  – *Kriterien zur Auswahl von Lernwegen*
  – *Lernberatung und Lernbegleitung*

Die Methoden An die *Beschreibung der Methoden* sind folgende Anforderungen zu stellen:
- differenzierte Methodenbeschreibung
- neben Standardmethoden auch alternative Methoden, Methodenvarianten
- Wechsel zwischen trainer- und teilnehmerorientierten Verfahren
- ausreichende Teilnehmeraktivierung
- ausreichend Raum für Erfahrungsaustausch
- ausreichend Raum für Anwendung, Übung und Festigung
- Einsatz von Praxissimulationen bei verhaltensorientierten Seminaren.

Noch ein Tipp: Differenzieren Sie Ihre Seminarprogramme nicht zu stark aus. Geben Sie nur eine grobe Zeiteinteilung an. Ansonsten bleibt zu wenig Spielraum für die Wünsche der Teilnehmer.

Aussagekraft der Seminarbeschreibungen

	nicht erkennbar	vollständig	weitgehend	weder noch	kaum	gar nicht
1. Stehen für alle Qualifizierungsangebote aussagekräftige Beschreibungen zur Verfügung?	☐	☐	☐	☐	☐	☐
2. Gibt es Kurzbeschreibungen, etwa in Form eines Arbeitsprogramms?	☐	☐	☐	☐	☐	☐
3. Sind die Kurzbeschreibungen entsprechend aussagekräftig?	☐	☐	☐	☐	☐	☐
4. Finden sich aussagekräftige Beschreibungen der Zielgruppe, der Ziele, der Themen, der Dauer, ggf. der Kosten, Trainer, Methoden?	☐	☐	☐	☐	☐	☐
5. Sind die Aussagen kongruent? Sind sie vollständig?	☐	☐	☐	☐	☐	☐
6. Stimmen die Themen überein mit den Zielen und Zielgruppen?	☐	☐	☐	☐	☐	☐
7. Ist die Dauer angemessen?	☐	☐	☐	☐	☐	☐
8. Gibt es für alle Seminare Seminarbeschreibungen?	☐	☐	☐	☐	☐	☐
9. Haben die Beschreibungen eine einheitliche Struktur?	☐	☐	☐	☐	☐	☐
10. Sind sie übersichtlich aufgebaut? Sind die Angaben vollständig?	☐	☐	☐	☐	☐	☐
11. Enthalten Sie weitergehende Informationen gegenüber den Kurzbeschreibungen?	☐	☐	☐	☐	☐	☐
12. Sind sie detaillastig und erschweren dem Trainer so die Anpassung des Inhalts an die Teilnehmergruppe?	☐	☐	☐	☐	☐	☐
13. Gibt es Seminare für unterschiedliche Zielgruppen?	☐	☐	☐	☐	☐	☐

Eine bessere *Einstimmung der Seminarteilnehmer* kann erreicht werden, wenn diesen vorab ein Kurzskript mit wichtigen Erstinformationen zur Verfügung gestellt wird. So können sie sich schon etwas in das Thema einfinden. Zudem belegen Untersuchungen, dass sich eine solche Vorstrukturierung positiv auf das Lernergebnis auswirkt.

Einstimmung auf das Seminarthema

Eine andere Möglichkeit auf das Seminar einzustimmen: Den Teilnehmern werden vorab Reflexionsfragen oder -aufgaben zugesandt.

> **B Vorbereitung auf das Seminar Zeitmanagement**
>
> Wir möchten Sie bitten, sich als Vorbereitung auf das Seminar einmal mit den folgenden Fragen zu beschäftigen. Die Fragen werden zu Beginn des Seminars aufgegriffen.
>
> Welche Ziele möchten Sie in den nächsten Jahren beruflich erreichen?
> _____
> _____
>
> Was wollen Sie in den nächsten Monaten tun, um die Erreichung dieser Ziele zu unterstützen?
> _____
> _____
>
> Welche Hemmnisse sehen Sie bei der Erreichung der Ziele?
> _____
> _____
>
> Welche Möglichkeiten sehen Sie, mit diesen Hemmnissen umzugehen?
> _____
> _____

Eine dritte Möglichkeit ist, den Teilnehmern Einschätzungshilfen zur Verfügung zu stellen. Bei Fachthemen, IT-Themen und Fremdsprachen können es Wissenstests sein, bei verhaltensorientierten Themen die Einschätzung des Verhaltens. Die Einschätzung kann schriftlich erfolgen oder mithilfe des Computers.

Je besser die Teilnehmer wissen, was sie erwartet, je sicherer sie sind, dass die Schulung ihren Bedürfnissen entspricht, je genauer der Trainer weiß, wer mit welchen Erwartungen und mit welchen Vorkenntnissen sein Seminar besucht, desto wahrscheinlicher ist der Seminarerfolg.

Es darf nicht sein, dass der Trainer erst zu Beginn oder sogar erst während des Seminars herausfindet, dass er sich auf eine falsche Teilnehmergruppe eingestellt hat. Oder dass die Lerngruppe zu heterogen ist, um einen erfolgreichen Unterricht zu gestalten.

Vorschlag 32: Achten Sie auf eine gute Vorinformation

B	Einschätzungshilfe							
Wie gehen Sie mit Ihrer Zeit um?	nie	selten	manch-mal	norma-ler-weise	meis-tens	immer	
	1	2	3	4	5	6	Punkte
1. Auf meinem Schreibtisch liegen nur Dinge, die ich gerade brauche.	☐	☐	☐	☐	☐	☐	_____
2. Ich nehme mir täglich/wöchentlich Zeit zum Planen.	☐	☐	☐	☐	☐	☐	_____
3. Ich teile meine Arbeit bewusst nach Wichtigkeit ein.	☐	☐	☐	☐	☐	☐	
4. Ich leite keine unwichtigen Informationen an andere weiter.	☐	☐	☐	☐	☐	☐	_____
5. Ich führe ein Wiedervorlagesystem.	☐	☐	☐	☐	☐	☐	_____
6. Ich setze mir Termine für die Erledigung von Arbeiten.	☐	☐	☐	☐	☐	☐	_____
7. Ich arbeite mit Prioritätslisten.	☐	☐	☐	☐	☐	☐	_____
8. Ich behalte nur das, was ich wirklich brauche.	☐	☐	☐	☐	☐	☐	_____

2. Vorinformation der Trainer

Eine gezielte Auswahl der Teilnehmer macht nur dann Sinn, wenn der Trainer auch entsprechende Vorinformationen über die Teilnehmergruppe erhält. Und dies sollte so frühzeitig geschehen, dass der Trainer sich auf die Seminargruppe einstellen kann.

Sind dem Auftraggeber die Zielgruppe und deren Besonderheiten bekannt, kann die Einstimmung in Form eines *Vorgespräches* erfolgen.

Vorgespräch zur Vorinformation

Ein Vorgespräch ist dann von Nutzen, wenn es darum geht
- neue Seminare zu planen
- eine Seminarfolge zu entwickeln
- den Trainer auf die Besonderheiten des Hauses einzustimmen
- aus bereits durchgeführten Seminaren zu lernen und
- der Trainer nicht bei der Bedarfsanalyse beteiligt war.

Darüber hinaus sollte bei strategisch wichtigen Seminaren oder Seminaren mit einer schwierigen Zielgruppe ein Vorgespräch Standard sein.

Korrespondenzfeld: Bedarf

> **!** Vorgespräche geben Ihnen wichtige Anhaltspunkte über die Fähigkeit des Trainers, sich in Situationen hineinzudenken und didaktisch fundiert zu planen. Zudem erfahren Sie, wie flexibel er auf Änderungen reagiert. Diese Fähigkeit ist für einen Trainer besonders wichtig.

Einschätzungsbogen Die (schriftliche) Alternative bietet ein *Einschätzungsbogen*. Er beinhaltet wichtige Informationen in komprimierter Form.

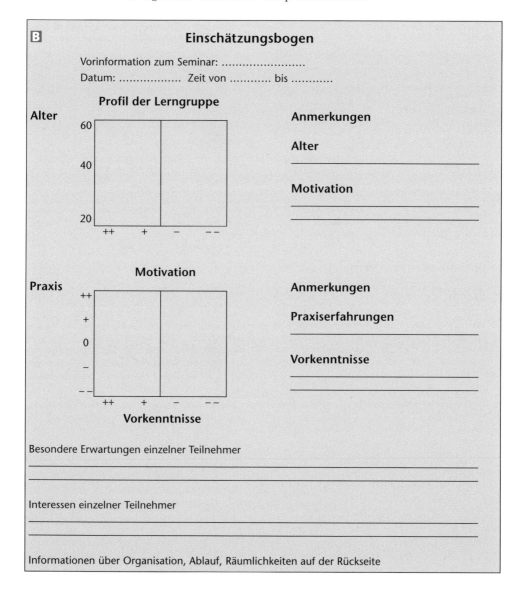

Sind dem Auftraggeber die Teilnehmer nicht oder nur teilweise bekannt, können *Ziel- und Inhaltskataloge* zum Einsatz kommen.

Ziel- und Inhaltskataloge

B   **Ziel- und Inhaltskataloge**

Umgang mit Kunden
Wir möchten die anstehenden Seminare gerne möglichst genau auf Ihre Bedürfnisse abstimmen. Deshalb bitten wir Sie, die Ziele und Themen anzukreuzen, die für Ihre Aufgaben wichtig sind und über die Sie im Rahmen des Seminars gerne mehr erfahren möchten.

Name: ....   Sachgebiet: ....

	sehr wichtig	wichtig	weniger wichtig	unwichtig
Ziele				
lernen, den Kunden als Kunden zu sehen	☐	☐	☐	☐
Verhaltensweisen gegenüber Kunden reflektieren	☐	☐	☐	☐
Kommunikation mit Kunden verbessern	☐	☐	☐	☐
Möglichkeiten einer besonders kundenfreundlichen Organisation kennen lernen	☐	☐	☐	☐
Inhalte				
Grundsätze einer kundenfreundlichen Organisation	☐	☐	☐	☐
Kundenfreundlichkeit im Alltag	☐	☐	☐	☐
Kunde als Besucher	☐	☐	☐	☐
Gespräche mit Kunden	☐	☐	☐	☐
telefonieren mit Kunden	☐	☐	☐	☐
Umgang mit Beschwerden	☐	☐	☐	☐
Umgang mit schwierigen Kundensituationen	☐	☐	☐	☐

_____

_____

Welche Erwartungen haben Sie an das Seminar?

_____

_____

_____

Vielen Dank für Ihre Unterstützung.

Je besser die Vorinformation, desto wahrscheinlicher der Seminarerfolg.

Wichtig ist: Ein Trainer muss bereit und in der Lage sein, diese Vorinformationen zu nutzen, um seine Seminare teilnehmerorientiert zu gestalten. Wenn ein Trainer dies nicht tut und trotz der Detailinformationen sein Standardseminar abspult, sollten Sie überlegen, ob Sie weiterhin mit ihm zusammenarbeiten wollen. Vielleicht erhält dieser Trainer gute Seminarkritiken, doch er ist sicher kein Trainer, der an einer konstruktiven Transferwirkung interessiert ist.

Vorinformation des Trainers	nicht erkennbar	vollständig	weitgehend	weder noch	kaum	gar nicht
1. Erhält der Trainer Informationen zu den Teilnehmern?	☐	☐	☐	☐	☐	☐
2. Erhält er Informationen zu den Rahmenbedingungen?	☐	☐	☐	☐	☐	☐
3. Sind die Informationen enstprechend umfangreich?	☐	☐	☐	☐	☐	☐
4. Ist die Aussagekraft ausreichend?	☐	☐	☐	☐	☐	☐
5. Werden irrelevante Informationen weitergegeben?	☐	☐	☐	☐	☐	☐
6. Wird der Trainer frühzeitig informiert?	☐	☐	☐	☐	☐	☐
7. Werden Seminarinhalte, Besonderheiten der Teilnehmergruppe und Ziele vorab mit dem Trainer besprochen?	☐	☐	☐	☐	☐	☐
8. Werden im Vorfeld von verhaltensorientierten Seminaren Situationsanalysen durchgeführt?	☐	☐	☐	☐	☐	☐
9. Werden Trainer bei Bedarf zu einem Vorgespräch gebeten?	☐	☐	☐	☐	☐	☐

Vorschlag 33: Überprüfen Sie den Nutzen der Qualifizierung

Mit den folgenden Fragen können Sie abschließend überprüfen, ob Qualifizierungen tatsächlich geeignet sind, den Bedarf zu decken, und welche Art der Qualifizierung sich besonders anbietet.

Die erste Frage lautet:
- *Sind Qualifizierungsmaßnahmen bei dieser Bedarfssituation überhaupt sinnvoll?*
  Bei der Bedarfsanalyse können sich Punkte ergeben, die sich nicht oder nur partiell über *Weiterbildung* und andere unterstützende Maßnahmen verändern lassen. Beispiele sind Kritikfähigkeit und Kreativität: Hier können Techniken vermittelt werden, persönliche Fähigkeiten lassen sich – wenn überhaupt – nur langfristig und mit hohem Aufwand verändern.

Zudem gibt es Faktoren, die ihre Ursachen in der Organisation der Arbeit oder in der Zusammenarbeit haben. Dann können organisatorische Maßnahmen sinnvoll sein, beispielsweise: **Bedarfsituation und Ursachenforschung**
- Veränderungen bei den Arbeitsaufgaben
- Veränderungen bei der Verteilung von Aufgaben
- verstärkte Teamarbeit
- Versetzung des Mitarbeiters.

Zur Bedarfsanalyse gehört auch das Aufspüren
- fehlender Ressourcen
- mangelnder Ausstattung
- veralteter Technik
- unstrukturierter, umständlicher Abläufe.

Solche Negativlisten sollten unbedingt überprüft werden. Möglicherweise verstecken sich die Mängel in einem der Felder? Und dann wäre Weiterbildung vielleicht der falsche Weg.

Ursachen können auch in fehlenden Absprachen oder mangelnder Kooperation liegen. Dann gilt es zu klären, ob Änderungen in der Arbeitsorganisation oder Teamzusammenstellung erforderlich sind. Wäre hier eine Teamentwicklung vielversprechender?

Entwicklungsmaßnahmen betreffen nicht nur die Qualifikation, sondern auch die Motivation der Mitarbeiter, und zwar als Individuum und Team-

Entwicklungsmaßnahmen und Motivation mitglied. Denn bei jedem Mitarbeiter ergibt sich ein ganz individuelles Bild, das sich zusammensetzt aus *Motivation*, persönlichen Fähigkeiten und Fertigkeiten.

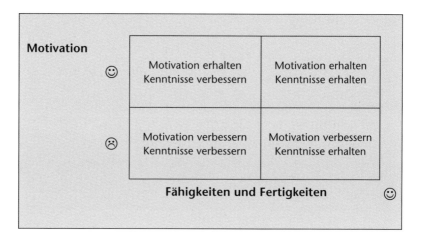

Auch hier sollten Sie kritisch hinterfragen: Sind Schulungen zur nachhaltigen Verbesserung der Motivation geeignet? Gibt es Alternativen, die mehr Erfolg versprechen? Zusammengefasst bedeutet dies:

Soll-Ist-Vergleich

Qualifikation entspricht Anforderungen?

ja			nein	
Maßnahmen zum Erhalt der Qualifikation notwendig?			Defizite durch Qualifizierung abzubauen?	
ja	nein		ja	nein
	Maßnahmen zum Erhalt der Motivation notwendig?			Organisatorische Veränderungen sinnvoll?
	ja	nein		ja	nein
Qualifizierungsmaßnahmen einleiten	Maßnahmen einleiten		Qualifizierungsmaßnahmen einleiten	Organisatorische Maßnahmen einleiten

- *Reichen individuelle Maßnahmen aus?*
  Jeder Mitarbeiter steht in Interaktion mit Kollegen, Vorgesetzten oder Mitarbeitern. Einzelmaßnahmen wie die Teilnahme an einem Seminar können ins Leere laufen, wenn das Umfeld ebenfalls betroffen ist und die Umsetzung des Gelernten am Umfeld scheitert.

Geeignete Maßnahmen

B *Wenn Konflikte innerhalb einer Arbeitsgruppe bestehen, hilft es wenig, einen einzelnen Mitarbeiter zu einem Konfliktmanagement-Seminar zu schicken.*

Hier sind Analysen der Zusammenarbeit erforderlich, die Teamschulungen nach sich ziehen können.

- *Welche Maßnahmen eignen sich am besten?*
  Es gibt eine ganze Reihe von Maßnahmen zur Bedarfsdeckung. Die Kunst ist, ein breites Repertoire an Möglichkeiten zu schaffen und diese Möglichkeiten gezielt zu nutzen. Schulungen sind nur ein, wenn auch wichtiges, Instrument. Beratung, Unterstützung, Coaching, Teilnahme an Kongressen, Erfahrungsaustausch sind weitere Möglichkeiten. Hinzu kommen verschiedene alternative Lernwege.
  Es geht darum, die Weiterbildung möglichst genau an den Bedarf anzupassen. Und: Falls sich ein Seminar als beste Form der Bedarfsdeckung erwiesen hat, dieses Seminar dann passgenau und mit einem guten Umsetzungsbezug durchzuführen.

Korrespondenzfeld: Bedarf

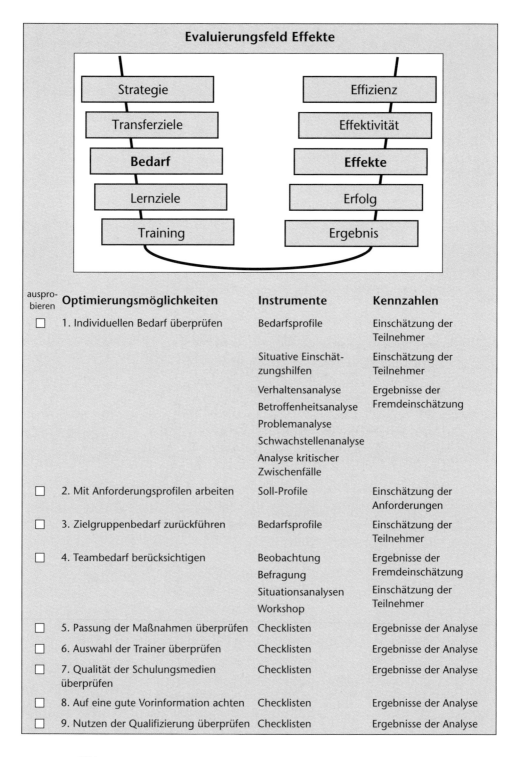

auspro-bieren	Optimierungsmöglichkeiten	Instrumente	Kennzahlen
☐	1. Individuellen Bedarf überprüfen	Bedarfsprofile	Einschätzung der Teilnehmer
		Situative Einschätzungshilfen	Einschätzung der Teilnehmer
		Verhaltensanalyse	Ergebnisse der Fremdeinschätzung
		Betroffenheitsanalyse	
		Problemanalyse	
		Schwachstellenanalyse	
		Analyse kritischer Zwischenfälle	
☐	2. Mit Anforderungsprofilen arbeiten	Soll-Profile	Einschätzung der Anforderungen
☐	3. Zielgruppenbedarf zurückführen	Bedarfsprofile	Einschätzung der Teilnehmer
☐	4. Teambedarf berücksichtigen	Beobachtung	Ergebnisse der Fremdeinschätzung
		Befragung	
		Situationsanalysen	Einschätzung der Teilnehmer
		Workshop	
☐	5. Passung der Maßnahmen überprüfen	Checklisten	Ergebnisse der Analyse
☐	6. Auswahl der Trainer überprüfen	Checklisten	Ergebnisse der Analyse
☐	7. Qualität der Schulungsmedien überprüfen	Checklisten	Ergebnisse der Analyse
☐	8. Auf eine gute Vorinformation achten	Checklisten	Ergebnisse der Analyse
☐	9. Nutzen der Qualifizierung überprüfen	Checklisten	Ergebnisse der Analyse

Vierter Fokus: Steigerung der Effektivität

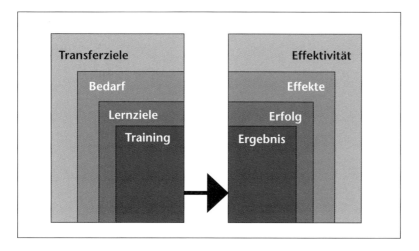

Qualifizierungen sollen helfen, Ziele zu erreichen – nicht nur die Lernziele, die für die Schulung definiert werden.

Entscheidend ist, ob Qualifizierungen zur Verbesserung der Leistungsfähigkeit des Mitarbeiters, zur Erhöhung der Produktivität beitragen. Aus diesem Blickwinkel betrachtet sind Qualifizierungen Projekte. Und: Projekte haben nur eine Aufgabe – gesetzte Ziele zu erreichen.

Die gesamte Planung der Qualifizierung orientiert sich an diesen Zielen. Und am Ende sind die Ziele der Gradmesser, ob die Qualifizierung erfolgreich war. Dieser Ansatz hat viel Charme, denn wie heißt es so schön: *Wenn man nicht weiß, wo man hin will, darf man sich auch nicht wundern, wo man ankommt.*

Ziele als Gradmesser

Die Frage lautet nicht mehr: *Welche Trainings braucht welcher Mitarbeiter?*
Sondern: *Welche Trainings sind notwendig, um welche Ziele zu erreichen?*

Und spätestens ab diesem Punkt macht es keinen Sinn mehr, erst die Ergebnisse zu betrachten und dann das Korrespondenzfeld. Die Steuerungsfunktion von Mitarbeiterzielen und im zweiten Schritt der Unternehmensstrategie erfordert zunächst eine Betrachtung der Vorgaben und dann die Betrachtung der Umsetzung dieser Vorgaben, der Ergebnisfelder.

Vorschlag 34: Definieren Sie die Leistungsziele

Die Notwendigkeit für Qualifizierungen entwickelt sich aus der täglichen Arbeit heraus: Hier zeigen sich Wirkungen der Qualifizierungen. Deshalb ist es sinnvoll, vorab zu definieren, was der Mitarbeiter mit der Qualifizierung erreichen will.

Gleichzeitig kann auch festgelegt werden, an welchen Kennwerten der Mitarbeiter den Erfolg ermitteln will. Dies müsste jedoch vor der Schulung abgefragt werden.

B Ziele der Schulung

Welche Ziele streben Sie mit der Schulung an?

Kennwert

Woran erkennen Sie, dass die einzelnen Ziele erreicht wurden?

Definition von Qualifizierungszielen

Die Bedarfsanalyse und die Definition der Qualifizierungsziele sollten zwischen Mitarbeiter und Vorgesetztem, im Rahmen einer Personalentwicklung und unter Berücksichtigung der Ziele der Organisation und der Ziele des Mitarbeiters erfolgen.

Dazu ist ein Gespräch notwendig. Wie dieses Gespräch bezeichnet wird, ob Qualifikationsgespräch, Mitarbeitergespräch, Fördergespräch, Bilanzgespräch, Jahresgespräch oder Zielvereinbarungsgespräch, ist nachrangig. Wichtig ist, dass es stattfindet. Und: Wichtig ist auch, dass am Ende Ziele stehen, die realistisch sind, präzise beschrieben und überprüfbar sind.

Damit wären zwei wesentliche Voraussetzungen für eine erfolgreiche Qualifizierung gegeben:
- Vorgesetzte übernehmen zusammen mit ihren Mitarbeitern die Verantwortung für die Qualifizierung.
- Weiterbildung wird zu einem wichtigen integrierten Bestandteil einer individuellen Entwicklungs- und Förderstrategie.

Noch günstiger ist es, wenn Vorgesetzte nicht nur Ziele mit dem Mitarbeiter definieren, sondern in einem Gespräch mit dem Trainer auch den Schulungsbedarf erläutern und die passenden Maßnahmen abstimmen.

Das dürfte beim Bedarf einzelner Mitarbeiter wegen des Aufwandes die Ausnahme bleiben. Bei Teamschulungen bietet sich ein solches Vorgehen sicherlich an. Zudem sollte eine genaue Analyse vor Ort, möglichst zusammen mit der Teilnehmergruppe, durchgeführt werden. Der große Vorteil: Hier können Evaluierungsinstrumente zum Einsatz kommen, die auch bei der Überprüfung des Transfers eingesetzt werden.

Qualifizierungsziele ließen sich damit direkt aus den vereinbarten Zielen ableiten.

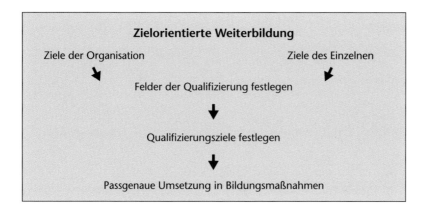

Ermittlung des Bildungsbedarfs

Zur Ermittlung und Weitergabe des Bildungsbedarfs sollte ein Formblatt genutzt werden. Dabei ist darauf zu achten, dass zwischen dem individuellen Bedarf und dem Bedarf des Teams unterschieden wird. Wichtig ist, dass ein solcher Bogen systematisch genutzt wird, dass bei allen Personalentwicklungsmaßnahmen, bei denen Ziele definiert werden, auch der Bildungsbedarf ermittelt wird.

B	**Bildungsbedarf**			
Ergebnis des Mitarbeitergesprächs zwischen				
Vorgesetzter:	_____			
Mitarbeiter:	_____			
Datum:	_____			
Priorität	Gewünschte Maßnahmen	Bedarf		Zeitraum
		individuell	Team	
		individuell	Team	_____
		individuell	Team	_____
		individuell	Team	_____
		individuell	Team	_____
		individuell	Team	_____

Ziele können sich nicht nur auf den Einzelnen, sondern auch auf seine Funktion im Team beziehen.

Vorschlag 35: Nehmen Sie Förderziele mit auf

Vielleicht verfügen Mitarbeiter über Kompetenzen, die am Arbeitsplatz nicht oder nur partiell gebraucht werden. Oder sie erledigen aufgrund überdurchschnittlicher Begabungen und besonderem Engagement ihre Aufgaben besser als andere. Dies kann ein Ansatzpunkt sein für gezielte Fördermaßnahmen, eine zweite Form von Qualifizierungsbedarf: ungenutzte oder unzureichend genutzte Potenziale zu entwickeln. Denn (fast) jeder Mitarbeiter besitzt Fähigkeiten und Fertigkeiten, die ausbaufähig sind und die dem Unternehmen zugute kommen könnten.

Mitarbeiter können individuell gefördert und dadurch befähigt werden, neue Aufgaben zu übernehmen.

> **Grundlage für alle Maßnahmen zur Potenzialentwicklung ist das Interesse des Mitarbeiters. Alle Maßnahmen sollten auf**

> freiwilliger Basis durchgeführt werden. Denn: Kein Mitarbeiter kann »*entwickelt werden*«. Er muss sich selbst entwickeln und Vorgesetzter oder Personalabteilung sollten ihn dabei unterstützen.

Personalentwicklung ist also weit mehr als die Anpassung von Qualifikation der Mitarbeiter an den betreffenden Arbeitsplatz. Sie hat auch die Funktion, Fähigkeiten und Fertigkeiten von Mitarbeitern zu erkennen und auszubauen.

Fördermaßnahmen sollen den Erfahrungshorizont des einzelnen Mitarbeiters erweitern und darüber hinaus

- ein Erstarren in der Routine verhindern.
- Flexibilität und Kreativität fördern.
- zu starker Spezialisierung entgegenwirken.
- Stärken des Mitarbeiters aus- und Schwächen abbauen.

Fördermaßnahmen und Potenzialentwicklung

Potenzialentwicklung hilft, Mitarbeiter gemäß ihren Fähigkeiten einzusetzen. Dies kann sich wiederum positiv auf die *Motivation* und Arbeitsleistung auswirken. Aber natürlich profitiert auch der Mitarbeiter selbst, weil er durch die Förderung befähigt wird, neue, attraktive Aufgaben zu übernehmen.

Maßnahmen zur Mitarbeiterförderung stehen in Korrespondenz mit dem Bedarf der Organisation. Dies ist eine ebenso einfache wie wichtige Aussage. Potenziale lassen sich immer nur auf bestimmte Anforderungen hin entwickeln, auf eine bestimmte Aufgabe. Denn die Potenziale der Mitarbeiter sollen der Organisation zugute kommen. Deshalb beginnt Potenzialentwicklung mit der Festlegung eines Anforderungsprofils für eine *Zielfunktion,* wobei das Anforderungsprofil wiederum mit bestimmten Aufgaben, zum Beispiel mit Führungsaufgaben, verbunden ist.

Mitarbeiterförderung und Bedarf der Organisation

```
Ausgangspunkt: Zielfunktion
Anforderungen an die Zielfunktion
            ⇕
Potenziale des Mitarbeiters
Ausgangspunkt: Mitarbeiter
```

Beispielsweise hat es keinen Sinn, viele Mitarbeiter auf Führungspositionen vorzubereiten, wenn diese Führungspositionen nicht geschaffen werden können.

> **!** Die Förderung des Potenzials darf nicht zu einer *Überqualifizierung* und damit möglicherweise zu einer Unzufriedenheit mit der Arbeitssituation führen.

Potenzialentwicklung besteht aus zwei Komponenten: Potenzialanalyse und Potenzialförderung.

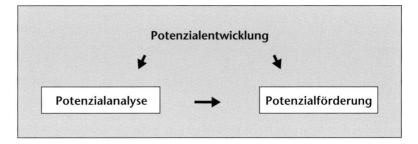

Potenzialanalyse Im Mittelpunkt der Potenzialanalyse steht die Prognose von Verhalten. Diese Prognose soll die Frage klären helfen, wie der Mitarbeiter in Zukunft am besten einzusetzen ist.

Es gibt verschiedene Möglichkeiten, Daten für die Potenzialanalyse zu gewinnen. Primär geht es um die Fragen:
- Wo liegen die persönlichen Stärken?
- Welche Fähigkeiten sind ausbaufähig?

Situative Diagnoseverfahren *(Förder-Assessment-Center)* eignen sich besonders zur Analyse. Allerdings sind solche Assessments wegen des hohen Aufwands meist auf die Förderung von Führungskräften beschränkt.

Andere Möglichkeiten der Analyse sind *computergestützte Potenzialanalysen* oder auch Mitarbeiter- und Beurteilungsgespräche.

Die einfachste und auch gebräuchlichste Form der Potenzialeinschätzung sind Fragebögen. Grundlage für die Einschätzung sind Statements oder Fragen zu wichtigen Verhaltensmerkmalen.

Typische Verhaltensmerkmale:
- Engagement und Motivation
- Auffassungsgabe, Reflexionsvermögen und Lernfähigkeit
- Selbständigkeit, Entscheidungsfreude, Urteilsfähigkeit
- Interessen und Neigungen
- persönliche Eigenschaften und Merkmale.

Die Einschätzung sollte durch den Mitarbeiter selbst *(Selbsteinschätzung)* und durch den Vorgesetzten *(Fremdeinschätzung)* erfolgen – vielleicht ergänzend durch Kollegen und Mitarbeiter.

Selbst- und Fremdeinschätzung

Selbst- und Fremdeinschätzung werden anschließend miteinander und mit einem Anforderungsprofil verglichen. Dieses Anforderungsprofil ist die *Zielpositon* bei der Entwicklung des Mitarbeiters.

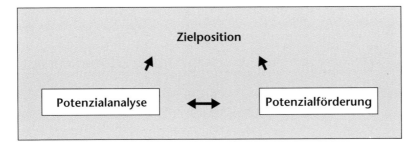

Bei Potenzialanalysen stehen damit im Idealfall drei verschiedene Datenquellen zu Verfügung:
- Anforderungen des Zielsystems
- Selbsteinschätzung
- Fremdeinschätzungen.

Theoretisch ist es möglich, dass alle drei Werte bei allen Analysepunkten übereinstimmen. Damit wäre der ideale Bewerber gefunden bzw. es wären keine Fördermaßnahmen notwendig. Mitarbeiter und Vorgesetzte könnten sich gegenseitig zu ihren präzisen Einschätzungen beglückwünschen. Dies dürfte jedoch fast immer Theorie bleiben. Denn meist finden sich merkliche Unterschiede in der Beurteilung.

Divergieren die Werte, gibt es Unterschiede zwischen Zielsystem und Einschätzungen, zwischen Selbst- und Fremdeinschätzung, ist dies eine gute Grundlage für ein Gespräch. Hier können Unterschiede besprochen und Möglichkeiten gesucht werden, Zielanforderungen und Einschätzungen anzugleichen.

Entwicklungsplan Nach der Bestandsaufnahme steht die Ausarbeitung eines *Entwicklungsplans an, mit dessen Hilfe* Stärken ausgebaut und Schwächen beseitigen werden können. Und: Der dazu beiträgt, Motivation und Leistung des Mitarbeiters weiter zu fördern.

Dieser Entwicklungsplan umfasst präzise Zielvereinbarungen und Maßnahmenpläne.

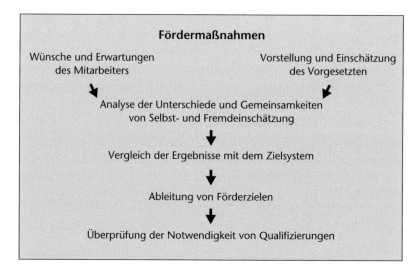

Bei Fördermaßnahmen über Qualifizierungen sollte man sich immer darüber im Klaren sein, dass es hier auch Grenzen gibt, insbesondere im Bereich der persönlichen Kompetenzen. Dazu zählen beispielsweise Spontaneität, Kreativität und Durchsetzungsvermögen. Auch wenn sich bestimmte Techniken erlernen lassen, erzielt deren Anwendung häufig doch nicht die erhoffte Wirkung. Je mehr bestimmte Eigenschaften in der Persönlichkeit des Menschen verankert sind, desto schwieriger wird es sein, hier Veränderungen zu erreichen.

Ist keine Entwicklung möglich, muss überlegt werden, wie wichtig die Kompetenzen tatsächlich für die Zielposition oder die Zielaufgabe sind.

Kompetenzbereiche	Möglichkeiten der Förderung durch Qualifizierung		
	hoch	mittel	gering
Persönliche Kompetenz			•
Fachkompetenz	•		
Methodenkompetenz	•		
Sozialkompetenz		•	
Führungskompetenz		•	

Für Bildungscontrolling eröffnet sich bei Fördermaßnahmen die Möglichkeit, einerseits im Vergleich zwischen vorhandenen Fähigkeiten und Fertigkeiten des Einzelnen und den Anforderungen der Zielposition exakte Qualifizierungsziele abzuleiten, andererseits die Anforderungen an die Zielposition als Gradmesser für den Erfolg von Schulungsmaßnahmen heranzuziehen. Zur Ergebnissicherung können wiederum die Analysemethoden der Potenzialanalyse angewendet werden.

Förderung über Qualifizierung	nicht erkenn- bar	voll- ständig	weit- gehend	weder noch	kaum	gar nicht
1. Wird bei Mitarbeitern nach Kompetenzen gefahndet, die am Arbeitsplatz nicht oder nur partiell genutzt werden?	☐	☐	☐	☐	☐	☐
2. Werden systematisch Potenzialanalysen durchgeführt?	☐	☐	☐	☐	☐	☐
3. Ist die Förderung auf den Bedarf der Organisation abgestimmt?	☐	☐	☐	☐	☐	☐
4. Werden der Förderung die Anforderungs- profile von Zielpositionen zugrunde gelegt?	☐	☐	☐	☐	☐	☐
5. Wird das Potenzial über Selbst- und Fremdeinschätzung ermittelt?	☐	☐	☐	☐	☐	☐
6. Werden Assessments als Analyseinstrument eingesetzt?	☐	☐	☐	☐	☐	☐
7. Werden computergestützte Potenzial- analysen genutzt?	☐	☐	☐	☐	☐	☐
8. Werden systematisch andere Personal- entwicklungsmaßnahmen, etwa Mitarbei- tergespräche analysiert?	☐	☐	☐	☐	☐	☐
9. Existieren individuelle Entwicklungspläne?	☐	☐	☐	☐	☐	☐
10. Sind die Qualifizierungen auf die Entwicklungspläne abgestimmt?	☐	☐	☐	☐	☐	☐

Vorschlag 36: Machen Sie Ziele greifbar

Alle Zielvereinbarungen sollten schriftlich fixiert werden – möglichst auf einem Formblatt.

Wenn viele Ziele vereinbart werden, sollte zusätzlich festgehal- ten werden, welche Ziele vorrangig sind, welche nachrangig. In diesem Zusammenhang kann man unterscheiden zwischen
  – *Muss-Zielen*
  – *Soll-Zielen*
  – *Kann-Zielen.*

Zielsetzungen ohne die Möglichkeit, eine Zielerreichung zu überprüfen, sind für das Bildungscontrolling nutzlos. Deshalb sind an die Zielsetzung als Grundlage der Qualitätssicherung allgemein und an die Zielformulierung im Besonderen ganz bestimmte Forderungen zu stellen.

Zielformulierungen

- *überschaubar*
  Es ist besser, sich auf wenige, wesentliche Ziele zu beschränken, als eine Fülle an Zielen festzulegen, die sich so gar nicht erreichen lassen.

- *widerspruchsfrei*
  Ziele dürfen sich nicht gegenseitig widersprechen, das führt zu Unsicherheit und Demotivation.

- *realistisch, aussagekräftig und konkret*
  Ein Ziel ist nutzlos, wenn es nicht umgesetzt werden kann. Deshalb sollte die Arbeitskapazität der Mitarbeiter ebenso berücksichtigt werden, wie die sachliche und finanzielle Ausstattung. Je schlechter die Rahmenbedingungen, desto schwieriger wird es, gesetzte Ziele überhaupt zu erreichen.

Ganz wichtig: Ziele müssen durchsetzbar sein und nicht den Widerstand der Beteiligten provozieren.

B *Negatives Beispiel:*
Wir wollen alle Vorgesetzten bis zum Sommer in vierwöchigen Präsenzveranstaltungen für ihre Führungsaufgabe qualifizieren, unabhängig davon, wie lange sie bereits in Führungspositionen sind.

- *positiv formuliert*
  Ziele sollen anspornen. Das ist mit negativen Formulierungen nur schwer zu erreichen, da hier immer ein Defizit unterstellt wird.

B *Negatives Beispiel:*
Alle Mitarbeiter müssen dreimal im Jahr an einem verhaltensorientierten Seminar teilnehmen.

- *terminbezogen*
  Wer Ziele setzt, muss auch sagen, bis wann sie erreicht sein sollen. Bei langfristigen und wichtigen Zielen macht es Sinn, nicht nur den Endtermin, sondern auch Zwischentermine zu setzen.

> ▣ *Bis zum 31.12. sollen alle Mitarbeiter im Call-Center die Möglichkeit haben, an einer Grundschulung zum Thema Umgang mit Kunden am Telefon teilzunehmen.*

Bitte beachten Sie: Nicht jedes Ziel ist automatisch ein wertvolles Ziel, nicht immer sind Schulungen der richtige Weg, um die Effizienz zu erhöhen.

> ▣ *Ihre Sachbearbeiter verbringen jeden Tag mehrere Stunden mit dem Lesen von E-Mails, Memos, Berichten usw. Sie beschließen, für diese Zielgruppe einen Schnelllese-Kurs anzubieten.*

Das ist sicherlich eine Möglichkeit, aber: Vielleicht wäre es noch besser, die Leseflut einzudämmen, überflüssige interne Kommunikation zu vermeiden und Standards für das Abfassen von Berichten einzuführen.

> ▣ *Die Führungskräfte einer Abteilung nehmen ihre Führungsaufgaben nicht wahr. Die Mitarbeiter klagen, dass Ziele ständig geändert werden und sie widersprüchliche Anweisungen bekommen.*

Erst im Seminar stellt sich heraus, dass das eigentliche Problem in der Person des Vorgesetzten der Referatsleiter liegt. Dieser zeigt genau das Verhalten, das die Mitarbeiter bei ihren direkten Vorgesetzten, den Referatsleitern, bemängeln. Die Referatsleiter haben Probleme, den Spagat zwischen dem Führungsstil ihres Vorgesetzten und den (berechtigten) Wünschen ihrer Mitarbeiter zu schaffen. Fazit: Es wäre wesentlich wirkungsvoller gewesen, den Abteilungsleiter zu coachen.

Aufgrund der Ergebnisse von Mitarbeiterbefragungen und der Erarbeitung von Unternehmenszielen und Leitvorstellungen kann ein Qualifizierungsbedarf für bestimmte Zielgruppen sichtbar werden:

> ▣ *Um eine bessere Kundenorientierung zu erreichen, können für Mitarbeiter mit viel Kundenkontakt Seminare zum Thema »Richtiger Umgang mit Kunden« angeboten werden.*
> *Um eine größere Kundennähe zu erreichen, kann ein Call-Center eingerichtet werden. Das wiederum zieht einen erhöhten Schulungsbedarf nach sich.*

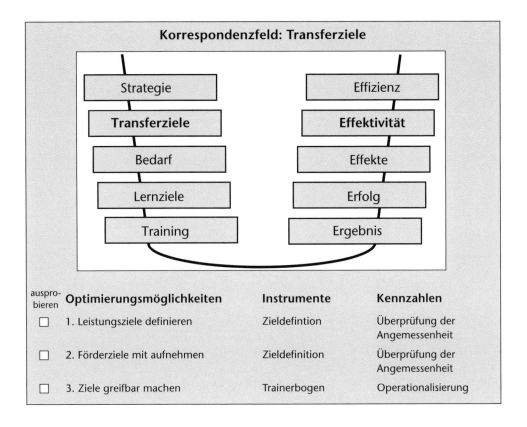

Ergebnisfeld: Zielerreichung

Sind die Ziele definiert, können Sie nach der Qualifizierung die Umsetzung über Ziele steuern und die Zielerreichung kontrollieren.

Vorschlag 37: Steuern Sie die Umsetzung über Ziele

Nicht alle gesteckten Ziele werden sich bis zum Ende der Schulung erreichen lassen. Meist gehört die Anwendung des Wissens dazu, das Erproben neuer Verhaltensweisen in der Praxis.

Deshalb wäre es von Vorteil, nach der Schulung eine erste Bilanz zu ziehen: Welche Ziele wurden bereits erreicht? Welche Ziele kommen erst in der Umsetzung zum Tragen? Welche neuen Ziele ergeben sich für den Transfer?

Diese Analyse sollte wieder im Gespräch zwischen Mitarbeiter und Vorgesetztem geschehen.

Umsetzungsgespräch

In einem solchen *Umsetzungsgespräch*
- wird die Qualität des Seminars kritisch hinterfragt
- werden die Seminarergebnisse noch einmal besprochen
- werden die im Seminar erreichten Ziele mit den im Mitarbeiter- oder Weiterbildungsgespräch vereinbarten Zielen verglichen
- werden Maßnahmen diskutiert, die die Umsetzung erleichtern und unterstützen sollen,
- werden neue Ziele für die Umsetzung vereinbart.

Ergebnisfeld: Zielerreichung

Umsetzungsgespräch

Mitarbeiter .... Vorgesetzter ....

Seminar .... Datum ....

Erwartungen und Nutzen

Welche Erwartungen hatten Sie an das Seminar?

In welchem Umfang wurden diese Erwartungen erfüllt?

Welchen zusätzlichen Nutzen sehen Sie für die Praxis?

Wie wurde im Seminar die Umsetzung des Gelernten in die Praxis vorbereitet?

Ziele

Wurden die Ziele erreicht? *(Bitte Ziele anhand der Zielliste kontrollieren)*

Was folgt jetzt nach der Teilnahme?

Ziele
1.
2.
3.
4.
5.

Maßnahme/Aktivität   Termin
1.
2.
3.
4.
5.

Welche Hindernisse können bei der Umsetzung auftauchen?

Wie kann der Vorgesetzte den Erfolg der Umsetzung unterstützen?

Wann soll das Auswertungsgespräch (Transfergespräch) erfolgen?

Das Ergebnis eines solchen Umsetzungsgesprächs kann dokumentiert und für Controllingzwecke verwendet werden.

Vorschlag 38: Überprüfen Sie den Erfolg der Zielumsetzung

Die Effektivität von Qualifizierungen lässt sich nur hinreichend ermitteln, wenn die Abfrage der Zielerreichung an verschiedenen Punkten im Qualifizierungsprozess ansetzt und mit unterschiedlichen Methoden erfolgt. Zwei Messpunkte sind mindestens notwendig, nämlich am Ende der Qualifizierung und am Ende der Umsetzung.

Die Evaluation der Effektivität ist vergleichsweise einfach: Sie überprüfen, ob der einzelne Teilnehmer die *Ziele der Qualifizierung* erreicht hat. Die Effektivität lässt sich aber nur dann evaluieren, wenn jeder Teilnehmer *vor* der Qualifizierung seine individuellen Ziele bestimmt – am besten zusammen mit dem Vorgesetzten im Rahmen eines *Mitarbeiter-, Förder- oder Zielvereinbarungsgesprächs*, ersatzweise in einem *Qualifizierungsgesprächs*. Die Ziele müssen eine bestimmte Qualität aufweisen und – wie bei der Lernzielkontrolle – operationalisiert werden. Noch genauer ist es, wenn einer solchen subjektiven Einschätzung handfeste Daten zugrunde gelegt werden können.

Hier zeigt sich eine Gemeinsamkeit von Erfolgsevaluation und Evaluation der Effektivität: Am Anfang stehen Ziele, die so formuliert werden müssen, dass sie beobachtbar und bewertbar sind. Der wesentliche Unterschied: Bei der Lernzielkontrolle stehen Lernziele im Mittelpunkt, die meist schon am Ende der Qualifizierung erreicht werden können. Bei der Effektivität stehen die arbeitsplatz- und förderbezogenen Ziele des einzelnen Teilnehmers im Mittelpunkt.

Das Erreichen der Ziele muss im Einflussbereich des Teilnehmers liegen. Eine Zielerreichung, die von anderen Personen oder bestimmten Umständen abhängig ist, führt meist zu Demotivation.

Werden Ziele verfehlt, sollten Sie bei der *Überprüfung der Zielerreichung* die Ziele selbst und auch die Rahmenbedingungen kritisch unter die Lupe genommen werden:
- War das Ziel in der verfügbaren Zeit vielleicht gar nicht zu erreichen?

Überprüfung der Zielerreichung

- Fehlten die notwendigen Kompetenzen und Mittel?
- Fehlte es dem Mitarbeiter an Wissen und Fähigkeiten?
- Lag es an ungünstigen Rahmenbedingungen?

Das Ergebnis dieser Analyse sollte sich in neuen Zielen niederschlagen, etwa:
- Aufsplittung in Teilziele
- Veränderung des Zeitansatzes
- Übertragung von zusätzlichen Kompetenzen
- Durchführung weiterer Qualifizierungsmaßnahmen
- Veränderung von Rahmenbedingungen.

Überprüfung der Effektivität

		ja	nein
1.	Gibt es Ziele für die Arbeit der Organisationseinheit?	☐	☐
2.	Lassen sich daraus Leistungsziele für die Arbeit des Mitarbeiters ableiten?	☐	☐
3.	Lassen sich die Leistungsziele in Sachziele, Kostenziele und Terminziele aufgliedern?	☐	☐
4.	Sind die Ziele operationalisierbar, können sie als beobachtbares Verhalten definiert werden?	☐	☐
5.	Gibt es Förderziele für einzelne Mitarbeiter?	☐	☐
6.	Sind diese Förderziele auf bestimmte Zielpositionen oder Karrierestufen ausgerichtet?	☐	☐
7.	Steht der Mitarbeiter hinter den Zielen? Sind sie für ihn wichtig und motivierend?	☐	☐
8.	Existieren Ziele für die Teamarbeit?	☐	☐
9.	Sind Mitarbeitergespräche und Zielvereinbarungen im Unternehmen als Personalentwicklungsinstrumente eingeführt?	☐	☐
10.	Ist der Aufwand zur Entwicklung und Überprüfung der Ziele gerechtfertigt? Stehen die Kosten der Evaluation in Relation zum Nutzen?	☐	☐

Vorschlag 38: Überprüfen Sie den Erfolg der Zielumsetzung

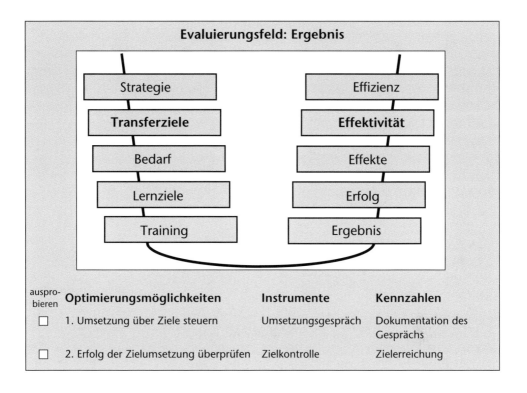

Fünfter Fokus: Steigerung der Effizienz

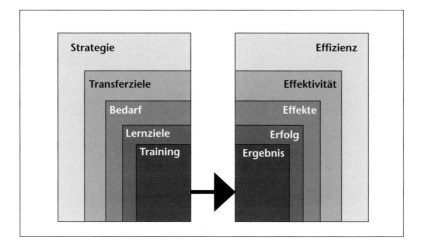

Weiterbildung muss einen konkreten Nutzen bringen, für den Mitarbeiter und für die Organisation. Schulungen, die nur Motivation schaffen, dürften deshalb nur in Ausnahmefällen legitim sein. Bei der Weiterbildung steht der Mitarbeiter im Mittelpunkt, aber die Organisation im Vordergrund – wie bei allen Maßnahmen der Personalentwicklung. Was wir brauchen, ist eine *Win-Win-Situation*: Mitarbeiter und Organisation profitieren.

Die Ziele des Einzelnen stehen nicht alleine. Sie müssen mit den Zielen des Teams, den Zielen der Arbeitseinheit und den Zielen der Organisation verknüpft werden. Nur wenn die Ziele des Einzelnen die Strategie des Unternehmens stützen, wenn alle an einem Strick ziehen und die Ziele aller Mitarbeiter synchronisiert sind, gewinnt auch die Aus- und Weiterbildung eine strategische Bedeutung.

Ziele mit Win-Win-Charakter

Daraus lassen sich Rückschlüsse ziehen, ob auch die *Ziele der Organisation* mit der Qualifizierung erreicht sind.

 Es gibt keine strategische Ausrichtung der Weiterbildung ohne Organisationsziele und langfristige Planung.

Jede Form der Aus- und Weiterbildung kostet Geld und erfordert Aufwand. Ob das Geld gut angelegt ist, ob der Aufwand tatsächlich auch gewinnbringend ist, ist für jedes Unternehmen eine wichtige Frage – gerade wenn Finanzmittel knapp sind.

- Sind die Schulungen »nice to have« oder bringen sie tatsächlich handfeste Vorteile?
- Könnte das Geld besser investiert werden?
- Würde eine Verringerung der Mittel zu einer Verschlechterung der Qualifikation, der Arbeitsergebnisse und Motivation der Mitarbeiter führen?

Diese Fragen gilt es zu beantworten, wenn der Stellenwert der Aus- und Weiterbildung erhalten bleiben oder noch verbessert werden soll. Voraussetzungen dafür sind

- die Klarheit der Unternehmensziele
- die Möglichkeit des Mitarbeiters zu den Zielen etwas beizutragen
- die Motivation und das Einverständnis des Mitarbeiters
- die Passung des Trainings auf Ziele
- Umsetzungsmöglichkeiten und Unterstützung bei der Umsetzung.

Verantwortlichkeiten bei der Weiterbildung

Natürlich kann man davon ausgehen, dass Lernen an sich ein positiver Wert ist. Schlagwörter wie *lebenslanges Lernen* zeugen davon. Aber muss die Firma dafür sorgen, oder ist der Mitarbeiter selbst für seine Weiterbildung verantwortlich? Sollte der Mitarbeiter das vielfältige Angebot auf dem freien Markt nutzen und zum Beispiel Volkshochschulkurse besuchen? Müssen Firmen tatsächlich Rhetorik-Seminare oder Englisch-Kurse anbieten? Oder sind das Grundqualifikationen, die man voraussetzen kann?

Und: Gibt es nicht unzählige andere Möglichkeiten zu lernen, beispielsweise übers Internet oder mithilfe von Büchern? Müssen es immer Seminare sein, oder würde es nicht ausreichen, den Mitarbeitern Computer-Lernprogramme zur Verfügung zu stellen? Ist es nicht die Pflicht von Mitarbeitern, sich kontinuierlich weiterzubilden?

Vorschlag 39: Beziehen Sie die Unternehmensstrategie mit ein

Um eine geeignete Unternehmensstrategie zu entwickeln, müssen zwei Fragen beantwortet werden:
- Wie lässt sich eine effektive Unternehmensstrategie entwickeln?
- Wie kann man alle Mitarbeiter auf diese Strategie fokussieren?

Aufgrund einer Analyse der derzeitigen Unternehmenssituation und der voraussichtlichen Marktentwicklung werden Strategien abgeleitet bzw. wird aus mehreren Vorschlägen die beste Strategie ermittelt.

Ziel der Unternehmensstrategie ist es, die Stärken des eigenen Unternehmens gegenüber den Mitbewerbern auszubauen. Grundlage bildet die Analyse der eigenen Stärken und Schwächen und die der Mitbewerber. Strategien sollten so formuliert sein, dass sie flexibel auf Veränderungen im Markt reagieren können. Hier spricht man von *adaptiven Strategien*.

Die spezifischen Möglichkeiten eines Unternehmens ergeben sich aus der Verzahnung der Marktchancen mit den Stärken des eigenen Unternehmens. Diese Strategien sollten folgende Kriterien erfüllen: **Marktchancen und Unternehmensstärken**
- Die Strategien sollten darauf ausgerichtet sein, dass sich Veränderungen im Markt positiv auf die eigene Marktposition auswirken.
- Die Stärken des Unternehmens sollten zum Tragen kommen.
- Die Schwächen des Unternehmens, die sich nicht kurzfristig abstellen lassen, sollten bei der Umsetzung der Strategie keine Risiken darstellen.
- Die Strategien sollten sich umsetzen lassen und die dafür notwendigen Ressourcen vorhanden sein oder geschaffen werden.
- Der Erfolg der Strategie, die Möglichkeiten, diese unter den derzeitigen Marktbedingungen durchzusetzen, sollte möglichst hoch und gut abzusichern sein.
- Schließlich sollte die Strategie für (möglichst) längere Zeit Bestand haben.

Zur Ermittlung der Strategie können folgende Fragen dienen: **Strategieentwicklung**
- Welche Veränderungen kommen in den nächsten Jahren auf das Unternehmen zu?
- Welche Änderungen haben ihre Ursachen im Markt, welche bei den Rahmenbedingungen, welche im Unternehmen selbst?
- Wie kann das Unternehmen darauf strategisch reagieren?
- Wie sieht die Strategie im Detail aus?

- In welchen Schritten soll die Strategie umgesetzt werden?
- Wer ist in die Umsetzung involviert? Welche Aufgaben kommen auf die Betreffenden in welchem Zeitraum zu?
- Welche Ziele sollen bis wann erreicht sein, welche Ergebnisse sollen bis wann vorliegen?

Und daraus folgend:
- Wie können Qualifikationen zur Erreichung der Ziele und zur Umsetzung der Strategie beitragen?
- Welche (neuen) Kompetenzen brauchen welche Zielgruppen?

Bei der Entwicklung der Strategie lassen sich drei Schritte unterscheiden:

Ist-Analyse

Ein erster zentraler Schritt ist die Ist-Analyse, die Analyse der eigenen Ziele und der derzeitigen Strategien.
- Was sind unsere Prinzipien, Werte und Glaubenssätze?
- Was unterscheidet uns von unseren Mitbewerbern?
- Wie gehen wir mit unseren Mitarbeitern um?

Vorhandene Ziele und die derzeit explizit und implizit angewandten Strategien zum Erreichen dieser Ziele sollten bei der Analyse mit einbezogen werden. Das gilt auch für Strategien, die nicht explizit formuliert sind.

Innere und Externe Konsistenz

Die Qualität von Strategien können Sie hinsichtlich zweier Voraussetzungen prüfen:
- *Innere Konsistenz* – Stimmigkeit, in Einklang mit den Möglichkeiten des Unternehmens, Kongruenz von Strategie, Zielen und Maßnahmen
- *Externe Konsistenz* – ausgerichtet auf Marktkonstellation.

Strategien sind die Voraussetzung, um Ziele zu entwickeln. Deshalb kann die Effektivität von Strategien auch daran geprüft werden, ob die intendierten Ziele erreicht werden konnten. Um Strategien zu evaluieren, lässt sich kontrollieren, ob die vorhandenen Ziele auch in der Zukunft Bestand haben können und ob sie den gegebenen und zu erwartenden Rahmenbedingungen gerecht werden.

Bei der Überprüfung der vorhandenen Strategie sollten Sie drei Faktoren einbeziehen:

- Ressourcen
  Entsprechen die gegebenen Ressourcen der aktuellen Strategie?
  Und: Werden die Ressourcen effizient eingesetzt?
- Umfeld
  Ist die Strategie unter den Marktbedingungen der nächsten Jahre noch erfolgversprechend?
- Entscheidungsträger
  Hat die Strategie (noch) die Unterstützung der Entscheidungsträger? Entspricht sie deren Interessen?

Entwicklung einer Mission

Die Mission versucht die Frage zu beantworten, warum das Unternehmen seine Existenzberechtigung am Markt hat, welchen Nutzen es seinen Kunden bieten möchte. Eine Mission erfüllt gleich mehrere Funktionen:
1. gemeinsame Leitlinie
2. Basis für die Motivation der Mitarbeiter
3. Basis für die Zuteilung von Ressourcen
4. Etablierung einer Unternehmenskultur
5. Identifikationshilfe
6. Erleichterung der Umsetzung der Ziele.

Um die Mission zu definieren, helfen folgende Fragen:
- Was sind unsere besonderen Stärken?
- Welchen Mehrwert bieten wir unseren Kunden?
- Wen wollen wir ansprechen?
- Wo wollen wir in fünf Jahren stehen?

Entwicklung von Zielen

Die längerfristigen Ziele lassen sich aus der Mission ableiten. Meist beziehen sich Unternehmen dabei auf finanzielle Ziele, Marktanteile, Umsätze und Gewinne. Doch im Sinne eines Balanced Scorecard (BSC) sind auch qualitative Ziele in Hinblick auf das Ansehen bei Kunden und der Bindung der eigenen Mitarbeiter sinnvoll. Die Begründer des BSC, Kaplan und Norton, unterscheiden deshalb vier Perspektiven, aus denen jeweils Kennzahlen abgeleitet werden:

Balanced Scorecard

- Die *Finanzperspektive* beinhaltet die Sicht des Kapitalgebers auf die Unternehmung. Mögliche Kennzahlen sind Umsatzsteigerung, Cashflow, EBIT, Kostensenkungen etc.

- Die *Kundenperspektive* betrachtet die Sicht des Kunden auf die Unternehmung. Hier können Kundenzufriedenheitsindex, Zugewinn an Neukunden, Halten von Altkunden oder Entwicklung neuer Produkte als Kennzahlen herangezogen werden.

- Die *Prozessperspektive* umfasst die Zielrichtung interner Prozessabläufe in der Unternehmung. Hier sieht man häufig Kennzahlen wie Durchlaufzeiten in der Produktion oder Projektlaufzeiten. Aber auch Fehlerquoten oder Verbesserung von Antwortzeiten wären mögliche Kenngrößen.

- Die *Lern- und Entwicklungsperspektive* befasst sich mit der Fähigkeit des Unternehmens, Wissen aufzubauen und upzudaten, um wettbewerbsfähig zu bleiben. Hier können Kennzahlen wie Anzahl von Schulungsteilnehmern, Anzahl von Verbesserungsvorschlägen, Anzahl an Erfahrungsaustauschgruppen, Mitarbeiterzufriedenheitsindices oder auch Anzahl interner Trainer usw. angesetzt werden.

Perspektiven	Ziele	Kennzahlen	Vorgaben	Maßnahmen
Finanzielle Perspektive		Eigenkapitalrendite Ertrag pro MA Kosten pro Einheit		
Kundenperspektive		Marktanteil Kundentreue Kundenzufriedenheit		
Interne Prozessperspektiven		Servicefehlerquote Lieferzeit Time to market		
Lern- und Entwicklungsperspektiven		Personalqualifikation Mitarbeiterzufriedenheit Personaltreue		

Strategic Logic   Mission, Ziele und Maßnahmen müssen in der Strategie richtig miteinander verzahnt sein. Außerdem muss die Strategie kongruent sein zu den vorhandenen Ressourcen und den Möglichkeiten des Unternehmens. Ein solch schlüssiges Konzept wird mit dem Begriff *Strategic Logic* charakterisiert.

Bei der Anwendung der BSC im Bildungsbereich ist entscheidend, dass die Personalentwickler die Lern- und Entwicklungsperspektive nicht nur für sich beanspruchen. Vielmehr müssen sie durch ihre Maßnahmen und Angebote alle Perspektiven einer BSC abdecken und somit einen wesentlichen Wertbeitrag (added value) *zum Unternehmensgeschehen liefern. Gerade das Denken in Finanz-, Kunden- und Prozessperspektiven fördert die Ausrichtung der gesamten Personalentwicklung eines Unternehmens an den unternehmerischen Gesamtzielen.*

Implementierung der Strategie

Eine Strategie erfüllt für das Unternehmen eine *Leitfunktion:* Die Mitarbeiter wissen, in welche Richtung sich das Unternehmen entwickeln soll, und können ihre Anstrengungen daran orientieren. Diese Leitfunktion kommt auch bei Entscheidungen zum Tragen. Wichtiges Kriterium ist, ob eine Entscheidungsalternative die Strategie unterstützt.

Probleme beim der Ausrichtung auf strategisches Handeln ergeben sich
- durch die Schwierigkeit, die Komplexität der Märkte zu analysieren und valide Voraussagen für deren Entwicklung zu treffen
- durch den Transfers der Strategien in »gelebte« Unternehmenskultur.

Strategien sind nur so gut, wie es gelingt, sie schnell und erfolgreich in der Organisation zu implementieren. Dies hängt auch davon ab, wie stark die alte und neue Strategie sich voneinander unterscheiden und welche Rahmenbedingungen gegeben sind.

Besonders wichtig ist, dass der Sinn und die Erfolgsaussichten der Strategien für alle Beteiligten im Unternehmen einsichtig sind. Nur so ist eine gute Akzeptanz und eine aktive Beteiligung an der systematischen Umsetzung zu erreichen.

Häufige Probleme bei der Implementierung sind:
- fehlende Identifikation mit der Mission, den Zielen und der Strategie
- fehlende Verknüpfung der Strategien einzelner Geschäftsfelder mit der Gesamtstrategie des Unternehmens
- falsche Einschätzung des Zeitbedarfs bei der Umsetzung der Strategie
- fehlende Veränderungskultur
- geringe Identifikation seitens des Managements und der Mitarbeiter.

Evaluation der Strategie

Strategien sollten immer wieder auf den Prüfstand gestellt werden. Einerseits um frühzeitig zu ermitteln, wie erfolgreich sie sind und ob sie ggf. modifiziert und geänderten Bedingungen angepasst werden müssen, andererseits um für die Entwicklung zukünftiger Strategien zu lernen.

Bei der Evaluation lassen sich zwei verschiedene Bereiche unterscheiden:
- die Evaluation der Implementierung und Umsetzung
- die Evaluation von Veränderungen im Markt.

Zur Evaluation von Veränderungen im Markt kann auch die Evaluation der Prämissen gezählt werden, die Überprüfung der Annahmen, die der Strategie zugrunde liegen.

Die Implementierung sollte systematisch begleitet werden. Voraussetzung dafür ist, dass die Effekte der Strategien in Kennwerten definiert sind. Voraussetzung ist auch, dass die Verantwortlichen die Evaluierungskriterien kennen und richtig anwenden.

Evaluation von Prozessen, Ergebnissen, Rahmenbedingungen

Für die Evaluation bieten sich drei Ansatzpunkte an:
- Evaluation der Prozesse, die durch die Umsetzung der Strategie angestoßen werden
- Evaluation der Ergebnisse, die als Zwischen- oder Endergebnisse im Laufe der Umsetzung gezeigt werden hinsichtlich Zeit, Kosten, Qualität der Umsetzung
- Evaluation der Rahmenbedingungen, die der strategischen Planung zugrunde liegen.

Bei der Analyse der Prozesse und Ergebnisse müssen Soll und Ist gegenübergestellt und eine *Abweichungsanalyse* vorgenommen werden. Abweichungen können unterschiedliche Auswirkungen haben:
- *Unkritische Abweichungen* können durch verstärkte Anstrengungen aufgefangen wer.
- *Kritische Abweichungen* wirken sich auf Ziele aus und sind nur mit zusätzlichem Aufwand oder Änderungen der Ziele in den Griff zu bekommen.

Die *Evaluation der Rahmenbedingungen*, der Prämissen, auf der die Strategie aufsetzt, ist notwendig, um schnell auf Veränderungen reagieren zu können, die sich im Umfeld des Unternehmens, bei den Konkurrenten, im Markt, bei den gesellschaftlichen Bedingungen, aber auch im Unternehmen selbst abzeichnen. Damit steht auch die Strategie immer wieder auf dem Prüfstand, die *Konstruktvalidität* muss kontinuierlich hinterfragt werden.

Als Folge der Überwachung der Prämissen kann es notwendig werden, einzelne Maßnahmen zu korrigieren oder sogar die strategische Ausrichtung neu zu überdenken. Dabei muss beachtet werden, dass jede Änderungen Auswirkungen hat, die ebenfalls hinsichtlich ihrer Auswirkungen und Risiken analysiert werden müssen.

Vorschlag 40: Bauen Sie eine Zielhierarchie auf

Die Unternehmensstrategie, das Leitbild ist der Ausgangspunkt für *Zielhierarchie*. Wurden beispielsweise allgemeine Ziele definiert zu den Bereichen:
- Wirtschaftlichkeit
- Mitarbeiterorientierung
- Kundenorientierung
- Prozessoptimierung,

lassen sich aus diesen übergreifenden Zielen die Ziele für einzelne Abteilungen und Arbeitsplätze ableiten.

Hinzu kommen noch spezifische Ziele, die sich aus den Aufgaben der einzelnen Organisationsabteilungen und des einzelnen Arbeitsplatzes ergeben.

Übergreifende und spezifische Ziele

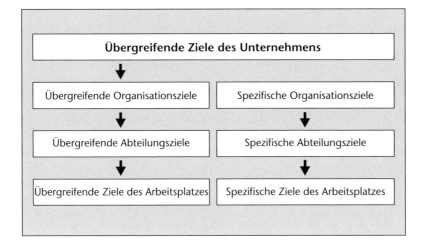

Für jede Organisationseinheit sollten gemeinsam mit allen Mitarbeitern Ziele abgeleitet und auf die Arbeitsebene heruntergebrochen werden. Dies geschieht im Rahmen von *Workshops* mithilfe der Moderationsmethoden.

Die in den Arbeitseinheiten entwickelten Ziele müssen wiederum mit den Zielen des Unternehmens abgeglichen werden und so weiter. Damit entsteht nach und nach eine klare und überzeugende Zielhierarchie.

B *Ist es Ziel, die Produktivität der gesamten Organisation zu erhöhen, lässt sich dies problemlos auf einzelne Arbeitseinheiten sowie auf einzelne Arbeitsplätze und Mitarbeiter herunterbrechen. Damit werden aus einem vagen Ziel konkrete Maßnahmen am Arbeitsplatz. Lässt sich der Erfolg am Arbeitsplatz ermitteln und auch in Zeitwerten erfassen sowie unter Kostengesichtspunkten bewerten, so kann man auch einen Gesamtwert zur Produktivitätssteigerung berechnen.*

Auch beim Aufbau von Zielhierarchien gilt es, den Beitrag, den der einzelne Mitarbeiter zur Erreichung der Unternehmensziele leisten soll, zu operationalisieren und als Kennwert auszudrücken. Sie können noch präziser vorgehen, wenn Sie eine Tabelle erstellen, die neben dem Ziel und der Kennzahl noch folgende Angaben enthält:

- *Quelle*
  Wo ist die Kennzahl niedergelegt?
- *Auswirkungen*
  Auf welchen strategischen Wert wirkt sich die Kennzahl aus?
- *Bedeutung*
  Wie wichtig ist das Ziel für die Unternehmensstrategie?

Ziel	Kennzahl	Quelle	Auswirkungen	Bedeutung
Verringerung der Reklamationen	Zahl der Reklamationen	Statistik über Reklamationen	Erhöhung der Kundenzufriedenheit	5

Qualifizierungsmaßnahmen in der Unternehmensstrategie

Qualifizierungsmaßnahmen sollten in die Strategie des Unternehmens eingebettet sein und deren Ziele unterstützen. Ist dies nicht möglich, sollte zumindest geprüft werden, ob die Ziele der Qualifizierung mit den strategischen Zielen der Organisation in Einklang stehen.

Im Umkehrschluss muss auch gefragt werden: Wie professionell nutzt das Unternehmen Qualifizierungsmaßnahmen, um Ziele zu erreichen und Strategien umzusetzen?

Der Wert einer Qualifizierungsmaßnahme kann letztlich nur aus der Perspektive der Organisation beurteilt werden. Kriterium ist, ob und in welchem Maße sie zur Umsetzung der Strategie beiträgt.

In der Literatur wird der Fokus bisweilen zu stark auf die finanziellen Aspekte und damit auf den Return on Investment gesetzt. Doch Qualifizierungsmaßnahmen, die nicht in einem bestimmten Zeitraum zu Einsparungen oder Gewinnsteigerungen führen, sind keinesfalls automatisch wertlos.

B *Nehmen wir an, eine Firma verfolgt die Strategie, die Kündigungsrate zu senken, weil die Suche nach neuen Mitarbeitern, deren Einstellung und Einarbeitung hohe Kosten verursacht. Hier gibt es zwar einen messbaren Kennwert, Prozentsatz der Kündigungen pro Jahr, aber hinsichtlich Qualifizierung tauchen gleich mehrere Fragen auf:*

– *Kann Qualifizierung dazu beitragen, die Rate zu verringern?*
– *Wenn ja, welche Art von Schulungen könnten dies sein?*
– *Wie lässt sich der Einfluss solcher Qualifizierungen auf die Kündigungsrate ermitteln?*

Wenn dies nicht direkt möglich ist, könnte man eine kausale Kette entwickeln, etwa Schulungen wirken sich auf die Zufriedenheit aus, die Zufriedenheit auf die Mitarbeiterbindung ans Unternehmen, und das wiederum wirkt sich positiv auf die Kündigungsrate aus.

Doch: Wie schlüssig kann eine solche Argumentation sein?

Jetzt fehlt noch eine genaue Analyse, was zur Zufriedenheit des einzelnen Mitarbeiters beiträgt, wie wichtig für ihn das Unternehmen ist usw.

Umsetzung der Unternehmensstrategie

Überprüfung der Umsetzung der Strategie

		ja	nein
1.	Ist die Strategie ausformuliert und für die nächsten Jahre gültig?	☐	☐
2.	Lassen sich die Ziele der Organisation herunterbrechen zu Zielen von Organisationseinheiten und Arbeitsplätzen?	☐	☐
3.	Lassen sich die Ziele auf diesem Wege operationalisieren?	☐	☐
4.	Können für Ziele Indikatoren hinsichtlich Kosten und Zeit entwickelt werden?	☐	☐
5.	Lassen sich für Qualitätsziele repräsentative und aussagekräftige Indices finden?	☐	☐
6.	Ist es wichtig, dass die Mitarbeiter wissen, welchen Beitrag sie zum Erreichen der Unternehmensziele beitragen können?	☐	☐
7.	Ist es wichtig zu ermitteln, welche Bereiche und Arbeitsplätze in welchem Umfang zur Umsetzung der Strategie beitragen?	☐	☐
8.	Handelt es sich mit Blick auf die Umsetzung der Unternehmensstrategie um ein besonders wichtiges Qualifizierungsprogramm?	☐	☐

Vorschlag 41: Schätzen Sie Nutzen und Risiken der Maßnahmen ab

Wenn Ziele unrealistisch sind und die Chancen der Umsetzung eher gering, lohnt es sich vielleicht nicht, entsprechende Qualifizierungsmaßnahmen anzubieten.

Bei der Überprüfung der *Chancen von Maßnahmen* wird abgeschätzt, mit welcher Wahrscheinlichkeit Ziele tatsächlich zu erreichen sind und welche Risiken sich damit verbinden.

Voraussetzung ist hier natürlich, dass
- Ziele für die Maßnahme definiert wurden.
- sich das Erreichen der Ziele einigermaßen präzise abschätzen lässt.

Das Verfahren hierfür ist einfach: Man prüft Chancen und Risiken für jedes einzelne Ziel.

B *Die Teilnehmer (Vorgesetzte) an einem Seminar zum Thema Mitarbeitergespräche sollen motiviert werden, regelmäßig einmal pro Jahr mit jedem Mitarbeiter ein Mitarbeitergespräch zu führen.*
Ein solches Ziel lässt sich durch die Zahl der Rückmeldungen quantitativ ermitteln. Wie effizient die einzelnen Gespräche tatsächlich waren, ist allerdings schwer festzustellen.

Qualifizierungsmaßnahmen, bei denen die Wahrscheinlichkeit gering ist, die Ziele zu erreichen, und bei denen diese Zielerreichung mit merklichen *Risiken* verbunden ist, sollten entweder ad acta gelegt werden oder die Ziele müssen neu überdacht werden.

Chancen und Risiken bei Qualifizierungszielen

	Chancen			Risiken		
	Wahrscheinlichkeit der Umsetzung			Wahrscheinlichkeit des Eintretens		
	hoch	mittel	niedrig	hoch	mittel	niedrig
Ziel 1	☐	☐	☐	☐	☐	☐
Ziel 2	☐	☐	☐	☐	☐	☐
Ziel 3	☐	☐	☐	☐	☐	☐
Ziel 4	☐	☐	☐	☐	☐	☐
Ziel 5	☐	☐	☐	☐	☐	☐
Ziel 6	☐	☐	☐	☐	☐	☐

Verknüpft man Ziele mit der Strategie, lässt sich weiter fragen,
- wie wichtig die Ziele und damit die Qualifizierung zur Umsetzung der Strategie sind.
- wie hoch die Akzeptanz bei der Zielgruppe, den potenziellen Teilnehmern der Qualifizierung, ist.

Bedeutung und Akzeptanz von Qualifizierungszielen

	Bedeutung für Strategie			Akzeptanz bei (potenziellen) Teilnehmern		
	hoch	mittel	niedrig	hoch	mittel	niedrig
Ziel 1	☐	☐	☐	☐	☐	☐
Ziel 2	☐	☐	☐	☐	☐	☐
Ziel 3	☐	☐	☐	☐	☐	☐
Ziel 4	☐	☐	☐	☐	☐	☐
Ziel 5	☐	☐	☐	☐	☐	☐
Ziel 6	☐	☐	☐	☐	☐	☐

Je höher die Bedeutung, desto wichtiger sind entsprechende Qualifizierungsmaßnahmen. Je größer die Akzeptanz, desto wahrscheinlicher ist eine Umsetzung des Gelernten.

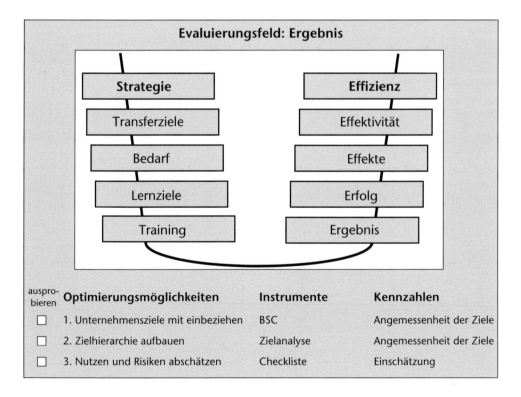

Ergebnisfeld: Effizienz

Vorschlag 42: Ermitteln Sie die Kosten der Qualifizierung

Die Kosten für eine Qualifizierung lassen sich recht einfach ermitteln. Die wichtigste Frage lautet: Möchte man eine *Vollkostenrechnung* zugrunde legen oder nicht?

Der erste Schritt zu aussagekräftigen Daten ist die Ermittlung der *Kosten*. Dabei hilft eine grobe Schätzung nicht weiter. Ein realistisches Bild erhält man nur mit einer *Kostenrechnung*. Die Kostenrechnung versucht in der klassischen Form zunächst, alle anfallende Kosten – nach ihrer Art unterteilt – zu ermitteln. Dies geschieht in der *Kostenartenrechnung*.

Kostenarten-, Kostenstellen-, Kostenträgerrechnung

In der zweiten Stufe klärt die *Kostenstellenrechnung,* wo die Kosten entstanden sind. Als Drittes gilt es zu ermitteln, wofür die Kosten angefallen sind. Dies ist Aufgabe der *Kostenträgerrechnung*.

Variable und fixe Kosten Kosten lassen sich untergliedern in leistungsabhängige und leistungsunabhängige Kosten.

Leistungsabhängige Kosten sind Kosten, die direkt mit der einzelnen Qualifizierung verbunden sind. Sie lassen sich leicht daran erkennen, dass sie immer auftreten, wenn eine weitere Qualifizierung stattfindet, aber eben nur dann. Die leistungsabhängigen Kosten werden auch *variable Kosten* genannt.

B *Trainerhonorare, Betreuungs- und Reisekosten für Teilnehmer eines bestimmten Kurses*

Zu den leistungsabhängigen Kosten zählen auch die Kosten für die Unterstützung von Qualifizierungsmaßnahmen – angefangen bei der Analyse des Weiterbildungsbedarfs über Informationsveranstaltungen, die Beratung von potenziellen Teilnehmern und alle Planungsarbeiten bis hin zur Unterstützung bei der Umsetzung des Gelernten.

Die *leistungsunabhängigen Kosten* fallen dagegen immer an. Sie sind unabhängig von der Anzahl der Qualifizierungen. Sie können einem Einzelprodukt – in unserem Fall einer Qualifizierung – nicht direkt zugeordnet werden, sondern müssen von allen Produkten gemeinsam getragen werden. Leistungsunabhängige Kosten werden auch *Fixkosten* genannt.

B *Kosten für Maschinen in der Druckerei, Anschaffung der Lernplattform, Personalsachbearbeiter*

Leistungsabhängige Kosten betreffen also die Durchführung von Qualifizierungsmaßnahmen zuzüglich aller »Nebenprodukte«. Leistungsunabhängige Kosten entstehen durch das Vorhalten von Strukturen, die zur Aufrechterhaltung des Weiterbildungsbetriebs notwendig sind.

> **Achten Sie darauf, dass die leistungsunabhängigen Kosten nicht zu hoch werden. Dadurch kann sich der Spielraum für die tatsächlichen Leistungen erheblich verringern.**

Vorschlag 42: Ermitteln Sie die Kosten der Qualifizierung

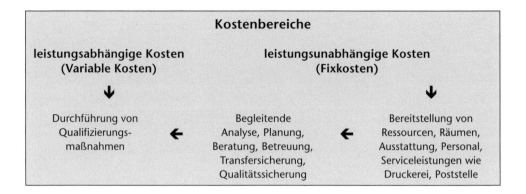

Sowohl variable Kosten als auch Fixkosten setzen sich zusammen aus *Personalkosten* und *Sachkosten*.

Personal- und Sachkosten

Es sollte immer erst geprüft werden, ob sich die Personal- und Sachkosten einzelnen Produkten zurechnen lassen. Oft können sie anteilig per Zeitaufschreibung zugeordnet werden. Ist dies nicht der Fall, werden sie als fixe Kosten geführt.

B *Wenn ein Sachbearbeiter 40 Prozent seiner Zeit damit verbringt, Seminare zu organisieren, können seine Gehaltskosten entsprechend auf diese Produkte umgelegt werden.*

Zur Ermittlung der *Personalkosten* benötigen Sie zwei Angaben:
- Welcher Mitarbeiter erbringt die (Teil-)Leistung, und wie hoch ist sein Jahreseinkommen?
- Wie lange braucht der Mitarbeiter durchschnittlich, um diese Leistung zu erbringen, bzw. wie viel Prozent seiner Arbeitszeit ist er für diese Aufgabe abgestellt?

Zu den Sachkosten zählen – streng genommen – auch das Anlagevermögen, die Raum- und Gebäudekosten. Dies können auch kalkulatorische Kosten sein.

Kalkulatorische Kosten sind keine direkten Kosten. Langfristig genutzte Gebrauchsgegenstände wie die Bestuhlung von Schulungsräumen oder die Anschaffung einer Lernplattform werden über mehrere Jahre hinweg abgeschrieben. Bei kalkulatorischen Kosten handelt es sich im Wesentlichen um kalkulatorische Abschreibungen und kalkulatorische Zinsen.

Problematisch bei der Ermittlung der Kosten je Produkt ist die Verteilung der Fixkosten (Verwaltung, Druckerei u. a.) auf die einzelnen Leistungen.

B *Raum- und Gebäudekosten lassen sich mit einer Höhe von 10 Prozent der Personalkosten abschätzen.*

Sofern einzelne Kostenstellen für andere Kostenstellen Leistungen erbringen, erfolgt im Rahmen der *internen Leistungsverrechnung* eine kostenmäßige Bewertung und anschließende Weiterbelastung. Die leistungsempfangende Kostenstelle wird belastet, die leistende Kostenstelle entsprechend entlastet.

Kostenberechnung einer Qualifizierungsmaßnahme

Bei der *Zuordnung von Kosten* zu einzelnen Qualifizierungen geht man wie folgt vor:

- *Zuordnung der direkten Kosten*
  Hier erscheinen alle Kosten, die direkt mit der konkreten Qualifizierung verbunden sind, also die leistungsabhängigen Kosten.

- *Entwicklung von Verrechnungsschlüsseln für die Umlage von leistungsunabhängigen Kosten*
  Jede einzelne Qualifizierung muss auch einen Anteil an den leistungsunabhängigen Kosten tragen. Dafür werden *Verrechnungsschlüssel* benötigt, mit denen diese Kosten verursachungsgerecht zugeordnet werden können. Eine Möglichkeit bietet beispielsweise die Anzahl der Teilnehmer an einer Qualifizierung.

Zusätzliche Kostenfaktoren

In unserem Beispiel könnten zwei weitere Kostenfaktoren hinzukommen:

- Kosten für die Entwicklung eines Seminars
  Literaturrecherche, Programmerstellung, Auswahlgespräche
  mit Trainern

- Kosten für die Qualitätssicherung
  Entwicklung von Evaluationsinstrumenten, Durchführung
  und Auswertung der Evaluation, Nachbesprechung mit Trainern,
  Arbeiten zur Programmoptimierung.

Kostenberechnung einer Qualifizierungsmaßnahme

Kostenart	Kosten	Ergebnis
leistungsabhängige Kosten		
Honorar *Trainer*	Tagessatz x Seminartage	_____
Nebenkosten Trainer (Vorbereitung, Material)		_____
Reisekosten Trainer		_____
Unterbringung, Verpflegung	Tagessatz x Seminartage	_____
Kosten *Lernmedien*	Lizenzen, Kauf	_____
Kosten *Internetpräsenz*	Lernplattform	_____
	Foren	_____
	Leitungsgebühren	_____
Kosten *Material*	Miete Geräte, Medien	_____
	Vervielfältigung Skript (Material-/Personalkosten)	_____
	Verbrauchsmaterial (Karten, Stifte, Papier)	_____
Raumkosten Miete bei externen Seminaren Verrechnung interner Raumkosten		_____ _____
Reisekosten *Teilnehmer*		_____
Unterbringung, Verpflegung	Teilnehmer x Tagessatz x Seminartage ggf. auch Anreisetag	_____
Arbeitsausfall *Teilnehmer*	Teilnehmer x Tage x Kosten	_____
Anteil leistungsunabhängige Kosten		
Verwaltungskosten		_____
Personalkosten Verwaltung, anteilig	Teilnehmer x Tage x Kosten	_____
Sachkosten Verwaltung, anteilig		_____
Kosten für die *Organisation* der Qualifikation		_____

Vorschlag 43: Ermitteln Sie die preisgünstigste Art der Qualifizierung

Nach der Zuordnung der Kosten könnten Sie unterschiedliche Qualifizierungsmöglichkeiten auch direkt miteinander vergleichen – zumindest von der Kostenseite.

Im nachfolgenden vereinfachten Beispiel werden die Kosten eines dreitägigen Seminars den Kosten eines Blended Learning-Konzepts mit einem Umsetzungsworkshop von anderthalb Tagen gegenübergestellt. Beide Qualifizierungen finden als interne Veranstaltung mit externen Trainern statt.

B Kosten für Blended Learning		Kosten für dreitägiges Seminar	
Trainerhonorar (1½ Tage Workshop)	1200,–	Trainerhonorar (3 Tage Seminar)	2400,–
Reisekosten	200,–	Reisekosten	200,–
Übernachtung	70,–	Übernachtung	140,–
Raumkosten	200,–	Raumkosten	400,–
Unterlagen (Selbstlernmaterialien)	800,–	Unterlagen	30,–
Gesamt	**2470,–**	**Gesamt**	**3170,–**

Die Modellrechnung fällt eindeutig zu Gunsten des Blended Learning-Konzepts aus. Zwar sind hier die Kosten für Medien deutlich höher, aber die Kosten in fast allen anderen Bereichen wesentlich niedriger.

Auch diese Kosten mit einrechnen

Gerne vergessen werden Fahrtkosten und Fahrtzeiten, Zeit für die Vorbereitung der Trainer und Teilnehmer, Kosten für die Organisation der Schulung (Overheadkosten), für die Bedarfsanalyse, Auswahl der Trainer und Teilnehmer sowie Kosten für die Evaluation.

Eigenes oder externes Seminar

Die Frage nach der Art der Qualifizierung ist wichtig, wenn man prüfen will, ob sich ein eigenes Seminar lohnt oder ob es kostengünstiger ist, einzelne Teilnehmer zu externen Seminaren zu schicken. Ab einer bestimmten Zahl an Teilnehmern rechnet sich meist ein Inhouse-Seminar. Eine solche Analyse wird als *Break-Even-Analyse* bezeichnet.

Break-Even-Analyse

Kosten pro Teilnehmer bei externen Seminaren		Kosten für internes Seminar	
Seminargebühr	540,–	Trainerhonorar	3200,–
Reisekosten	450,–	Reisekosten	600,–
Übernachtung	280,–	Unterlagen	500,–
Verpflegung	166,–	Raumkosten	400,–
Gesamt	**1567,–**	**Gesamt**	**4700,–**
Break-Even-Point: 3 Teilnehmer			

In unserem Beispiel lohnt sich theoretisch die Organisation eines eigenen Seminars bei mehr als drei Teilnehmern. Allerdings müsste man auch noch die Kosten für die Organisation des Seminars einberechnen.

Eine solche Analyse lässt sich immer nur im konkreten Fall durchführen. Denn: Trainerhonorare fallen ganz unterschiedlich aus oder ein Trainer wohnt in der Nähe, so dass keine Übernachtungskosten anfallen. Um eine einigermaßen sichere Planungsgrundlage zu haben, sollten Sie vom Trainer die Inklusivkosten (Honorar, Reisekostenpauschale, Übernachtungspauschale) erfragen.

> *Firmen, die bundesweit vertreten sind, verlangen oft höhere Honorare: Ihre Kostenkalkulation fällt durch größeren Verwaltungsaufwand und höhere Mieten ungünstiger aus. Dafür sind möglicherweise die Reisekosten für die Teilnehmer niedriger.*

Natürlich können Sie die Durchführung eines Seminars mit der Nutzung eines anderen Lernwegs vergleichen. Da viele Hersteller von Selbstlernmedien mit Staffelrabatten arbeiten, lohnt sich der Einsatz alternativer Lernwege meist erst bei einer größeren Teilnehmerzahl.

Einsatz alternativer Lernwege

Vorschlag 44: Ermitteln Sie den Nutzen der Qualifizierung

Die Kosten sind nur die eine Seite, auf der anderen steht der Nutzen von Schulungsmaßnahmen. Leider ist der oftmals weit schwieriger zu ermitteln. Die Frage nach dem Nutzen von Qualifizierungsmaßnahmen für die Organisation ist einfach und zugleich schwer zu beantworten.

Einfach – wenn man davon ausgeht, dass der Lernerfolg des Teilnehmers sich in der Praxis niederschlägt und damit die höhere Produktivität, die bessere Qualität und vielleicht auch die höhere Motivation der Organisation zu Gute kommen.

Direkte Auswirkungen

Schwer – wenn man die *direkten Auswirkungen* ermitteln möchte. Hier ist die erste Frage, wo sich die Auswirkungen zeigen sollen:

Auswirkungen auf die *Arbeit im Team* dürften sich noch am ehesten ausmachen lassen, vor allem bei Schulungen, die

- den Status des Teilnehmers als Experten festigen, bei denen andere Mitarbeiter sich Rat und Unterstützung holen
- sich auf die Verbesserung der Zusammenarbeit beziehen.

Aus diesem Blickwinkel wird die Bedeutung von Multiplikatoren und Teamschulungen wieder sehr deutlich.

Natürlich sind auch Auswirkungen auf die Arbeit des Fachbereichs vorstellbar, aber von verschiedenen Faktoren abhängig. Besteht eine Verkaufsabteilung aus fünf Verkäufern, von denen drei davon geschult werden, sind Auswirkungen eher zu erwarten als bei der Schulung nur eines Verkäufers aus einem sechzigköpfigen Team. Zu klären ist ferner, ob der *Teilnehmer als Multiplikator* genutzt wird und wie gut dies gelingt. Wichtig sind auch Position und Einfluss des Schulungsteilnehmers. Nimmt beispielsweise der Vorstand an einer Schulung über neue Chancen im Markt X teil und ändert sich daraufhin die Unternehmenspolitik, führt dies sicherlich zu Auswirkungen auf das Unternehmen und idealerweise auch zu einem konkreten Nutzen.

Eine Analyse der Auswirkungen auf den Fachbereich dürfte daher nur bei hausinternen, größeren Schulungsvorhaben notwendig sein, etwa bei der Schulung aller Verkäufer. Analysen der Auswirkungen auf die Gesamtorganisation sind nur sinnvoll bei Schulungen, die einen wesentlichen Teil der Mitarbeiter betreffen, etwa eine Initiative zur stärkeren Kundenorientierung für alle Mitarbeiter, die direkten Kundenkontakt haben.

Auch hier sollten natürlich konkrete Daten und Ziele am Anfang stehen. Ist beispielsweise der Umsatz in einem bestimmten Geschäftsfeld rückläufig, sollte man überlegen, worin die Gründe zu suchen sind. Liegen Gründe im Verhalten oder in der Leistung von Mitarbeitern, können Schulungen sinnvoll sein, sind es aber nicht immer. Hier kann einige Zeit nach der Schulung überprüft werden, welche Effekte erkennbar sind. Kritisch bleibt auf dieser Evaluierungsstufe immer der Nachweis, zu welchem Anteil die Schulung oder auch begleitende Maßnahmen wie Vor- und Nachgespräche mit Vorgesetzten am Erfolg beteiligt waren.

Schwierigkeiten mit der Ermittlung des Nutzens resultieren auch aus folgenden Umständen:
- Der Ermittlungsaufwand kann im Extremfall so hoch sein, dass die Kosten für die Evaluation den Nutzen der Qualifizierung übersteigen.
- Der Nutzen kann sich erst allmählich einstellen. Doch je mehr Zeit vergeht, desto schwieriger ist der Nachweis eines direkten Ursache-Wirkungs-Zusammenhangs.

Vor allem aber: Der Nutzen lässt sich bisweilen nur schwer greifen.

> *Verringert sich der Lernerfolg, wenn statt 12 Teilnehmern 16 an einer Qualifizierungsmaßnahme teilnehmen? Wirkt sich das bei allen Formen der Qualifizierung gleich aus?*
> *Ist ein Lernprogramm, das 20 Prozent teurer ist als ein Konkurrenzprodukt, auch mindestens 20 Prozent besser?*
> *Sind Seminare, die von den Teilnehmern um 30 Prozent besser bewertet werden, auch tatsächlich besser? Und: Was bedeutet hier besser?*

Manchmal spielt auch der Nutzen kaum eine Rolle, etwa wenn die Führung ein Qualifizierungsprogramm unbedingt will. Und manchmal sind die Ergebnisse so ernüchternd, dass niemand sie hören will.

Dennoch, selbst wenn es aufwändig ist: Vielfach lässt sich der Nutzen beschreiben, bisweilen sogar an harten Fakten festmachen.

Berücksichtigen sollten Sie sowohl den *quantitativen Nutzen* als auch den *qualitativen Nutzen*. Der quantitative Nutzen lässt sich vergleichsweise einfach ermitteln, zum Beispiel:

Quantitativer und qualitativer Nutzen

- Zeiteinsparungen – schnellerer Abschluss von Maßnahmen und Erhöhung der Termintreue
- Erhöhung der Produktivität – Anzahl der bearbeiteten Vorgänge pro Tag und Mitarbeiter
- Verbesserung der Qualität – Abnahme von Fehlern und Anzahl der Beschwerden.

Diesen Werten können Kostenkalkulationen zugrunde gelegt werden, daher lassen sie sich vergleichsweise gut erfassen.

Der *qualitative Nutzen* einer Qualifizierung lässt wesentlich schwerer festmachen, etwa
- bessere Mitarbeiterzufriedenheit
- höhere Motivation der Mitarbeiter
- effektivere Zusammenarbeit im Team
- geringere Anzahl von Konflikten
- schnelle und reibungslose Einführung neuer Verfahren.

Die Auflistung zeigt, dass solche Werte nicht wirklich aussagekräftig sind. Sie sind zu allgemein und verschwommen. Was bedeutet schon *Mitarbeiterzufriedenheit* oder *bessere Zusammenarbeit*? Notwendig wäre zunächst eine Konkretisierung, ein »Messwert« oder *Indikator*. Solche Indikatoren sind:
- Antwortzeiten
- Bearbeitungszeiten
- Fehleranzahl
- Anzahl der Beschwerden
- Anzahl der Rückfragen.

So schwierig eine Kosten-Nutzen Analyse im Einzelfall sein mag, es bleibt kaum eine Alternative. Man kann nicht eine Vielzahl von Qualifikationen durchführen, ohne sich darum zu kümmern, ob diese Maßnahmen überhaupt eine nachweisbare Wirkung haben.

Die einfachste Möglichkeit: Fordern Sie die Teilnehmer an der Qualifizierung und vielleicht noch deren Vorgesetzte auf, den Nutzen der Schulung abzuschätzen. Die Ergebnisse dürften jedoch sehr subjektiv sein und für Schlussfolgerungen nicht geeignet.

Spezifische Nutzenfelder

Abschlüsse, Umsätze, Neukunden: Dies sind einfach zu ermittelnde und deshalb gern genommene Kennwerte. Leider betreffen sie alle den Kundenbereich. Für einzelne Qualifizierungsbereiche lassen sich leicht spezifische Nutzenfelder finden.

B **Beispiel** **Projektmanagement**	weniger Kostenüberschreitungen weniger Zeitüberschreitungen reibungsloser Ablauf bessere Qualität der Ergebnisse Vermeidung von Demotivation
Beispiel **Besprechungen**	kürzere Besprechungen schnellere Entscheidungen bessere Ergebnisse weniger unnütze Teilnahmen an Besprechungen

Am besten lässt sich der Nutzen ermitteln, wenn eine konkrete Bedarfslage vorhanden ist.

B *Eine Unternehmenssparte verzeichnet überdurchschnittlich viele Reklamationen, dadurch entstehen Kosten für Nachbesserungen und Reklamationsbearbeitung.*
Im nächsten Schritt werden die Gründe ermittelt. Betreffen die Reklamationen Prozesse und Ergebnisse, die von den Mitarbeitern beeinflusst werden, können Schulungen helfen.
Als Ergebniskontrolle können anschließend wieder die Anzahl der Reklamationen und die damit verbundenen Kosten herangezogen werden.

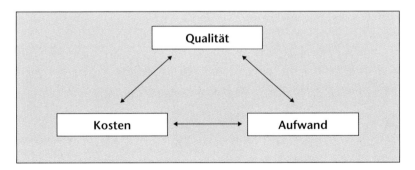

Es gibt drei grundsätzliche Zielbereiche: Kosten, Aufwand und Qualität. Versuchen Sie Kennwerte zu entwickeln, die die finanziellen Auswirkungen von Qualifizierungen deutlich machen. Dies ist allerdings bei einer Reihe von Ziele nur über Umwege oder gar nicht möglich.

Ergebnisfeld: Effizienz

Drei grundsätzliche Zielbereiche

Mit diesen Zielen korrespondieren bestimmte Kennwerte:
- Zeiteinsparungen
- höherer Output
- verbesserte Qualität, weniger Beschwerden, weniger Ausfälle.

Für einige Bereiche lassen sich sowohl Kostengrößen als auch Kennwerte für Zeit und Qualität angeben.

	Qualität	Kosten	Zeit
produzierte Einheiten	Ausschuss	Shelter costs	Produktionszeit
verkaufte Produkte	Reklamationsrate	Gewinn	Lagerdauer

Zeiteinsparungen lassen sich über die Gleichung *Zeit = Arbeitszeit = Lohnkosten* in Geldwerte umwandeln. Dann braucht man nur noch die Brutto-Arbeitskosten zugrunde zu legen. Dabei wird allerdings angenommen, dass gewonnene Zeit produktiv für andere Aufgaben genutzt wird. Schaut der Mitarbeiter währenddessen jedoch nur aus dem Fenster, geht die Gleichung nicht auf.

Auch die Kosten für Abwesenheit vom Arbeitsplatz und Mitarbeiterfluktuation lassen sich über Richtwerte ermitteln.

Viele Schulungen haben zum Ziel, die *Qualität* zu verbessern, die Qualität der Arbeit, die Qualität von Abläufen und Ergebnissen. Ziele der Qualitätssicherung sind:

Unternehmensstrategie
- Image verbessern
- Marktakzeptanz steigern
- aktive Risikobegrenzung
- Marktanteile sichern und ausweiten
- Konkurrenzfähigkeit absichern
- Zukunftssicherung

Wirtschaftlichkeit
- Effizienz der Abläufe erhöhen
- Transparenz der Organisation und Abläufe
- Kostenoptimierung für den Gesamtprozess

Mitarbeiter	• Verantwortungsbewusstsein fordern und stärken
	• Förderung des Qualitätsbewusstseins
	• Einbeziehung in Planung, Umsetzung und Verbesserung
	• Wissenserweiterung durch Ausbildung und Schulung
Mittel (Ressourcen)	• optimale Nutzung planen und umsetzen
	• Vermeidung von Verschwendung
	• Vermeidung von Redundanz
	• Transparenz schaffen

Auch Qualitätskennzahlen lassen sich in Kosten umwandeln. Es gibt die Kosten, die das Halten eines bestimmten Qualitätsstandards erfordert, und zusätzliche Kosten für Qualitätsprüfungen und Maßnahmen zur Fehlervermeidung.

Fehlerkosten durch Nachbesserung stehen Kosten für Fehlerverhütung und Kosten für die Qualitätskontrolle gegenüber. Diese beiden Kostenarten sollten in Relation zu den möglichen Fehlerkosten stehen.

Fehlerkosten

Bei den *Fehlerkosten* ist es problematisch, dass sich nicht alle Auswirkungen von Fehlern in Geldwerten festhalten lassen.

Es lässt sich relativ leicht messen, wie viele *Nachbesserungen* in einem Kundenprojekt anfallen, aber es ist viel schwerer zu ermitteln, wie viele Kunden wegen Mängeln, *Verzögerungen* oder unfreundlicher Behandlung zu einem Wettbewerbsprodukt wechseln. Noch schwieriger ist es, in Erfahrung zu bringen, wie viele potenzielle Kunden keine Geschäftsbeziehung anstreben, weil sie von anderer Seite vor einer unprofessionellen Projektabwicklung gewarnt wurden.

Auch *mangelnde Qualifizierung* kann zu Kosten führen, beispielsweise bei Mitarbeitern durch abnehmende Motivation und geringere Produktivität, durch mehr Stress und höheren Krankenstand.

Mangelnde Qualifizierung und Qualität

Die Folge mangelnder Qualität sind häufig unzufriedene Kunden. Und diese Unzufriedenheit kann sich negativ auf die Kundenbindung auswirken. Ermitteln können Sie hier beispielsweise die Zahl der Reklamationen und wie viele Kunden abgewandert sind. Als Geldwert lässt sich die *Auftragssumme* nutzen. Allerdings gilt es, plausibel nachzuweisen, wie sich

Kunden(un)zufriedenheit in Abwandern zur Konkurrenz und geringeren Aufträgen niederschlägt.

Ziele, die sich nicht unmittelbar in Euro und Cent erfassen lassen, sind etwa
- Imageverbesserung
- Kundenzufriedenheit
- Mitarbeiterzufriedenheit
- gute Führungskultur.

Kennzahlen aus Qualifizierungszielen Idealerweise lassen sich aussagekräftige Kennzahlen aus den Qualifizierungszielen ableiten, um daraus etwa Rückschlüsse auf die *Produktivität* zu ziehen.

Es wird beispielsweise ermittelt,
- wie lange bestimmte Abläufe in Anspruch nehmen
- wie schnell der Mitarbeiter zu einem Ergebnis kommt
- wie hochwertig das Ergebnis ist
- wie viele Fehler dabei auftreten
- welcher Aufwand für Nachbesserungen entsteht.

Viele Unternehmen arbeiten mit einem Berichtssystem, das der Geschäftsleitung zeitnah wichtige Unternehmensdaten zur Verfügung stellt. Überprüfen Sie, ob Sie diese Daten nutzen können, um Trainingseffekte nachzuweisen.

Vorschlag 45: Ermitteln Sie die Relation von Aufwand und Nutzen

Die Kosten für Qualifizierungen lassen sich also vergleichsweise einfach ermitteln und auch gegenüberstellen. Doch: Kosten sind nur die eine Seite. Auf der anderen Seite steht der Nutzen der Qualifizierung. Vergleichende Aussagen lassen sich nur machen, wenn Sie nicht nur die Kosten berücksichtigen, sondern auch den Nutzen.

Lassen sich die Auswirkungen von Schulungen in Geld fassen, liegen Kennwerte zu Kosten beziehungsweise zu Kosteneinsparungen vor, können Sie den Nutzen berechnen und den Kosten gegenüberstellen.

Dies ermöglicht Ihnen *Rentabilitätskontrollen* und Aussagen über die *Wirtschaftlichkeit des Vorhabens*. Nützlich sind folgende *Indizes*:

Indizes zu Rentabilitätskontrollen

Kosten-Nutzen-Index

Wie hoch sind die Kosten? Wie hoch belaufen sich die Einsparungen durch die Qualifizierung?

$$\text{Kosten-/Nutzen-Relation} = \frac{\text{Nutzen}}{\text{Kosten}}$$

B *Die Kosten einer Qualifizierung belaufen sich auf Euro 16 000, die Einsparungen liegen bei Euro 32 000. Der Indexwert wäre 2.0.*

Zeitindex

Wie lange dauert es, bis die Kosten durch Verbesserungen, die durch die Qualifizierung erreicht wurden, wieder eingespielt sind?

B *Die Kosten einer Qualifizierung belaufen sich auf Euro 16 000. Jedes Jahr werden Euro 3200 durch Verbesserungen aus der Qualifizierung eingespart. Der Zeitindex ist fünf Jahre.*

Teilnehmerindex

Müssen für Qualifikationen hohe Anfangsinvestitionen getätigt werden – etwa für die Entwicklung der Schulungsmaterialien, für eine Lernplattform oder Lernprogramme –, ist folgende Frage interessant: *Wie viele Teilnehmer müssen die Qualifizierung durchlaufen, bis sich die Anschaffung amortisiert?*

B *Die Investitionen für Lernprogramme belaufen sich auf Euro 30 000. Bei jedem Teilnehmer werden im Vergleich zu einer herkömmlichen Schulung Euro 300 eingespart. Die Anschaffung amortisiert sich also bei 100 Teilnehmern.*

Ein weiterer wichtiger monetärer Kennwert ist die *Break-Even-Analyse*. Damit wird ermittelt, wann sich eine Investition, in diesem Fall die Kosten für die Qualifizierung, amortisieren. Die Formel lautet:

Break-Even-Analyse

$$\text{Break-Even} = \frac{\text{Investitionskosten}}{\text{jährliche Einsparungen}}$$

Vorschlag 46: Berechnen Sie den Return on Investment

Als Standardindex hat sich der Return on Investment etabliert. Der *Return on Investment* hilft die Frage zu beantworten: *Wann amortisieren sich die Kosten der Qualifizierung?*

$$\text{Return of Investment} = \frac{\text{netto Nutzen}}{\text{Kosten der Maßnahme}} \times 100$$

B *Die Kosten einer Qualifizierung belaufen sich auf Euro 16 000, die Einsparungen liegen bei Euro 32 000. Die Einsparungen belaufen sich auf Euro 16 000.*

Noch genauer, aber auch schwieriger zu ermitteln, ist es, den Weiterbildungskosten die Kosten gegenüberzustellen, die durch fehlende Qualifikation entstehen würden. Hierfür lautet die Formel:

> **Return on Investment** = Summe [((interne Kosten durch fehlende Qualifikation + externe Kosten durch fehlende Qualifikation) x Umsetzungsgrad) – Kosten der Qualifizierung]

Allerdings sind in dieser Formel wieder Kennzahlen versteckt, die nicht ohne Probleme zu erfassen sind. Wie lassen sich interne Kosten beziffern, die entstehen, wenn die Qualifikation ausbleibt? Was lässt sich unter externe Kosten fassen? In manchen Unternehmen könnte man hier ausbleibende Kundenaufträge ansetzen, dann muss man jedoch sicher sein, dass diese tatsächlich aufgrund mangelnder Qualifikation ausbleiben. Im öffentlichen Sektor dürften die Schwierigkeiten, Kennwerte zu finden, noch größer sein.

Ermittlung in fünf Schritten

Zur Ermittlung des Return on Investment gehen Sie am besten in fünf Schritten vor:

1. Sie bestimmen einen Kennwert, eine Messeinheit
   Beispiel: ein Kunde
2. Sie definieren, was genau Sie darunter verstehen
   Kundentreue: die Zeit, die ein Käufer bei Ihnen verbleibt
3. Sie bestimmen den Wert dieser Einheit
   Durchschnittlicher Kundenumsatz: Euro 20 000
4. Sie ermitteln die Veränderung
   10 Prozent weniger Umsatz pro Kunde

5. Sie rechnen den Wert auf alle Einheiten um
   1000 Kunden multipliziert Umsatz minus 10 Prozent.

Voraussetzung für die Aussagekraft des Ergebnisses ist die Qualität der Daten. Beruhen diese teilweise oder ganz auf Schätzwerten, leidet die Aussagekraft.

B *Um die Effizienz von Besprechungen zu verbessern, werden Schulungen zum Thema Besprechungstechnik durchgeführt. Für jede Arbeitsgruppe im Haus wird ein Moderator benannt, der an der Schulung teilnimmt. Insgesamt sind es 15 Moderatoren, die an einem dreitägigen Inhouseseminar teilnehmen.*

Damit lassen sich erst einmal die Kosten berechnen: Trainerhonorar plus Raumkosten plus Teilnehmerkosten (Arbeitsausfall) plus pauschalisierte Verwaltungskosten. Die Kosten liegen nach einer überschlägigen Rechnung bei Euro 13 800.

Bei einer Nachbefragung wird ermittelt, dass durchschnittlich pro Arbeitsgruppe eine Besprechung pro Woche stattfindet, an diesen Besprechungen nehmen durchschnittlich acht Personen teil. Durch die Schulung werden durchschnittlich 40 Minuten eingespart.

Damit ergibt sich unter Zugrundelegung von Durchschnittsgehältern der Teilnehmer an den Besprechungen eine Einsparung von Euro 1500 pro Monat. Die Schulungen würden sich also sehr schnell amortisieren.

Natürlich ist diese Rechnung mit einigen Fragezeichen zu versehen:

- Sind solche quantitativen Werte aussagekräftig?
- Arbeiten die Teilnehmer in der eingesparten Zeit wirklich effektiv?
- Sind die Ergebnisse der Besprechungen nach der Schulung quantitativ und qualitativ besser oder schlechter?
- Wird das erworbene Wissen noch in anderen Zusammenhängen genutzt, so dass sich Sekundäreffekte ergeben?

Return on Investment	ja	nein
1. Ist es wichtig zu wissen, ob sich bei Qualifizierungsmaßnahmen die Kosten amortisieren?	☐	☐
2. Beruhen die Ergebnisse auf überprüfbaren Fakten?	☐	☐
3. Ist der Aufwand zur Ermittlung des Return on Investment gerechtfertigt? Stehen die Kosten der Evaluation in Relation zum Nutzen?	☐	☐

Vorschlag 47: Berücksichtigen Sie auch nichtmonetären Nutzen

Die Reduzierung auf Kostenaspekte, der Versuch, jedwede Qualifizierungsmaßnahme als Investition zu betrachten, die sich in Euro und Cent niederschlagen muss, bringt zwei Probleme mit sich:
- Nicht jede Qualifizierung lässt sich auf Kostenziele hin ausrichten.
- Bei vielen Qualifizierungen ist ein Nachweis des Return on Investment schwierig.

Eine ausschließliche Fokussierung auf monetäre Kennzahlen birgt zudem die Gefahr, dass Ziele vernachlässigt werden, die nicht oder nur unzureichend unter Kostengesichtspunkten betrachtet werden können.

Qualifizierungen in Geldwerten

Auf der anderen Seite hat es natürlich Charme, den Wert von Qualifizierungen in Geldwerten ausdrücken zu können. Damit wird nachhaltig der Eindruck widerlegt, dass Schulungen keinen nachweislichen Nutzen bringen.

Immaterieller Nutzen

Eine Gegenüberstellung von Kosten und Nutzen stellt allerdings bisweilen eine Einschränkung dar, denn: Damit entfallen Sach- und Zeitziele. Und eine Reduzierung auf Kosten versus Einsparungen oder Gewinne engt die Betrachtungsweise zusätzlich ein.

Dazu ein Beispiel:

> **B** *Sie planen eine dreitägige Seminarfolge zum Thema Umgang mit Belastungen im beruflichen Alltag mit insgesamt 45 Teilnehmern.*
> *Alle Mitarbeiter haben Kundenkontakt.*
> *Sie wollen die Effizienz des Seminartyps ermitteln (Kosten/Nutzen).*
> *Ziele des Seminars sind:*
> *– größere Arbeitszufriedenheit*
> *– erhöhte Leistungsbereitschaft*
> *– besserer Umgang mit Konflikten*
> *– bessere Identifizierung mit den Arbeitsaufgaben*
> *– bessere Kundenorientierung.*

Alle gesetzten Ziele sind nicht direkt über Kostenwerte zu überprüfen.

Immaterielle Kenngrößen stellen häufig einen Zusatznutzen bei Qualifizierungen dar, allerdings nicht automatisch. Im dem obigen Beispiel stehen sie im Mittelpunkt des Interesses.

Sind keine harten Kennzahlen verfügbar und stützt sich der Nutzen der Qualifizierung ausschließlich auf weiche Kenngrößen, ist Vorsicht geboten. Denn hier ist der Nutzen nur schwer zu überprüfen.

Immaterielle Kenngrößen gibt es bei Zielen auf der individuellen Ebene, aber auch auf der Ebene der Unternehmensstrategie. Einige Punkte wie Kundenzufriedenheit treffen auf beide Bereiche zu.

Immaterielle Kenngrößen

Individuelle Ebene (Mitarbeiter)	Strategieebene (Unternehmen)
bessere Karrierechancen	Verbesserung des Firmenimages
verbessertes Betriebsklima	Verbesserung der Kundenbetreuung
bessere Zusammenarbeit im Team	Erhöhung der Kundenzufriedenheit
bessere Information und Kommunikation	Erhöhung des Markenbewusstseins
Erhöhung des Engagements	Verbesserung der Führungskultur
Verbesserung der Beziehungen	bessere Kundenbindung
Erhöhung der Motivation	Erschließung neuer Zielgruppen
Erhöhung der Arbeitszufriedenheit	bessere Ressourcennutzung
Reduzierung der Konflikte	höhere Mitarbeiterzufriedenheit
Verbesserung der Arbeitssorgfalt	
Abbau von Stress	
Erhöhung der Kreativität	

Ziele, die sich schlecht in Kennwerten ausdrücken lassen, und Kennwerte, die sich nicht in Kosten ausdrücken lassen, sollten keinesfalls vernachlässigt werden. Solche Werte sind recht gut über Einschätzungsskalen zu erfassen. Die Subjektivität indes bleibt.

B *Die Zufriedenheit mit dem Führungsverhalten können Sie zum Beispiel über ein Vorgesetztenfeedback ermitteln.*

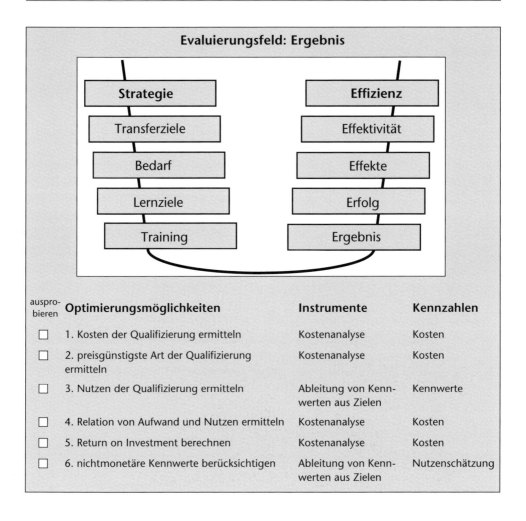

Sechster Fokus: Qualitätssicherung

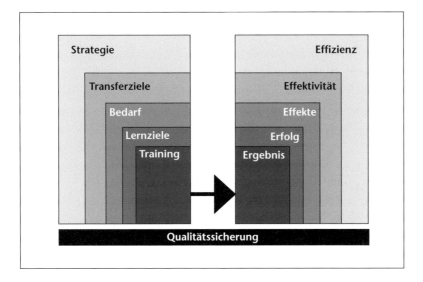

Bildungscontrolling versucht, den gesamten Bildungsprozess mittels verschiedener Evaluationsinstrumente zu erfassen und Kennwerte zu gewinnen, die eine qualitätsgerechte Steuerung des Bildungsprozesses erlauben. Kennzahlen zu ermitteln, ohne sie zur Verbesserung des Bildungssystems zu nutzen, macht wenig Sinn.

Generell gilt: Qualitätssicherung ohne Evaluation ist schwierig – Evaluation ohne Qualitätssicherung sinnlos. Denn: Was nützen die besten Evaluierungssysteme, wenn sie nicht Grundlage systematischer Bewertungen und gezielter Veränderungen sind?

Vorschlag 48: Setzen Sie auf Qualität

Als Grundlage einer systematischen Qualitätssicherung dient die empirische Datenbasis, die Sie über das Bildungscontrolling ermittelt haben. Nun gilt es, Schwachstellen zu analysieren und daraus Ziele abzuleiten. Teil des Bildungscontrollings sollte deshalb eine systematische Erfassung von Hinweisen auf Qualitätsmängel, Probleme, Fragen, statistische Werte oder Ergebnisse von Gesprächen sein.

Die Fragen, die sich hier stellen, lauten:
- Welche Daten sind für die Qualitätssicherung wichtig?
- Welche Quellen stehen zur Verfügung?
- Wie können diese Quellen systematisch und kontinuierlich genutzt werden?

Voraussetzung ist, dass ein Evaluierungssystem aufgebaut wird, das den gesamten Qualifizierungsprozess transparent macht. Je breiter die Datenbasis, je dichter das Netz an Kennzahlen, desto sicherer sind die Erkenntnisse, die daraus gezogen werden können.

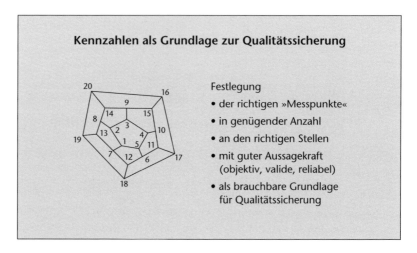

Prozessorientierung Qualitätsmaßnahmen können sich auf Produkte und Prozesse beziehen. Meist wird man sich den Prozessen zuwenden, weil gut durchdachte Prozesse auch zu guten Ergebnissen führen. Dabei geht man folgendermaßen vor:
1. Man gliedert in einem ersten Schritt Prozesse in Teilprozesse und Tätigkeiten sowie Ergebnisse in Teilergebnisse. So lassen sich dann bestimmte Messpunkte *(Kennwerte)* definieren.

2. Für diese Punkte im Prozess werden *Qualitätskriterien* entwickelt, sogenannte *Soll-Werte*. Soll-Werte lassen sich ebenso für Abläufe wie auch für Teilergebnisse festlegen.
3. An jedem Kontrollpunkt kann der ermittelte Ist-Wert mit dem vorgegebenen Soll-Wert verglichen werden. Als Ergebnis können Korrekturmaßnahmen eingeleitet werden. Nur in Ausnahmefällen kann auch die Soll-Vorgabe geändert werden.

Produkt-Merkmale

Die Qualität Ihrer Produkte, angefangen von Schulungen bis zur Beratung von Mitarbeitern und Unterstützung beim Transfer, lässt sich an bestimmten Merkmalen festmachen. Diese machen in ihrer Gesamtheit die Qualität des Produktes aus.

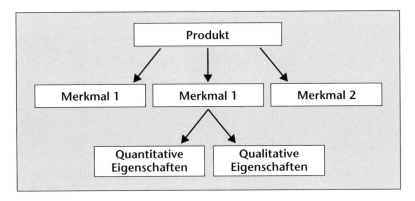

Merkmale haben *Merkmalswerte*. Diese sind entweder *quantifizierbar* (Bearbeitung innerhalb 3 Werktagen), damit in Zahlenwerten auszudrücken, oder es handelt sich um *qualitative Eigenschaften* (hohe Zufriedenheit der Kunden).

Kritische Merkmale

Jedes Ihrer Produkte hat unterschiedliche Merkmale. Nur ein Teil ist wichtig oder gar ausschlaggebend für die Qualität. Diese Merkmale werden als *kritische Merkmale* bezeichnet. Diese Merkmale müssen Sie unbedingt erfüllen, um den Wünschen Ihrer Kunden gerecht zu werden. Beispielsweise spielt die Wahl des richtigen Trainers eine entscheidende Rolle für die Zufriedenheit der Seminarteilnehmer. Im Umkehrschluss können Sie alle Merkmale bei der Qualitätssicherung vernachlässigen, die für den Kunden ohne Bedeutung sind.

Mithilfe dieser quantifizierbaren und möglichst auch der qualitativen Merkmale lässt sich die gewünschte Qualität bestimmen. Durch die Vergabe von Soll-Werten wird der Idealzustand festgelegt.

Sechster Fokus: Qualitätssicherung

Der tatsächliche Ist-Wert sollte möglichst gar nicht oder nur in einer vorgegebenen Toleranz vom Soll-Wert abweichen.

Möglich ist auch die Angabe eines Grenzwertes, eines Wertes, der in keinem Fall unterschritten werden darf.

In der Folge ist es nicht unbedingt sinnvoll, die Qualität immer weiter zu verbessern, da dies unter Umständen vom Kunden nicht mehr gewürdigt wird. Vielleicht ist es sogar eher unerwünscht. Also würde sich der Aufwand wahrscheinlich auch nicht lohnen.

Was ist Qualität?

Qualität bedeutet allgemein: Erfüllung von Forderungen. Im Projekt eine gute Qualität zu erreichen, bedeutet die Vorgaben zu erfüllen. Dabei lassen sich bei der Qualität drei Bereiche unterscheiden.

- Bei der *Produktqualität* geht es um die Eigenschaften von Produkten, etwa bestimmter Schulungen.
- Bei der *Servicequalität* geht es um die Eigenschaft von Leistungen, etwa die Beratung von Bildungswilligen.
- Bei der *Prozessqualität* geht es um Abläufe und deren Effizienz.

Die Frage lautet damit nicht mehr:

- Mit welchem zeitlichen und finanziellen Aufwand wird überhaupt eine Leistung erbracht?

sondern

- Mit welchem zeitlichen und finanziellen Aufwand soll welche Leistung *(aus Sicht des Kunden)* in welcher Qualität *(aus Sicht des Kunden)* erbracht werden?

Aus Kundensicht gibt es keine gute oder schlechte Qualität, sondern:
Die Qualität hat das gewünschte Niveau oder nicht.

Bedingung ist, dass Sie die Wünsche und Bedürfnisse der Kunden kennen. Denn je besser die Qualität in den Augen der Kunden, desto besser die Produkte, desto zufriedener die Kunden, desto erfolgreicher die Arbeit. Dazu ist es wichtig, sich darüber klar zu werden, wer denn zu den Kunden der Weiterbildung zählt. Das sind natürlich erst einmal die Teilnehmer. Hierzu gehören auch der Seminartourist, der nette Seminare in interessanten Bildungsstätten besucht, und der Scheine-Sammler, der meint, dies sei gut für die Karriere.

> Kunden sind sicherlich auch das Unternehmen, das den Weiterbildungsetat zur Verfügung stellt, und die Vorgesetzten, die sich leistungsfähige Mitarbeiter wünschen.
>
> Zwischen diesen Kundengruppen kann es zu Interessenkonflikten kommen, die es auszugleichen gilt.

Wenn Sie *Qualitätslücken* entdecken und die Qualität verbessern möchten, sollten Ziele formuliert und Kenngrößen bestimmt werden.

Erfolgsfaktor Qualitätssicherung

Wenn Sie in Ihrer Analyse zu dem Ergebnis kommen, dass Sie den Status quo beibehalten möchten, weil Sie mit der Qualität zufrieden sind oder eine Qualitätsverbesserung einen zu hohen Aufwand bedeuten würde, sollten Sie dennoch von Zeit zu Zeit zu überprüfen, ob der Qualitätsstandard auch tatsächlich gehalten wird.

Es macht wenig Sinn, zu viele Baustellen gleichzeitig zu eröffnen. Isolieren Sie die Felder und Probleme, die sich besonders negativ auf die Qualität auswirken, und gehen Sie diese systematisch an.

Erst über Ziele, Entwicklung geeigneter Maßnahmen und Kontrolle der Zielerreichung ist eine kontinuierliche und erfolgreiche Qualitätssicherung möglich. Und nur so lässt sich der Erfolg der Bemühungen um eine bessere Qualität ermitteln.

Damit wird Qualitätssicherung zu einer Daueraufgabe und zu einem wichtigen Erfolgsfaktor Ihrer Arbeit.

Wenn Sie so vorgehen, können Sie die Qualität systematisch und stetig verbessern.

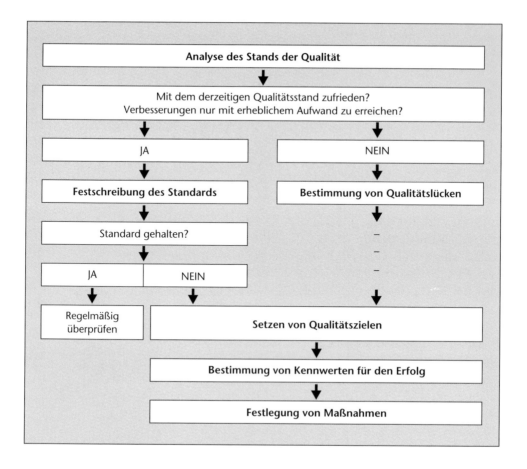

Vorschlag 49: Vergleichen Sie sich mit sich selbst

Eine erste Möglichkeit der Qualitätssicherung ergibt sich, wenn Sie sich mit sich selbst vergleichen. Nehmen Sie die Kennwerte der letzten Jahre oder Monate und vergleichen Sie diese mit den aktuellen Daten.

Statistische Werte Besonders geeignet sind *statistische Werte*, quantitative Daten, die sich relativ einfach ermitteln lassen, etwa
- Zahl der Teilnehmer
- Zahl der Veranstaltungen und Seminartage
- Seminartage pro Mitarbeiter
- Dauer von Veranstaltungen
- direkte und indirekte Kosten der Durchführung

- Relation Personal/Teilnehmertage
- Relation Personalkosten/Teilnehmertage
- Auslastung der Schulungsräume/Bildungseinrichtung
- Verwaltungsaufwand.

Wie intensiv Weiterbildung von den Mitarbeitern genutzt wird, lässt sich mithilfe der *Weiterbildungsrate* in Tagen pro Mitarbeiter ermitteln.

Weiterbildungsrate

$$\text{Weiterbildungsrate} = \frac{\text{Gesamtzahl der Weiterbildungstage}}{\text{Zahl der Mitarbeiter}}$$

Ein solcher Kennwert lässt sich natürlich auch für unterschiedliche Zielgruppen bestimmen. Damit werden auch Vergleiche zwischen unterschiedlichen Gruppen oder einer Gruppe in den letzten Jahren möglich.

Weiterhin lässt sich ermitteln, wie teuer die Weiterbildung ist, umgelegt auf alle Mitarbeiter.

Weiterbildungskosten pro Mitarbeiter

$$\text{Weiterbildungskosten pro Mitarbeiter} = \frac{\text{Summe Weiterbildungskosten}}{\text{Zahl der Mitarbeiter}}$$

Solche Kennzahlen können bei Soll-Ist-Vergleichen zugrunde gelegt werden.

B *Ziel der Weiterbildung ist es, die Weiterbildungskosten pro Mitarbeiter im Vergleich zum Vorjahr konstant zu halten.*

Recht einfach lassen sich die *Ausfallkosten* errechnen, die dem Unternehmen durch die Teilnahme an Qualifizierungsmaßnahmen entstehen. Die Formel lautet:

Ausfallkosten

$$\text{Ausfallkosten (in Tagen)} = \frac{\text{(Jahresentgelt + Sozialkosten)}}{\text{Durchschnittliche Zahl der Arbeitstage pro Jahr}}$$

Dieser Wert ergibt, zusammen mit den Kosten für die Organisation und Durchführung von Qualifizierungen, einen einigermaßen realistischen Wert für die finanziellen Aufwendungen.

Um eine bessere Anschaulichkeit zu erreichen und damit den Vergleich zu erleichtern, ist es sinnvoll, die verschiedenen Vergleichswerte in einer Grafik darzustellen.

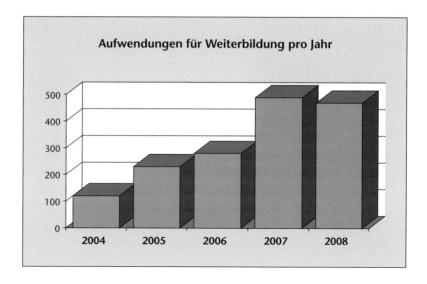

Der Vergleich mündet in eine Bewertung:
- Ist dies das Ergebnis, das Sie erwartet haben?
- Ist das die Tendenz, die Sie sich wünschen?
- Wenn nein, welche Möglichkeit sehen Sie, die Werte in Ihrem Sinne zu beeinflussen?
- Welche Ziele verbinden Sie mit den Ergebnissen, welche Maßnahmen sehen Sie vor?

 Denken Sie daran: Qualitätssicherung und Qualitätsverbesserungen sind immer eine Aufgabe des gesamten Teams. Nur gemeinsam werden Sie die Qualität erreichen, die Ihre Kunden mit Recht von Ihnen erwarten.

Vorschlag 50: Vergleichen Sie sich mit anderen

Statistische Kennzahlen – aber nicht nur diese – sind ebenfalls eine gute Grundlage für den Vergleich mit anderen.

B *Sie können beispielsweise die Weiterbildungsrate heranziehen, um die Frage zu beantworten: Wer hat die beste Weiterbildungsrate und welche Gründe sind dafür verantwortlich?*

Von anderen lernen ist das Hauptanliegen des sogenannten *Benchmarking*. Methodisch geht es darum, die Weiterbildung in Ihrer Organisation, Ihren Abläufen und Strategien mit der Weiterbildung anderer Organisationen zu vergleichen, Stark- und Schwachstellen zu analysieren und erfolgreiche Ansätze von anderen zu übernehmen.

Benchmarking

Hauptziele eines Benchmarking sind
- effiziente Strategien, Verfahren und Strukturen anderer Personalreferate und Bildungseinrichtungen zu analysieren
- eigene Strategien, Verfahren und Strukturen mit denen anderer zu vergleichen
- erfolgversprechende Strategien von anderen zu übernehmen und so die Ergebnisse dieses Vergleiches für die eigene Arbeit nutzbar zu machen.

Es gibt verschiedene Formen des Benchmarking:

Beim *produktorientierten Benchmarking* beruhen Vergleiche auf Kennwerten, die Ergebnisse präsentieren. Beim *prozessorientierten Benchmarking* werden auch die Abläufe betrachtet, die zu dem Ergebnis führen.

Produkt- oder prozessorientiertes Benchmarking

Eine weitere Unterscheidung: Man kann sich allein auf quantitative Daten bei der Analyse stützen, sich also auf die Frage nach dem *Was* beschränken. Man kann jedoch auch qualitative Faktoren und damit die Frage nach dem *Wie* einbeziehen.

Meist ist es sinnvoll, einen möglichst umfassenden Ansatz beim Benchmarking zu wählen, weil aufgrund der Fülle und Qualität der Daten eine bessere Vergleichsbasis gegeben ist.

> **!** Vergleichen kann man nur, was sich wirklich vergleichen lässt: Achten Sie bei der Auswahl der Vergleichspartner auf ähnliche Rahmenbedingungen.

Der Benchmarking-Prozess umfasst drei grundsätzliche Fragen:
- Was soll überhaupt miteinander verglichen werden?
- Wie ermittelt man die beste Strategie?
- Wie setzt man die Erkenntnisse in der Praxis um?

Benchmarking-Prozess

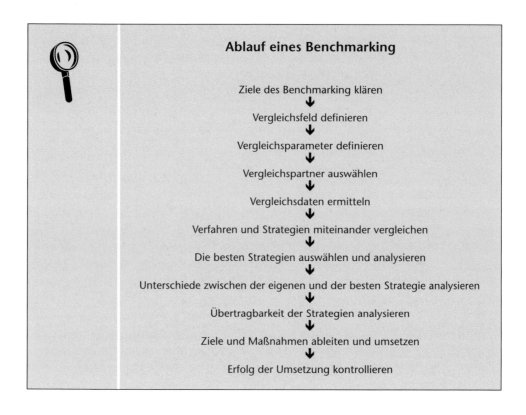

Ziele des Benchmarking klären

Benchmarking ist kein Selbstzweck: Aus der Analyse sollten konkrete Maßnahmen erwachsen. Deshalb beginnt der Benchmarking-Prozess mit einer Definition der Ziele.

Mit einer Zielfindung soll sichergestellt werden, dass nicht irgendwelche Kennzahlen ermittelt und interpretiert werden, sondern dass die Kennzahlen als Indikatoren genutzt werden können, wie weit die Ziele bereits erreicht sind. Aus der Analyse lassen sich wieder neue Ziele ableiten.

Vergleichspartner und Vergleichsparameter definieren

Im nächsten Schritt muss definiert werden, welche Ergebnisse, Prozesse und Verfahren miteinander verglichen werden sollen. Voraussetzung ist natürlich, dass es sich hierbei

- um keine einzigartigen Prozesse handelt, für die es keine Vergleichspartner gibt

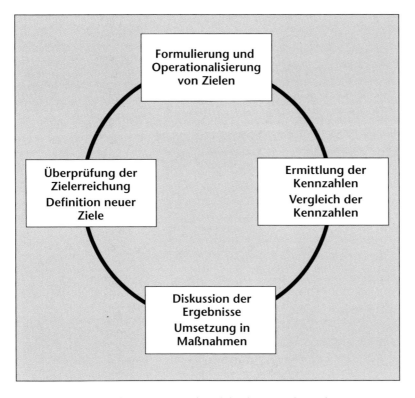

- um keine einmaligen Prozesse handelt, die so nicht mehr vorkommen und deshalb auch nicht optimiert werden können.

Die nächste Frage lautet: Mithilfe welcher Kennzahlen soll die Leistung im Bereich Aus- und Weiterbildung ermittelt werden? Voraussetzung für Benchmarking ist natürlich, dass vergleichbare Kennzahlen überhaupt erhoben werden können. Beim Vergleich dürfen keine wesentlichen Punkte außer Acht gelassen werden, nur weil sie sich nicht als Zahlen ausdrücken lassen.

Von Interesse für die Beurteilung von Kennzahlen und Ergebnissen ist es, einerseits die Ursachen zu ermitteln, die zu diesen Ergebnissen führen, andererseits den Prozess selbst zu analysieren, wie Ergebnisse sich entwickeln. Ansonsten kann es zu Fehlinterpretationen kommen.

B *Sie verstärken Ihr Angebot an Seminaren für Führungskräfte.*
Die Resonanz auf dieses Angebot ist schwach. Dies zeigt sich in
den Anmeldezahlen.

Die Ursache kann u. a. darin liegen, dass die Zielgruppe keine ausreichenden Informationen über das Angebot erhält.

Wichtig ist auch, dass in die Vergleichsstudie Partner aufgenommen werden, die wirklich gute Leistungen erbringen und gute Ergebnisse erzielen.

Die Grundlage für den Vergleich bildet dann vorzugsweise eine Liste mit Parametern, in die die Vergleichspartner ihre Kennwerte eintragen.

B	Benchmarking	
Weiterbildungsstatistik		
Mitarbeiter im Unternehmen (potenzielle Kunden)		
angebotene Veranstaltungen pro Jahr		
davon: IT-Seminare		
verhaltensorientierte Seminare		
Fachseminare		
Sprachkurse		
Zahl der Teilnehmerplätze		
angebotene Weiterbildungstage insgesamt		
Prozentsatz der durchgeführten Weiterbildungstage		
tatsächliche Weiterbildungstage pro Mitarbeiter		
Bedarfsdeckung (Relation Anfragen / Seminarteilnahme)		
Ausgaben für Weiterbildung pro Jahr (gesamt)		
Ausgaben für interne Seminare		
Honorare		
an nebenamtliche Trainer		
an freiberufliche Trainer		
Reisekosten		
für Teilnehmer		
für Trainer		
Ausgaben für externe Seminare		
Seminargebühren		
Reisekosten für Teilnehmer		
Ausgaben für Schulungsverwaltung		
Personalausgaben		
Sächliche Ausgaben		
direkte Kosten pro Teilnehmertag (Honorare, Gebühren, Reisekosten)		
Gesamtkosten pro Teilnehmertag (inklusive Verwaltungskosten)		

Auch *Abläufe* lassen sich gegenüberstellen:

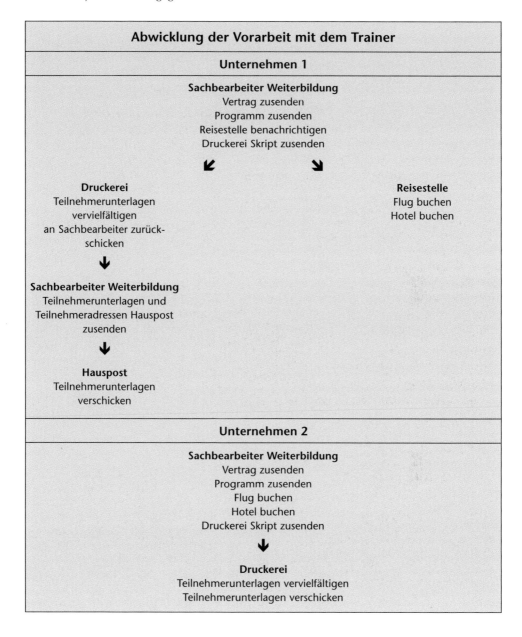

Noch geringer wäre der Aufwand für das Unternehmen, wenn die Trainer die Teilnehmerunterlagen direkt in die Schulung mitbringen würden oder die Unterlagen von den Teilnehmern online abgerufen werden könnten.

Unterschiede zwischen der eigenen und der besten Strategie analysieren

Ein Vergleich darf nicht nur auf die reinen Kennzahlen beschränkt bleiben. Es sollte auch immer gefragt werden:
- Sind die Kenngrößen einheitlich gefasst und stimmen die Ermittlungsmethoden überein?
- Verbergen sich hinter gleichen Begriffen vielleicht unterschiedliche Definitionen und Ermittlungsmethoden?
- Verfälschen Zusatzleistungen das Bild?

B *Die Mitarbeiter eines Weiterbildungsreferats nehmen sich die Zeit, jedes Seminar persönlich zu eröffnen und auch die Auswertung am Ende eines Seminars persönlich durchzuführen. Oder sie geben sich die Mühe, Zusammenfassungen der Seminarbewertungen der Teilnehmer zu erstellen, den Trainern zuzusenden und bei Bedarf mit ihnen ein Feedbackgespräch zu führen.*

- Bestehen Qualitätsunterschiede, die durch die Kennwerte nicht erfasst werden?

B *Wenige Mitarbeiter organisieren zwar viele Seminare, aber die Qualität der Seminare lässt zu wünschen übrig, weil zu wenig Gewicht auf die Auswahl geeigneter Trainer gelegt wurde und kein Qualitätssicherungssystem existiert.*

Wer erreicht – unter vergleichbaren Bedingungen – die beste Leistung? Diese Frage nach dem *best practice* führt zur Auswahl der Vergleichspartner mit den erfolgreichsten Strategien.

Warum? – die wichtigste Frage

Die Hauptfrage bei der Analyse ist die Frage nach dem *Warum*.

B *Warum bewältigt ein Personalreferat mit 12 Mitarbeitern 200 Seminare im Jahr, während Ihre Organisation für dieselbe Arbeit (bei gleicher Qualität) 18 Personen benötigt?*

Durch die Analyse der eigenen Daten und Strategien wird die *Zielerreichungslücke* erkennbar. Im Mittelpunkt dieser Analyse steht die Frage: Warum ist die Strategie, warum ist das Verfahren eines anderen erfolgreicher als unsere Strategie und unser Verfahren? Ausgehend vom Ergebnis erfolgt ein detaillierter Vergleich aller Schritte und Abläufe. Auch die Rahmenbedingungen müssen dabei Beachtung finden.

Nicht jede Strategie lässt sich ohne weiteres im eigenen Hause anwenden. Nicht jede Strategie ist ohne Effizienzverluste von einer Organisation auf eine andere übertragbar.

Deshalb lauten die nächsten Fragen:
- Ist die Strategie, ist das Verfahren auf die eigenen Verhältnisse übertragbar?
- Muss die Strategie erst den Rahmenbedingungen angepasst werden?
- Müssen umgekehrt die Rahmenbedingungen geändert werden, um einen Erfolg der Einführung neuer Verfahren sicherzustellen?

Vorschlag 51: Nehmen Sie Qualitätsprobleme ernst

Qualitätsprobleme lassen sich nie ganz ausschließen, aber man kann ihre Häufigkeit verringern. Ob vergessene Absagen, Pannen bei der Medienbereitstellung, Beschwerden über das Essen oder fachlich wenig versierte Trainer: Je früher solche Probleme erkannt werden, desto geringer sind in der Regel die Kosten.

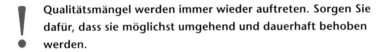

Qualitätsmängel werden immer wieder auftreten. Sorgen Sie dafür, dass sie möglichst umgehend und dauerhaft behoben werden.

Wenn Qualitätsprobleme entstehen und Vorgaben verfehlt werden, gehen Sie am besten in folgenden Schritten vor:

Analysieren Sie die Daten gemeinsam mit Ihren Mitarbeitern

Die Analyse beginnt mit dem Vergleich der Vorgaben hinsichtlich Qualität und dem tatsächlich erreichten Standard.

Wie gut werden die Kundenanforderungen berücksichtigt? Wo gibt es Schwachstellen? Wo verstecken sich Probleme?

Bei der Analyse von Problemen arbeiten Sie wieder mit einem Soll-Ist-Vergleich.
- Welche Kennwerte zur Qualität haben wir gesetzt?
- Sind diese Kennwerte erreicht oder gar übertroffen worden?

B *Achten Sie auf aussagekräftige Ergebnisse. Stellen Sie sicher, dass die Datensammlung konsequent und unverfälscht erfolgt und dass ausreichend Zeit zum Ausfüllen vorhanden ist.*

Die Analyse von Qualitätsmängeln kann auf unterschiedliche Art erfolgen:

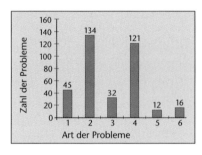

Problemsammellisten sind ein einfaches Werkzeug zur schnellen Datenerfassung und bieten zugleich eine übersichtliche Darstellung der Ergebnisse. Strichlisten eigenen sich besonders, um die Häufungen bestimmter Probleme auf einen Blick zu erkennen.

Fassen Sie die Ergebnisse zusammen. Zur Veranschaulichung der Häufigkeitsverteilung eignen sich beispielsweise *Säulendiagramme*. Ihre Aussage basiert auf Gruppierung und wird somit durch die Fragestellung beeinflusst.

Gewichten Sie die Probleme

Bei der Ermittlung von *Prioritäten für Korrekturmaßnahmen* und Vorbeugemaßnahmen hilft das *Pareto-Diagramm*.

Der italienische Wirtschaftswissenschafter Pareto hat ermittelt, dass durchschnittlich 20 Prozent der Ursachen 80 Prozent der Wirkungen erzeugen. Die logische Konsequenz lautet, sich auf diese 20 Prozent zu konzentrieren.

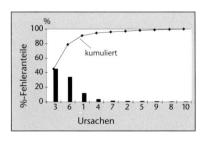

Ein *Pareto-Diagramm* ist ein nach Häufigkeit sortiertes Histogramm. Hier werden zunächst die Einzelprobleme nach ihrer Häufigkeit geordnet in einer Tabelle gelistet. Gehen Sie nun zuerst die erfolgversprechenden Verbesserungspotenziale an. Idealerweise beginnen Sie mit den Prozessen, die erkennbar große Qualitätsmängel haben.

Hinweise auf Verbesserungspotenziale geben beispielsweise Reklamationen, Pannen oder Doppel- bzw. Mehrarbeit. Dort werden Sie die größten Effekte erzielen. Bei der Auswahl von Handlungsfeldern sollten Sie auch Unternehmensprozesse mit hohem Wiederholungscharakter gezielt ins Auge fassen. Hier können erhebliche Einsparungen oft schon mit einem begrenzten Aufwand erreicht werden.

Können Sie im nachfolgenden Beispiel die Ursachen für Panne Nummer 3 abstellen, haben Sie knapp 50 Prozent der Probleme insgesamt eliminiert.

Typische Ursachen vermeiden

Es gibt typische Ursachen für mangelnde Qualität. Sie kommen immer wieder vor, können aber mit der richtigen Herangehensweise durchaus vermieden werden:

1. Kundenorientierung unzureichend
Sowohl für Ihre Produkte als auch für Ihre Dienstleistungen muss klar sein, was von Ihren Kunden jetzt und zukünftig gefordert ist. Denn: Anforderungen ändern sich. Mit jeder Verbesserung erhöht sich möglicherweise auch die Anspruchshaltung der Kunden – das sollten Sie berücksichtigen.
Wichtig: Enttäuschte Kunden sind keine Gegner, die von den Mitarbeitern abgewehrt werden müssen. Nutzen Sie deren Rückmeldungen, deren Beschwerden als Anregung.

2. Prozesse/Abläufe unklar
Sind allen Beteiligten – nicht nur Ihren Mitarbeitern – die festgelegten Abläufe bekannt und wird danach gehandelt? Wichtig hierbei ist auch: Sind die Auswirkungen bei Nichteinhaltung bekannt? Erläutern Sie regelmäßig die wichtigen Prozesse und überzeugen Sie sich von der Umsetzung.

3. Die innere Einstellung zur Qualität fehlt
Ist es nicht irgendwann genug? Der Begriff der ständigen Verbesserung ist für viele eher demotivierend. Statt ständig, immer, dauernd wünscht man sich anhalten, pausieren, ausruhen.
Wie alles im Leben ist es auch eine Frage der Einstellung, wie wir mit Veränderungen und Anforderungen umgehen. Entscheidend ist die Grundhaltung: *Die bewusste Wahrnehmung der Qualität als entscheidenden Erfolgsfaktor unserer Tätigkeiten.*

Ursachen analysieren

Je gezielter Sie nach den Ursachen fahnden, desto größer ist die Wahrscheinlichkeit, dass Sie nicht an Symptomen herumdoktern. Analysieren Sie als Erstes:

- Wo hat der Fehler seinen Anfang genommen?
- Wann und von wem wurde der Fehler bemerkt?

Wirkungsdiagramm

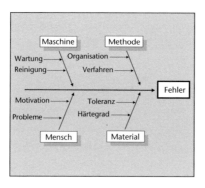

Eine gute Hilfe ist das *Ursache-Wirkungs-Diagramm*, (auch unter *Ishikawa-Diagramm* bekannt). In einem Fischgrät-Muster werden die möglichen Ursachen eines Problems nach verschiedenen Kategorien hierarchisch geordnet. Die Erstellung eines Ishikawa-Diagramms erfolgt in einer moderierten Arbeitsgruppe.

Für den Erfolg der Methode ist es wichtig, dass für jedes zu analysierende Problem sachkompetente Teilnehmer anwesend sind. Hier sehen Sie ein Beispiel mit den vier Kategorien Mensch, Maschine, Material und Methode.

Hilfreich bei der Ursachenermittlung ist auch der *Problembaum*.

Beim Problembaum wird mit der simplen Frage *Warum* gearbeitet. Allerdings begnügt man sich nicht mit einer einfachen oder oberflächlichen Antwort, sondern fragt so lange nach, bis man dem Problem auf den Grund gegangen ist:

- Warum ist der Fehler aufgetreten?
- Warum ist er jetzt aufgetreten?
- Handelt es sich (wahrscheinlich) um einen einmaligen Fehler oder ist damit zu rechnen, dass er sich wiederholt?
- Warum ist er schon wieder aufgetreten?

Ablaufdiagramm

In vielen Fällen werden Sie feststellen, dass die Ursachen des Problems im Prozess liegen. Dann können Sie mit einem *Ablaufdiagramm* arbeiten. Es dient dem Erkennen von Zusammenhängen, Schleifen und Lücken, der Aufgaben und Zuständigkeiten bei der Durchführung von Tätigkeiten. Es stellt die für die Erledigung einer Aufgabe notwendigen Schritte/Aktivitäten dar, ermöglicht den Vergleich zwischen Soll- und gelebter (Ist-) Vorgehensweise und zeigt so Verbesserungspotenziale auf.

- Erarbeiten Sie gemeinsam mit den Beteiligten die einzelnen Prozessschritte.
- Nutzen Sie bei der Darstellung die im Folgenden aufgezeigten Symbole und achten Sie bei der Darstellung der einzelnen Schritte auf die geeignete Detaillierungstiefe.

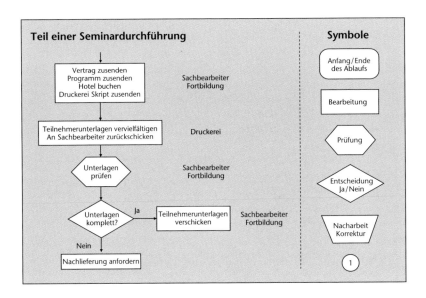

 In das Ablaufdiagramm kann auch eingearbeitet werden, welche Routinen greifen, wenn Fehler auftreten.

Ursachenforschung in drei Bereichen

Geben Sie sich nicht mit pauschalen Antworten zufrieden – haken Sie nach. Meist werden Sie dann eine Ursache in den folgenden drei Bereichen finden:

Rahmenbedingungen
Ungünstige Rahmenbedingungen fördern das Auftreten von Fehlern. Hier zwei typische Beispiele:

- Fehlt Personal, fallen Mitarbeiter wegen Urlaub und Krankheit aus, müssen die verbliebenen Mitarbeiter die gesamte Arbeitslast tragen und es kann schnell zu Flüchtigkeitsfehlern in Folge von Überlastung kommen.
- Sind Befugnisse und Kompetenzen nicht eindeutig geregelt, fühlt sich keiner verantwortlich, bleiben häufig Dinge liegen, werden Entscheidungen verschleppt.

Abläufe und Absprachen
Fehlen klare Arbeitsanweisungen, sind Abläufe nicht standardisiert und wissen die Mitarbeiter nicht, wer was wann tun soll, stellen sich leicht Fehler ein. Eine andere Fehlerquelle liefern mangelnde Absprachen: Wir vertrauen darauf, dass das, was wir anderen sagen, von ihnen genauso verstanden wird, wie wir es meinen – leider ist dies häufig ein Trugschluss.

Analysieren Sie:
- Waren die Arbeitsanweisungen klar formuliert?
- Fehlten Kontrollen?
- Gab es Probleme in der Kommunikation?
- Waren mehrere Mitarbeiter daran beteiligt? Gab es Abstimmungsprobleme?
- Waren die Verantwortungsbereiche zwischen den Personen unklar definiert?

Verhalten des Mitarbeiters
In vielen Fällen liegt der Grund bei dem einzelnen Mitarbeiter. Auch hier gibt es mehrere Möglichkeiten:

- *Unkenntnis*
  Der Mitarbeiter weiß etwas nicht, kann Zusammenhänge nicht überblicken, hat ein Detail vergessen, handelt in gutem Glauben.
- *Unaufmerksamkeit, fehlende Sorgfalt und Strukturierung*
  Der Mitarbeiter vergisst etwas, weil er seine Arbeitsabläufe nicht richtig plant, weil sich bei ihm zu viel Routine eingeschlichen hat und er seine Arbeit nach dem Schema F durchführt.
- *Überforderung, Unterforderung, Mangel an Motivation*
  Der Mitarbeiter kommt mit seinem Arbeitspensum nicht zurecht, langweilt sich, macht Flüchtigkeitsfehler, zeigt weder Interesse noch Einsatz.
- *Fehlverhalten*
  Der Mitarbeiter ist aus irgendwelchen Gründen verärgert oder frust-

riert und seine Aggressionen zeigen sich in bewusstem Fehlverhalten, das bis zur Sabotage reichen kann.

 Liegen die Gründe, die zum Fehler geführt haben, (wahrscheinlich) bei den Rahmenbedingungen, den Abläufen oder Absprachen, sollten Sie mit allen Betroffenen reden. Liegt der Grund (wahrscheinlich) beim einzelnen Mitarbeiter, sollten Sie ein Gespräch unter vier Augen suchen.

Suchen Sie nach geeigneten Maßnahmen

Wichtigste Anforderung an die Maßnahmen ist deren Wirksamkeit. Das Problem kann einmal auftreten, vielleicht ist auch ein zweites Mal zu tolerieren. Doch spätestens dann müssen die Maßnahmen greifen.

Rahmenbedingungen lassen sich ändern. Abläufe können Sie transparenter und stringenter gestalten. Wird deutlich, dass ein einzelner Mitarbeiter durch sein Verhalten den Fehler verursacht hat, sollten Sie gemeinsam nach der Fehlerursache fahnden. Die folgenden Fragen können Sie bei der Analyse unterstützen:

Unkenntnis	• Welches Wissen fehlt dem Mitarbeiter?
	• Können andere Mitarbeiter ihn unterstützen?
	• Kann er sich bei Bedarf an Kollegen mit mehr Erfahrung wenden?
	• Sollte der Mitarbeiter besser angeleitet werden?
	• Sind mehr Kontrollen notwendig?
	• Wie könnten diese Kontrollen aussehen?

Sind die Probleme auf mangelnde Kenntnisse oder Erfahrungen zurückzuführen, sollten Sie nach Möglichkeiten suchen, wie der Mitarbeiter die fehlenden Kompetenzen erwerben kann. Stichwörter hierfür sind: Weiterbildung, Hospitation, Schulung am Arbeitsplatz.

Unaufmerksamkeit, fehlende Sorgfalt und Strukturierung	• Wie kann der Mitarbeiter seine Arbeit besser organisieren?
	• Wie kann er Arbeitsabläufe präziser planen?
	• Welche Zwischenergebnisse können definiert werden?
	• Wie kann der Mitarbeiter diese Ergebnisse selbständig kontrollieren?

Auch bei fehlender Strukturierung und Sorgfalt können Schulungen bisweilen wichtige Einsichten vermitteln. Mitarbeiter mit diesen Problemen sollten von Ihnen oder einem erfahrenen Kollegen eine Zeit lang begleitet und betreut werden.

Überforderung, Unterforderung, Motivationsmangel	• Aus welchen Gründen ist der Mitarbeiter über- oder unterfordert? • Wo häufen sich Flüchtigkeitsfehler? • Welche Aufgaben erledigt der Mitarbeiter gerne und gut? • Bei welchen Aufgaben hat er Schwierigkeiten? • Inwieweit hängen die Schwierigkeiten mit mangelnder Motivation zusammen?

Über- und Unterforderung sind Anzeichen, dass der Mitarbeiter nicht mit den richtigen Aufgaben betraut ist. Überprüfen Sie, ob und wie sich seine Aufgaben verändern lassen. Auch fehlende Motivation hat häufig mit zu viel Routine oder zu hohen Anforderungen zu tun.

Fehlverhalten	• Sind Fehler tatsächlich auf Fehlverhalten zurückzuführen? • Welche Probleme gab es in letzter Zeit mit dem Mitarbeiter? • Hat sich der Mitarbeiter zurückgezogen, ist er unzufrieden? Welche Gründe gibt es dafür?

Bei vermutetem Fehlverhalten sollten Sie unbedingt überprüfen, ob die Schuld tatsächlich beim Mitarbeiter zu suchen ist und warum dieser bisher nichts getan hat, um diesen Fehler zu vermeiden. Treffen Sie eine Vereinbarung mit dem Mitarbeiter. Zeigen Sie ihm aber auch, welche Konsequenzen es hat, wenn er weiter so unverantwortlich handelt.

Vorschlag 52: Gehen Sie Probleme offensiv an

Erarbeiten Sie geeignete *Korrekturmaßnahmen*. Beurteilungskriterium ist, dass die Maßnahmen schnell und mit wenig Aufwand Qualitätsmängel beheben und dabei möglichst noch die Effizienz der Arbeit erhöhen.

Korrekturmaßnahmen

Schließlich sollten beschlossene Maßnahmen in einem Maßnahmenkatalog zusammengefasst und damit dokumentiert werden. Der *Maßnahmenplan* dient zur sichtbaren Festlegung der für die Umsetzung notwendigen Daten und deren Kontrolle.

Maßnahmenkatalog

1. Legen Sie fest:
   Was wird
   – warum
   – von wem (ggf. auch mit wem)
   – bis wann gemacht?
   Und:
   – Wie merken Sie, dass Ihre Maßnahme erfolgreich war?
   – Wann wollen Sie prüfen, ob die Maßnahme nach Ihrer Umsetzung wirksam ist?
2. Vereinbaren Sie bei umfangreicheren Maßnahmen Teil-Etappen.
3. Setzen Sie Termine für den Austausch über den Status der Maßnahme. Nutzen Sie hierfür, wenn möglich, vorhandene Gesprächsrunden oder Meetings.
4. Definieren Sie eine Messgröße und Zielgröße als Erfolgskriterium.

\multicolumn{8}{c}{Maßnahmenplan}							
Nr.	Maßnahme	Verantwortlich	Messgröße	Zielgröße	Status	Beginn Umsetzung	Ende Umsetzung

Verfahrens- und Arbeits- anweisungen

Gute Hilfen sind auch Verfahrens- und Arbeitsanweisungen:

In *Verfahrensanweisungen* ist geregelt, wer welche Aufgaben übernimmt, wer für was zuständig ist, wer welche Befugnisse hat.

In *Arbeitsanweisungen* wird – bezogen auf einzelne Arbeiten – angegeben, wie diese Tätigkeiten durchzuführen sind.

Wählen Sie die richtigen Personen für die Umsetzung der Maßnahmen aus.
Sorgen Sie dafür, dass die Verantwortlichen das notwendige Durchsetzungsvermögen aufbringen, um die Maßnahmen erfolgreich zum Ziel zu führen. Qualität hat Priorität. Stellen Sie die notwendigen Ressourcen und Kompetenzen zur Verfügung.

Kontrollieren Sie, ob die Maßnahmen greifen oder ob einzelne Fehler trotzdem weiter auftreten. Überprüfen Sie in diesem Fall, ob die Maßnahmen konsequent genug umgesetzt wurden und ob es vielleicht andere, bisher verkannte Ursachen gibt.

Auch bei den Maßnahmen, die Sie zur Vermeidung von Fehlern ergreifen, sollten Sie das Verhältnis von Aufwand und Nutzen nicht außer Acht lassen. Nicht alles lässt sich verhindern, und nicht immer lohnt ein hoher Aufwand, um Fehler mit geringen Auswirkungen auszumerzen.

Hier können Sie bei der Analyse folgende Checkliste nutzen:

Analyse von Qualitätsproblemen	
Hatte das Qualitätsproblem häufig dieselbe Ursache?	☐
War das Problem überhaupt vermeidbar?	☐
Spielten die Rahmenbedingungen beim Auftreten des Fehlers eine Rolle?	☐
Ist der Fehler (teilweise) dadurch bedingt, dass Verantwortlichkeiten nicht geklärt sind?	☐
Ist der Fehler (teilweise) dadurch bedingt, dass Abläufe nicht präzise genug geregelt sind?	☐
Worin liegt die Ursache des Fehlers (Gedankenlosigkeit, fehlende Konzentration, mangelnde Motivation …)?	☐
Hat der Mitarbeiter den Fehler bemerkt, ist er selbst aktiv geworden?	☐
Welche Konsequenzen ergeben sich aus dem Problem?	☐

Vorschlag 53: Verbessern Sie systematisch die Qualität

Auf Qualitätsprobleme zu reagieren ist eine Möglichkeit. Die andere ist: Die Qualität systematisch anzuheben.

> **!** Verbesserungen sollten grundsätzlich aufgrund von Analysedaten erfolgen, um schnell die dringenden Probleme abstellen zu können. Erst wenn Sie sicher sind, dass Ihre Kunden mit Ihren Leistungen zufrieden sind, können Sie sich selbst weitere Ziele setzen, etwa Abläufe verbessern, um die Kundenwünsche mit weniger Aufwand zu erfüllen.

Der wohl beste Weg zu einer stetigen Qualitätsverbesserung sind regelmäßige *Workshops* mit allen Mitarbeitern, in denen man gemeinsam alle Punkte überprüft: von der Kundenberatung am Telefon über die Begrüßung im Seminar bis zum Umgang mit Reklamationen. Ziel dieser Prüfung ist herauszuarbeiten, welche Möglichkeiten es zur Erhöhung der Kundenorientierung gibt. Oft lassen sich mit kleinen Veränderungen – und konsequenter Anwendung – erstaunliche Wirkungen erzielen.

Workshops zur Qualitätsverbesserung

Weiterbildungsreferate und Bildungseinrichtungen sollten sich als Dienstleistungsunternehmen verstehen und ihre Auftraggeber, Teilnehmer (und Trainer) als Kunden. Das setzt voraus, dass man
- alle Mitarbeiter der Einrichtung auf den Dienstleistungsgedanken einschwört und
- gemeinsam Möglichkeiten in Sachen Kundenorientierung und Verbesserung der Dienstleistung auslotet.

Will man die Qualität von Qualifizierungsmaßnahmen und die Qualität der Organisation systematisch verbessern, ist es sinnvoll, in fünf Schritten vorzugehen.

Systematische Qualitätsverbesserung

1. Schaffung einer Datengrundlage
2. Festlegung der Ziele
3. Diskussion möglicher Maßnahmen
4. Umsetzung der Ziele
5. Kontrolle der Zielerreichung.

Daten analysieren und Ziele setzen

Ohne empirische Daten hat man keine sichere Grundlage für Maßnahmen zur Qualitätssicherung.

Defizitanalyse Überlegen Sie im Team, welche Daten für Sie wichtig sind, welche Quellen zur Verfügung stehen und wie diese Quellen systematisch und kontinuierlich genutzt werden können. Die Daten müssen regelmäßig analysiert werden. Aus dieser Diskussion können dann Ziele abgeleitet werden – in diesem Fall also aufgrund einer *Defizitanalyse*.

> **B** *Bei der Ergebnisevaluation fällt auf, dass die Teilnehmerunterlagen bei Fachseminaren regelmäßig besonders kritisch bewertet werden. Dies könnte Anlass sein, sich die Unterlagen einmal genauer anzusehen, mit anderen Unterlagen, die besser bewertet werden, zu vergleichen und konkrete Maßnahmen zur Verbesserung der Teilnehmerunterlagen einzuleiten.*

Qualitätssteigerung als Ausgangspunkt Im Mittelpunkt kann aber auch allein das Bemühen stehen, die Qualität zu steigern.

> **B** *Die Teilnehmerunterlagen bei Fachseminaren werden recht gut beurteilt, erreichen aber nicht den optimalen Wert. Hier stellt sich die Frage, ob es sinnvoll ist, eine Qualitätssteigerung anzugehen, und welche Möglichkeiten es dazu gibt.*

Damit wählen Sie eine andere Herangehensweise: Sie definieren als Erstes Ziele.

> **B** *Die Umsetzung des Gelernten um 20 Prozent zu verbessern.*

Danach suchen Sie nach Indizes, mit der man die Zielerreichung ermitteln kann.

> **B** *Selbsteinschätzung von Seminarteilnehmern mittels Fragebogen drei Monate nach dem Seminar.*

Aus den Ergebnissen lassen sich häufig neue Ziele ableiten.

Eine Qualitätsverbesserung kann unterschiedliche Ziele und – in der Folge – unterschiedliche Ansatzpunkte und Instrumente haben. Deshalb ist ein erster, wichtiger Schritt in Richtung Qualitätssicherungssystem, zu überlegen, welche Ziele überhaupt im Mittelpunkt stehen sollen.

Aufstellung von Zielen Bei der Aufstellung von Zielen kann man sich am Weiterbildungsprozess orientieren:

Phase	Ziele
1. Maßnahmenpassung	• Maßnahmen punktgenau auf den individuellen Bedarf und Gruppenbedarf abzustimmen • Die richtigen Maßnahmen für die richtigen Teilnehmer zur richtigen Zeit anzubieten
2. Durchführung der Maßnahmen	• Für einen ordnungsgemäßen und ungestörten Ablauf sorgen • Probleme im Lernprozess vermeiden
3. Ermittlung des Ergebnisses	• Die Zufriedenheit der Teilnehmer und das Lernergebnis ermitteln • Möglichkeiten zur Verbesserung der Organisation, der Inhalte und Aufbereitung der Inhalte ermitteln
4. Umsetzung des Gelernten	• Den Grad der Umsetzung des Gelernten im Berufsalltag ermitteln • Stützende und hemmende Faktoren analysieren und Anhaltspunkte zur Verbesserung des Transfers erhalten

Ziele umsetzen

Leiten Sie geeignete *Maßnahmen* ab, um die Ziele umzusetzen. Die Ableitung sollten Sie wieder gemeinsam mit den betroffenen Mitarbeitern vornehmen. Denn von deren Motivation und Umsetzungswillen hängt es ab, ob die Umsetzung der Maßnahmen und damit das Erreichen der Ziele tatsächlich gelingt.

Am Ende steht wieder ein *Umsetzungsplan,* in dem schriftlich festgehalten ist:
- welche Aktivitäten bis wann abgeschlossen sein sollen
- wer für welche Aktivität und deren fristgerechten Abschluss die Verantwortung trägt
- wer den Mitarbeiter bei seinen Bemühungen unterstützt
- wer kontrolliert, ob die Aktivität fristgerecht und sachgemäß umgesetzt wurde.

Zielerreichung kontrollieren

Die Maßnahmen werden umgesetzt und damit (hoffentlich) alle Ziele erreicht. Dieser Prozess sollte begleitet und betreut werden, um bei Problemen schnell reagieren zu können und notwendige Korrekturen einzuleiten.

Erfolgs-kontrolle

Die Kontrolle des Erfolgs umfasst zwei Ebenen: Auf der ersten Ebene muss kontrolliert werden, ob die Maßnahmen tatsächlich umgesetzt wurden, auf der zweiten Ebene, ob sie den erhofften Erfolg gebracht haben.

Sind die Ziele erreicht, können neue Qualitätsziele gesetzt oder zumindest der erreichte Qualitätsstandard regelmäßig überprüft werden. Sind die Qualitätsziele nicht erreicht, muss analysiert werden, woran dies liegt.

Aus der Analyse heraus sind wiederum zwei Möglichkeiten denkbar:
- neue, verstärkte Anstrengungen, die Ziele zu erreichen (Ist-Korrektur)
- Änderung der Zielvorgaben, weil die Ziele sich als unrealistisch herausgestellt haben (Soll-Korrektur).

Qualitätsziele nützen nur dann etwas, wenn Sie und Ihre Mitarbeiter diese tatsächlich umsetzen und die Umsetzung auch kontrollieren.

Qualitätsbewusstes Denken und Handeln ist ein Prozess, in den alle Mitarbeiter eingebunden sind. Nur wer voll hinter der Forderung nach Qualität steht, wird sie auch durch- und umsetzen. Dabei haben gute Planung und *Fehlervermeidung* Vorrang vor der bloßen *Fehlerentdeckung*.

Gute Fehlerkultur schaffen

Schaffen Sie ein *Qualitätsbewusstsein* bei Ihren Mitarbeitern. Das setzt eine Atmosphäre voraus, in der Probleme und Fehler als echte Lernchance verstanden werden. Zeigen Sie sich vorbildlich im Umgang mit Problemen: Thematisieren Sie Fehler frühzeitig und vermeiden Sie Schuldzuweisungen. Und: Machen Sie deutlich, wie wichtig es ist, Qualität immer wieder aufs Neue zu hinterfragen.

 Überlegen Sie, ob Sie in Ihrem Bereich einen Qualitätsbeauftragten einsetzen wollen.

In Bezug auf die Mitarbeiter stellt sich die Frage, inwieweit diese ihr Wissen und persönliches Potenzial in den Qualitätssicherungsprozess einbringen können und wollen. Das ist eine Sache der Motivation und Qualifikation.

Vorschlag 54: Bauen Sie ein Qualitätssicherungssystem auf

Sie können Verbesserungen gezielt bei einzelnen Punkten vornehmen oder mithilfe von Kennwerten komplexe Qualitätssicherungssysteme aufbauen. Das ist allerdings ein aufwändiges Unterfangen und setzt entsprechende Ressourcen voraus. Wie dies in der Praxis aussehen kann, soll hier am Beispiel der Qualitätssicherung für die Trainer einer Bildungseinrichtung aufgezeigt werden.

Auswahl von Trainern

Für neue Trainer, insbesondere wenn sie in Lehrgängen eingesetzt werden, die über einen längeren Zeitraum gehen und mit Fachleuten aus verschiedenen Fachbereichen besetzt werden, wird ein *Assessment-Center* entwickelt, um eine gezielte Auswahl zu ermöglichen. Kriterien für die Auswahl der Trainer sind:
- fachliches Wissen und Erfahrung
- didaktisch-methodische Fähigkeiten und Fertigkeiten
- Persönlichkeit.

Diese Kriterien basieren auf der einfachen Überlegung, dass
- eine gelungene didaktisch-methodische Aufbereitung nur auf der Grundlage von fundiertem Fachwissen und Erfahrungen möglich ist.

- bei Trainern die (ständige) Bereitschaft und Fähigkeit dazuzulernen vorhanden sein muss.
- Schulungen nur dann erfolgreich sein können, wenn der Trainer die Kompetenz und Bereitschaft hat, mit den erwachsenen und berufserfahrenen Teilnehmern ins Gespräch zu kommen, ihnen zuzuhören und sich mit ihnen auseinanderzusetzen.

Assessment-Center

Das Assessment-Center umfasst:
- ein Gespräch über den Unterrichtsaufbau, um zu überprüfen, inwieweit der Trainer in der Lage ist, Lernstoff didaktisch-methodisch und erwachsenengerecht aufzubereiten
- ein situatives Verfahren zur Überprüfung der Fähigkeit, sich in bestimmten Unterrichtssituationen angemessen zu verhalten
- eine Unterrichtsprobe zu einem vorgegebenen Thema, um die Fähigkeit zu überprüfen, ein Thema in kurzer Zeit didaktisch-methodisch aufzubereiten
- die Beurteilung einer Unterrichtsprobe zur Überprüfung der Fähigkeit, die didaktisch-methodische Qualität von Unterricht angemessen einzuschätzen und Verbesserungsmöglichkeiten auszuloten.

Qualitätsdiagnose bei den Schulungen

Ab dem ersten Seminar wird der Trainer pädagogisch begleitet. Am Ende jedes Seminars erfolgt gemeinsam mit den Teilnehmern eine ausführliche Auswertung, und zwar:
- mithilfe von Auswertungsbögen
- situativ und ausführlich durch den Studienleiter.

Gemeinsam mit den Trainern werden Qualitätsstandards für die Seminare festgesetzt.

Als Beurteilungsinstrument für die Einhaltung dieser Standards dient der Evaluationsbogen, der bei Bedarf durch weitere Evaluierungsinstrumente ergänzt wird.

Liegt die Bewertung insgesamt oder bei bestimmten Kenngrößen (Lernerfolg, Praxisbezug, Aufbereitung des Lernstoffs, Aktivierung der Teilnehmer, Medieneinsatz, Teilnehmerunterlagen) unter den Standards, erfolgt ein Feedbackgespräch mit dem Studienleiter sowie eine Ursachenanalyse. Aufgrund der Analyse lassen sich vier Bedarfssituationen unterscheiden:

- Liegen die Ursachen (wahrscheinlich) in der Organisation oder den Rahmenbedingungen, sind für die nächsten Seminare entsprechende Änderungen vorzunehmen.
- Liegen die Ursachen in der Besonderheit der Teilnehmergruppe, sind nur dann Maßnahmen sinnvoll, wenn die Teilnehmergruppe in gleicher Besetzung noch einmal zusammenkommt.
- Ist deutlich erkennbar, dass Ursachen im Verhalten oder in der Methodik des Trainers liegen, können hier entsprechende Maßnahmen abgesprochen werden.
- Sind die Ursachen nicht klar auszumachen, empfiehlt sich eine Unterrichtsbeobachtung.

Hauptaufgabe der *Unterrichtsbeobachtung* ist zu ermitteln, worin die Qualitätseinbußen begründet sind, und eine entsprechende Beratung vorzunehmen. Dies klärt der Studienleiter in einem sich anschließenden *Feedbackgespräch* mit dem Trainer und bei Bedarf auch mit den Teilnehmern.

Unterrichts-beobachtung

Qualifizierung der Trainer

Im Gespräch mit dem Trainer bietet der Studienleiter gezielte Hilfen an:
- direkte Unterstützung
- schriftliche Studienmaterialien
- Seminare und Workshops.

Die direkte Unterstützung umfasst das Angebot, bei der didaktisch-methodischen Aufbereitung des Stoffs zu helfen sowie Lehr- und Lernmedien einschließlich Teilnehmerskripte zu optimieren.

Wichtig ist eine ganz gezielte Hilfe. Es nützt wenig, einem Trainer dicke Fachbücher über Unterrichtsgestaltung zu geben oder ihn in Pädagogikseminare zu schicken, nur weil er nicht methodenvariabel arbeitet oder Arbeitsblätter verwendet, die nicht den Standards entsprechen.

Trainer, die sich qualifizieren und erfolgreich arbeiten, werden bevorzugt eingesetzt, erhalten Verträge und Einsatzgarantien.

Systematische Auswahl der Trainer, konsequente Auswertung des Schulungserfolgs und differenzierte Angebote für die Trainer zur eigenen Qualifizierung haben nur ein Ziel: die Qualität der Schulungen zu sichern und sukzessive zu steigern. Dies ist nur ein möglicher Teil eines Qualitätssicherungssystems. Ähnliches lässt sich für die Bedarfsanalyse, Maßnahmenplanung, Organisation der Veranstaltungen, Betreuung der Teilnehmer und für die Transfersicherung entwickeln.

Vorschlag 55: Stellen Sie Ihre Evaluation auf den Prüfstand

Bildungscontrolling ist eine sinnvolle Sache, vor allem, wenn es zu konkreten Verbesserungen führt. Aber: Man kann auch an der falschen Stelle ansetzen und mit hohem Aufwand Kennwerte generieren, die zur Qualitätsverbesserung unbrauchbar sind.

Deshalb sollten Sie Ihre *Evaluierungsstrategie* auf den Prüfstand stellen und fragen:
- Welche Ergebnisse erzielen wir derzeit?
- Welchen Aufwand treiben wir derzeit?

Aber auch:
- Was geschieht mit den Ergebnissen?
- Welche Evaluierungsinstrumente setzen wir ein, welche Kennzahlen, die wir erheben, tragen tatsächlich zu einer Qualitätsverbesserung bei?
- Welche Instrumente setzen wir ein, die dies nicht tun?
- Welchen Aufwand wollen wir treiben, um welche Qualität zu erreichen?

Nicht immer benötigen Sie das gesamte Repertoire an Daten. Überlegen Sie:
- Welche Daten brauchen wir kontinuierlich?
- Welche Daten brauchen wir nur in bestimmten Fällen?

Entscheidend sind die Qualität, die Sie erreichen wollen, und der Beitrag, den Ihnen die Evaluation zur Beurteilung des Ist-Zustandes liefert. Also:
- Welche Qualität wird derzeit mit welchem Aufwand erreicht?
- Welchen Qualitätsstandard wollen wir erreichen oder halten?

 Denken Sie immer an die Relation zwischen Aufwand und Nutzen.

Aufwand und Kosten beachten
In der Regel erreicht man mit vergleichsweise geringem Aufwand eine vernünftige Qualität. Will man jedoch eine optimale Qualität sicherstellen, sind dazu enorme Aufwendungen notwendig. Deshalb müssen Sie Ihre Qualitätsansprüche definieren. Wollen Sie, um Extremwerte zu nennen, zu den besten gehören oder reicht Ihnen eine Stufe drunter?

Natürlich müssen Sie nicht bei jeder Qualifizierungsmaßnahme alle Evaluierungsinstrumente einsetzen. Bei bewährten Schulungen reichen wenige Kennwerte, die Sie standardmäßig erheben und die einen schnellen Überblick über die Qualität ermöglichen. Diese sollten zusätzlich statistischen Zwecken dienen.

Je wichtiger und kostspieliger eine Maßnahme, desto dringender ist eine Überprüfung von Aufwand und Kosten. Eine präzise Analyse bietet sich an, wenn
- Sie mit neuen Trainern zusammenarbeiten
- Sie neue Schulungskonzepte erproben
- Sie neue Zielgruppen ansprechen
- Sie wichtige Zielgruppen erstmals schulen
- Sie alternative Lernwege, etwa E-Learning erproben
- in Schulungen Qualitätsprobleme aufgetreten sind.

Eine weiterreichende Evaluation ist immer sinnvoll, wenn Sie die Transferwirkung, die Effektivität und Effizienz von Schulungen unter die Lupe nehmen wollen.

Eine gute Hilfe bietet ein *Evaluierungsraster*, in dem Sie festlegen, bei welchen Schulungen welche Evaluierungsstrategien zum Tragen kommen sollen.

Evaluierungsraster

Evaluierungsraster				
	Prozess	Ergebnis	Erfolg	Transfer
Standardschulungen				
neue Trainer				
neue Themen				
neue Zielgruppen				
wichtige Zielgruppen				
Probleme bei Schulungen				
neue Lernwege				

Zusätzlich können Sie auch die Schulungstypen einbeziehen.

Evaluierungsraster				
	Prozess	Ergebnis	Erfolg	Transfer
Fachkurse				
IT-Kurse				
Sprachkurse				
Verhaltensschulungen				

Mit dem passenden Mix von Evaluationsinstrumenten, aussagekräftigen Kennwerten und den richtigen Zielen wird Bildungscontrolling zu einer wertvollen Hilfe, um die Qualität Ihrer Aus- und Weiterbildung zu sichern und einen *kontinuierlichen Verbesserungsprozess* zu initiieren.

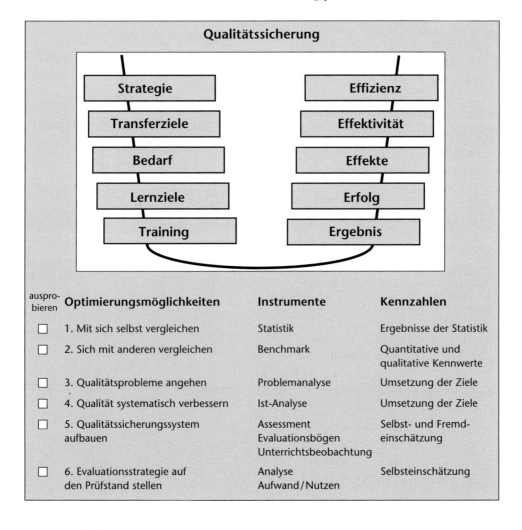

ausprobieren	Optimierungsmöglichkeiten	Instrumente	Kennzahlen
☐	1. Mit sich selbst vergleichen	Statistik	Ergebnisse der Statistik
☐	2. Sich mit anderen vergleichen	Benchmark	Quantitative und qualitative Kennwerte
☐	3. Qualitätsprobleme angehen	Problemanalyse	Umsetzung der Ziele
☐	4. Qualität systematisch verbessern	Ist-Analyse	Umsetzung der Ziele
☐	5. Qualitätssicherungssystem aufbauen	Assessment Evaluationsbögen Unterrichtsbeobachtung	Selbst- und Fremdeinschätzung
☐	6. Evaluationsstrategie auf den Prüfstand stellen	Analyse Aufwand/Nutzen	Selbsteinschätzung

Literatur

S. Barksdale/T. Lund: Rapid Evaluation, Alexandria 2001

B.S. Bloom: Taxonomy of Educational Objectives: Handbook I. Cognitive Domain, New York 1956

Ch. Bötel/E.M. Krekel: Bedarfsanalyse, Nutzenbewertung und Benchmarking – Zentrale Elemente des Bildungscontrollings. Berichte zur beruflichen Bildung. Bundesinstitut für Bildung, Bielfeld 2000

R.O. Brinkerhoff: Telling Training's Story – Evaluation Made Simple, Credible, and Effektive, San Francisco 2006

G. Haß: Bildungscontrolling – Intentionen von Arbeitnehmern bei Weiterbildungen, Saarbrücken 2006

B. Holla: Qualitätsentwicklung in der Weiterbildung durch praxisorientierte Evaluation, Frankfurt 2002

T.R. Hummel: Erfolgreiches Bildungscontrolling, Heidelberg 2001

P. Kearns: Evaluating the ROI from Learning – How to develop Value-based Training, London 2005

H.J. Kellner: Value of Investment, Offenbach 2006

D. Kirkpatrick: Evaluating Training Programs. The Four Levels, San Francisco 1998

E.M. Krekel/B. Seusing: Bildungscontrolling, Gütersloh 1999

R.F. Mager: Zielanalyse, Weinheim 1975

R. Meier: Praxis Weiterbildung, Offenbach 2005

U. Pech: Bildungscontrolling. Deskription, Klassifikation, Identitäten und Disparitäten, Jena 2001

J.J. Phillips (Ed.): Handbook of Training Evaluation and Measurement, Woburn 1997

P.P. Phillips/J.J. Phillips: Return on Investment (ROI) Basics, Alexandria 2005

P.P. Phillips/J.J. Phillips: Show Me The Money: How to Determine ROI in People, Projects, and Programs, San Francisco 2007

W. Schöni: Handbuch Bildungscontrolling – Steuerung von Bildungsprozessen in Unternehmen und Bildungsinstitutionen, Zürich 2006

Stichwortverzeichnis

Ablaufdiagramm 297
Ablauforganisation 183
Abschlussbesprechung 40
Abschreibung 261
Abstraktionsgrad 129
Abweichungsanalyse 252
Adaptive Strategien 247
Affektive Lernziele 125
Aktivierung 58
Analyse der Kommunikation in Teams 192
Analyse kritischer Zwischenfälle 180
Anforderungsprofil 174, 184, 188
Anlagevermögen 261
Arbeitsanweisungen 302
Arbeitsklima 51
Arbeitsplatzanforderungen 184
Arbeitsplätze 183
Arbeitsplatzziele 22
Assessment 121
Assessment-Center 307, 308
Audiokurse 66
Aufbauorganisation 183
Auftreten des Trainers 50
Aufwand und Nutzen 22
Auswertungsbögen 308

Balanced Scorecard 249
Bedarf 171

Bedarfsanalyse 172, 188, 190, 191
Bedarfsprofile 182, 189
Benchmarking 287, 290
Beobachtung 87
Beobachtung des Verhaltens 146
Beschreibung der Methoden 214
Beschreibung der Themen 213
Best practice 292
Betroffenheitsanalyse 180
Bewertungsbogen 37, 40
Bezug zur Praxis 97
Bildungsbedarf 175
Bildungsstatistik 189
Blended Learning 199, 264
Blitzlicht 90
Brainstorming 78
Break-Even-Analyse 265, 273

Coaching 63, 163

Datengrundlage 303
Dauer der Schulung 51
Defizitanalyse 304
Demotivation 235
Detailwissen 213
Diagnostisches Frageinventar 71
Didaktisch-methodische Qualifikation 204
Direkte Kosten 262

Diskussion möglicher Maßnahmen 303
Distraktoren 113

E^5-Modell 21
Effekte der Schulung 22
Effektivitätscontrolling 16
Effizienzcontrolling 15
Einflussfaktoren 52
Einführung neuer Produkte und
  Verfahren 173
Einschätzung des Verhaltens 216
Einschätzungsbogen 218
Einschätzungshilfen 178, 216
Einstellungen 108, 131
Einstellungsänderung 119
Einstieg ins Thema 97
Einstimmung der Seminarteilnehmer 215
Einzelarbeit 58
Einzelschulungen 63
Emotionalisierung 56
Entscheidungsfrage 110
Entwicklungsplan 232
Entwicklung von Kontrollfragen 110
Erfolgscontrolling 16
Erfolgskritische Tätigkeiten 184
Ergänzungsantwort 111
Ergänzungsmodule 163
Ergebnisevaluation 40
Ergebnisfelder 22, 226
Erwartungsabfrage 93
Erziehungsurlaub 172
Evaluationsmodell 20
Evaluierungsinstrumente 24
Evaluierungsraster 311
Evaluierungsstrategie 310
Externe Konsistenz 248

Fachkompetenz 185, 196
Fachmann 203
Fallstudie 120
Feedback 144

Feedbackbogen 41
Feedbackgespräch 82, 309
Fehlerentdeckung 306
Fehlerkosten 271
Fehlerkultur 306
Fehlervermeidung 306
Feinlernziele 128
Fernstudienkurse 66
Festigung des Gelernten 96
Festlegung der Ziele 303
Fixkosten 260
Focusgroups 40
Fokus-Gruppen 26
Förder-Assessment-Center 230
Fördermaßnahmen 160, 163, 229
Förderziele 228
Formative Evaluation 24
Fragebögen 26, 145
Fragen 42
Freie Kurzantwort 111
Fremdeinschätzung 231
Fremdevaluation 25
Funktionsfelder 13

Gewichtung der Anforderungen 187
Grobanalyse 101
Groblernziele 128
Gruppenarbeit 58, 100

Hauptfunktionen eines Trainers 204
Homogenität der Teilnehmergruppe 53

Immaterieller Nutzen 276
Indikatoren 32, 268
individuelle Entwicklungsprogramme 190
Information von Weiterbildungs-
  interessierten 211
Inhouse-Seminare 202, 264
Innere Konsistenz 248
Interaktionsanalyse 103
Interessen der Teilnehmer 131

315

Interne Leistungsverrechnung 262
Internetgestütztes Lernen 66
Interviews 26, 40
Ishikawa-Diagramm 296
Ist-Qualifikation 174

Kalkulatorische Kosten 261
Karten-Frage 78, 90
Kenntnisse 107
Kennwerte 280
Keyword-Methode 112
Kognitive Lernziele 124
Kompetenz 108
Kompetenzbereiche 233
Kompetenzprofile 175
Komplexitätsstufe 128
Kontinuierlicher Verbesserungsprozess 312
Kontrakt 150
Kontrolle der Zielerreichung 303
Kontrolle des Lernerfolgs 100
Kontrollgruppe 35, 149
Kontrollvariablen 52
Korrekturaufgabe 112
Korrekturmaßnahmen 301
Korrekturvariablen 72
Korrespondenzfelder 23
Kosten 259
Kostenartenrechnung 259
Kostencontrolling 15
Kosten-Nutzen-Index 273
Kostenrechnung 259
Kostenstellen 262
Kostenstellenrechnung 259
Kostenträgerrechnung 259
Krisenintervention 88
Kritische Abweichungen 252
Kritische Merkmale 281
Kritische Aktivitäten 35

Learning 21
Lebenslanges Lernen 246

Lehrfilme 66
Leistungsabhängige Kosten 260
Leistungsfähigkeit 24
Leistungsunabhängige Kosten 260
Leistungsziele 226
Leitfunktion 251
Lernausbeute 38
Lernerfolg 22, 24
Lernerfolgskontrollen 108, 114, 132
Lernförderer 61
Lernkontrollen 109
Lernprogramme 66
Lerntandems 162
Lern- und Informationssysteme 66
Lernwege 200
Lernzeit 56
Lernziele 24, 109
Lernzielstufe Anwenden 127
Lernzielstufe Beurteilen 127
Lernzielstufe Kennen 126
Lernzielstufe Verstehen 127
Lernzieltaxonomie 126
Lernzuwachs 114
Lückentext 112

Mangelnde Qualifizierung 271
Maßnahmenchancen 256
Maßnahmenplan 301
Meckerecke 88
Medien 98
Merkmalswerte 281
Methodenkenntnisse 175
Methodenkompetenz 185, 191, 196
Mission 249
Mitarbeiterbefragung 192
Mitarbeiter- oder Zielvereinbarungsgespräch 241
Motivation 50, 55, 96, 222
Multimomentaufnahme 33
Multiple-Choice-Frage 111
Multiplikator 157

Nachbesserungen 271
Nebenprodukte 260
Neue Aufgaben 173
Neue Mitarbeiter 172
Notwendige Anforderungen 186
Nutzen der Qualifizierung 221, 266
Nutzung von Chancen 181

Operationales Controlling 15
Operationalisierte Lernziele 130
Operative Ziele 18
Orientierung 97

Pädagogisches Wissen 204
Pareto-Diagramm 294
Partnerarbeit 58
Patenschaften 162
Personalkosten 261
Persönliche Kompetenz 185
Planspiele 66
Postkorb 121
Post-Test 114
Potenzialanalyse 230
Potenzialentwicklung 229
Prä-Test 114
Präsentation 147
Praxisorientierung 59
Praxistests 116
Prioritäten für Korrekturmaßnahmen 294
Proaktiver Qualifizierungsbedarf 172
Problemanalyse 180
Problembaum 296
Problembericht 164
Problemsammellisten 294
Problemstellungsaufgabe 112
Produktivität 272
Profil der Lerngruppe 158
Profilvergleich 174
Prozessevaluation 87
Psycho-motorische Lernziele 124, 125
Punkt-Frage 78, 89

Qualifikationsanalysen 195
Qualifikations- und Situationsanalysen 193
Qualifizierung der Trainer 309
Qualifizierungsmaßnahmen 303
Qualifizierungsprozess 137
Qualifizierungsziele 257
Qualität des Unterrichts 115
Qualitativer Nutzen 267
Qualitätsbewusstsein 306
Qualitätsdiagnose 308
Qualitätskriterien 281
Qualitätslücken 283
Qualitätssicherung 312
Qualitätssicherungssystem 307
Quantitative Daten 30
Quantitativer Nutzen 267
Querschnittsqualifikationen 186
Querschnittswissen 175, 196

Raum- und Gebäudekosten 261
Reaction 21
Reaktiver Qualifizierungsbedarf 172
Rentabilitätskontrolle 273
Ressourcen 271
Results 21
Return on Investment 20, 255, 274, 275, 276
Richtlernziele 128
Risiken 257
ROI 20
Rollenspiel 120
Rückblick 97
Rücklaufquote 145

Sachkosten 261
Säulendiagramm 294
Schwachstellenanalyse 180
Schwierigkeitsgrad von Aufgaben 113
Selbsteinschätzung 231
Selbstevaluation 25
Selbstkompetenz 75, 176
Selbstkontrolle 115

Selbstlernkurse 66
Seminarbeschreibungen 215
Seminarort 51, 202
Shelter costs 270
Simulationen 119
Simulationsmethoden 119
Situationsanalysen 195
Situative Verfahren 78, 87
Soll-Qualifikation 174
Soll-Wert 282
Sozialkompetenz 185, 191, 196
Standardabweichung 77
Standardbogen 63
Statements 42
Statistische Werte 284
Stellenbeschreibung 184
Strategic Logic 250
Strategie des Unternehmens 24
Strategieentwicklung 247
Strategisches Controlling 15
Strategische Ziele 18
Streubreite 77
Strukturierung 57
Strukturwissen 175

Tagesanalyse 101
Tätigkeiten 187
Teamentwicklung 192
Teilkompetenzen 176
Teilnehmende Beobachtung 91
Teilnehmer als Multiplikator 266
Teilnehmeräußerungen 37
Teilnehmerindex 273
Teilnehmerorientierte Methoden 58
Testanrufer 146
Testkäufer 146
Thema der Qualifizierung 51, 92, 95
Themenanalyse 79
Trainerfragebogen 53
Training on the job 196
Transferbefragung 143

Transferfaktoren 136
Transfergespräch 167
Transferhemmnisse 140, 155
Treansferkontrolle 138
Transferorientierung 59
Transferworkshop 165
Trennschärfe von Aufgaben 114

Überblickswissen 213
Überprüfung der Zielerreichung 241
Überqualifizierung 230
Übung 99
Unordnungsfragen 111
Umsetzung der Ziele 303
Umsetzungsgespräch 239
Umsetzungsgruppen 162
Umsetzungsplan 150, 305
Unkritische Abweichungen 252
Unternehmensübergreifende Seminare 202
Unternehmensziele 270
Unterrichtsbeobachtung 309
Unterrichtseinheit 95
Unterrichtsgespräche 98
Ursache-Wirkungs-Diagramm 296

Validität der Indikatoren 32
Value of Investment 21
Variable Kosten 260
Veraltetes Wissen 174
Veranschaulichung 58
Veranstaltungsort 51
Verfahrensanweisungen 302
Vergleiche 58
Verhalten 108
Verhaltensanalyse 141, 180
Verhaltensänderung 119, 140
Verhaltensbeobachtung 26, 146
Verhaltensorientierte Schulungen 51
Vermittlung des Lernstoffs 96, 97
Vermittlungskompetenz 73
Verpflichtungserklärung 161

Verrechnungsschlüssel 262
Verzögerungen 271
Videoaufzeichnungen 146
Visualisierung 58, 98
VOI 21
Vollkostenrechnung 259
Vorgeschichte 82
Vorgesetztenfeedback 192
Vorgespräch 217
Vorschau 97
Vorstellung der Teilnehmer 91
Vorstrukturierung 215
Vortrag 98,147

Wechsel des Arbeitsplatzes 173
Weiche Faktoren 30
Weiterbildungsgespräch 241
Weiterbildungsprofil 189
Wertbeitrag 251
Werttreiber 34
Wiederholen 59
Win-Win-Situation 245
Wirtschaftlichkeit 270

Wirtschaftlichkeit des Vorhabens 273
Wirtschaftlichkeitscontrolling 15
Wissenstest 216
Workshop 64, 303

Zeiteinsparungen 270
Zeitindex 273
Ziele 213
Ziele der Organisation 246
Ziele der Qualifizierung 241
Ziele einzelner Mitarbeiter 24
Zielerreichung 239, 305
Zielerreichungslücke 292
Zielformulierungen 235
Zielfunktion 229
Zielhierarchie 253
Ziel- und Inhaltskataloge 219
Zufriedenheit der Teilnehmer 22, 37, 39
Zuordnungsfragen 111
Zuruf-Frage 78, 90
Zusammensetzung der Teilnehmergruppe 51
Zwischentermine 235

Das bietet Ihnen diese CD

Vorlagen	Alle Vorlagen und Muster aus dem Buch finden Sie auch auf der CD.
Checklisten	Die abgebildeten Checklisten sind als Dokumente abrufbar.
Beobachtungsbögen	Mit einem Set differenzierter Beobachtungsbögen können Sie die Qualität von Schulungen bewerten.
Diagnostischer Evaluationsbogen	Dieser Bogen erlaubt Ihnen eine differenzierte Analyse der Schulungsergebnisse.
Computergestütztes Testverfahren	Im Beispiel wird das Wissen über Multiple-Choice-Aufgaben und die Analyse von Fallbeispielen ermittelt. Die Abfrage kann vor einer Schulung zur Einschätzung oder nach einer Schulung als Lernkontrolle eingesetzt werden.
Lernsequenz	Um Ihnen einen Eindruck von den Möglichkeiten des Selbstlernens zu geben, haben wir eine kurze Sequenz aus einem Lernprogramm aufgespielt.

Selbstverständlich können Sie alle Vorlagen dieser Begleit-CD ganz individuell auf Ihre Bedürfnisse anpassen.

Systemvoraussetzungen

Microsoft Windows® 98 / 2000 / XP / Vista
Intel® Pentium 400 oder kompatibler Prozessor
256 MB Arbeitsspeicher
Bildschirmauflösung 800 x 600 Pixel, empfohlene Farbtiefe True Color (32 Bit)
Adobe Acrobat Reader® 4.0 (oder höher)

Das Programm startet automatisch von CD-ROM.
Sollte dies nicht der Fall sein, gehen Sie bitte wie folgt vor:
1. Klicken Sie in der Taskleiste auf »Start« und anschließend auf »Ausführen«.
2. Klicken Sie auf »Durchsuchen«. Wählen Sie Ihr CD-ROM-Laufwerk aus.
3. Wählen Sie die Datei »Start« aus und bestätigen Sie mit »Öffnen«.
Das Programm startet.